A Experiência do Cristo

PIERRE LASSALLE

A Experiência do Cristo

COMO ENCONTRAR CRISTO NO MUNDO ETÉRICO

Tradução
MERLE SCOSS

EDITORA PENSAMENTO
São Paulo

Título do original:
L'Expérience du Christ

Copyright © 1996 Ottawa.

Todos os direitos reservados. Nenhuma parte deste livro pode ser reproduzida ou usada de qualquer forma ou por qualquer meio eletrônico ou mecânico, inclusive fotocópias, gravações ou sistema de armazenamento em banco de dados, sem permissão por escrito, exceto nos casos de trechos curtos citados em resenhas críticas ou artigos de revistas.

PIERRE LASSALLE
B. P. 153
78103 Saint-Germain-en-Laye
Cedex — France

Edição	O primeiro número à esquerda indica a edição, ou reedição, desta obra. As dezenas à direita indicam o ano em que esta edição, ou reedição, foi publicada.	Ano
1-2-3-4-5-6-7-8-9		99-00-01-02-03-04

Direitos de tradução para a língua portuguesa
adquiridos com exclusividade pela
EDITORA PENSAMENTO LTDA.
Rua Dr. Mário Vicente, 374 — 04270-000 — São Paulo, SP
Fone: 272-1399 — Fax: 272-4770
E-mail: pensamento@snet.com.br
http://www.pensamento-cultrix.com.br
que se reserva a propriedade literária desta tradução.

Impresso em nossas oficinas gráficas.

Agradecimentos

Quero expressar meus mais calorosos agradecimentos a Janine Rimet, que pintou o quadro *Imaginação do Cristo etérico*, cuja reprodução você pode apreciar à página 233 deste livro. Esse quadro foi pintado segundo as indicações que dei à artista, depois de meus "encontros" com Cristo no mundo etérico. Trata-se de um Cristo "na glória", que anuncia Sua Parúsia.*

Apresento também meus mais calorosos agradecimentos a Marc Frénillot, autor do desenho *Retrato do Cristo etérico*, que aparece no Capítulo 12 ("A visão do Cristo etérico"). Ele fez esse retrato segundo informações que lhe forneci. Para "traduzir" meus encontros em termos técnicos, tive a ajuda de Christine Portoleau, morfopsicóloga, a quem também agradeço.

Por fim, todos os meus agradecimentos a Cécile Levasseur, que coordenou todo o trabalho de realização artística, a fim de facilitar a tarefa de Janine e Marc.

---

* Parúsia é a segunda vinda de Cristo, Sua volta gloriosa coincidindo com a instauração de Seu reino na Jerusalém Celeste "descida na Terra", e precedendo o Final dos Tempos. (N.T.)

Dedico este livro a João Batista, testemunha da Luz, anunciador de Cristo, que batizou o Cordeiro de Deus.

E a todas as futuras testemunhas do retorno do Cristo no mundo etérico.

A Ti, Senhor Jesus.

Nota da tradutora

A maioria das minhas notas de rodapé tem como base duas conceituadas obras de referência:
Hinnells, John R., *Dicionário das Religiões*, Editora Cultrix, São Paulo, 1989.
Masson, Hervé, *Dictionnaire Initiatique*, Éditions Pierre Belfond, Paris, 1970.

Eventuais discrepâncias entre o texto do autor e minhas notas se explicam pelo fato de ele, admitidamente, estar "adaptando" a sabedoria milenar às necessidades do indivíduo ocidental moderno.

Sumário

Advertência	11
Introdução	15
Capítulo 1: Tempo e espaço	23

O espaço. A quarta, quinta e sexta dimensões. O tempo. Os dois tipos de tempo. A encarnação num mundo espaço-temporal.

Capítulo 2: O mundo etérico 35

Os elementos e os éteres. A respiração da Terra. Outros aspectos dos éteres. As zonas geológicas dos éteres.

Capítulo 3: O corpo etérico do ser humano 55

A evolução do corpo etérico. Descrição do corpo etérico. A constituição do corpo etérico. Temperamentos e caminho espiritual. Trabalho espiritual sobre o corpo etérico.

Capítulo 4: Os chakras: Ilusão e realidade 75

A antiga sabedoria oriental. Evolução antiga e moderna. Clarividência onírica e clarividência consciente. A leitura dos chakras. O papel dos chakras.

Capítulo 5: As espirais de energia: Um estudo prático 89

A interiorização. As funções das espirais de energia. Qualidades a desenvolver para abrir os chakras. Algumas analogias: Chakras, Astrologia e Cabala.

Capítulo 6: A "espiritofobia" 107

O materialismo. As forças das trevas. A evolução da inteligência. A "espiritofobia" ou medo do mundo espiritual. A transformação do mal em bem. O combate contra o mal: Exemplos.

Capítulo 7: A consciência de si 129

Histórico da autoconsciência. O desafio dos extremos. Os problemas do psiquismo. A evolução moderna e a consciência de si.

Capítulo 8: O mundo espiritual 143
    A constituição do mundo espiritual. Os habitantes do mundo espiritual. Os três meios de acesso ao mundo espiritual.

Capítulo 9: O Anjo-guia 159
    O papel do Anjo-guia. O terapeuta e Lúcifer.

Capítulo 10: Os Arcanjos, os Principados, Miguel e Sofia 173
    O papel do Arcanjo. O papel do Principado. Miguel: O Espírito do Tempo. Miguel, Sofia e Cristo. A *Trinosofia*.

Capítulo 11: O retorno de Cristo 193
    Algumas ilusões persistentes. Características do retorno de Cristo. A segunda crucificação: o mistério do Cristo etérico. De Ísis a Sofia: A ressurreição da Sabedoria. A escolha, na virada do século.

Capítulo 12: A visão do Cristo etérico 217
    Paulo e a experiência de Damasco. Novalis e a experiência de Damasco. O trabalho sobre si mesmo e a Graça. O encontro com o Cristo etérico.

Advertência

O autor deseja advertir o leitor que o conteúdo deste livro é o resultado de seu próprio trabalho e sobretudo o de sua própria vivência espiritual.

O autor não é nem um compilador nem um *canalizador* (ou médium). Todos os conhecimentos expostos neste livro foram postos em prática pelo autor. Sua regra de ouro é a de somente ensinar aquilo que vivenciou e pôs em prática.

Ele não pertence ao movimento Nova Era nem ao "movimento do potencial humano".* Não representa ninguém além de si mesmo. Os ensinamentos espirituais por ele transmitidos repousam sobre a liberdade, a coragem e a fé. Ele os adapta à vida cotidiana, para associar o trabalho espiritual com a encarnação na matéria. A busca espiritual não deve servir de motivo para fugirmos das nossas responsabilidades materiais.

Os temas apresentados neste livro são o resultado de um trabalho minucioso, utilizando capacidades que só despertam graças a um longo caminho espiritual. O autor se considera um buscador espiritual, adepto da ciência iniciática. Essa ciência iniciática só é acessível a quem já cruzou o "portal" do mundo espiritual. Um buscador espiritual não utiliza apenas seus cinco sentidos e sua inteligência, como faria um cientista materialista; utiliza também a meditação, a visão espiritual ou contemplação intuitiva e o Verbo interior. Essas qualidades espirituais nada têm a ver com aquilo que os "terapeutas" do crescimento pessoal chamam de clarividência, canalização (*channeling*) ou intuição, que são apenas nomes atribuídos a uma faculdade que todos nós possuímos: abaixar a consciência até o nível da consciência onírica (de sonho) ou da

---

* Também conhecido como "movimento do crescimento pessoal". Termo genérico que abrange uma ampla série de grupos, cujas crenças, práticas, terapias e atividades têm como objetivo promover a autopercepção, o autodesenvolvimento e a completa realização do eu. Nascido principalmente na Califórnia, nos anos 60 e 70, esse movimento se expandiu por todo o Ocidente. O termo inclui: ioga, mantras, *biofeedback*, massagens, dança terapêutica, artes marciais, psicodrama, gestalterapia, *rebirthing*, grito primal de Janov, Esalem Institute e todas as outras práticas e terapias que vêm se desenvolvendo desde então. (N.T.)

consciência do sono. Essa "liberação" da consciência ensinada no movimento Nova Era é o oposto dos esforços assíduos de que necessita um caminho espiritual para a elevação da consciência.

Com efeito, o autor desenvolve qualidades que só se tornam acessíveis elevando sua consciência pelo trabalho espiritual (concentração, meditação, qualidades morais, silêncio interior ou ausência de pensamentos, fusão com as entidades espirituais).

O ensinamento espiritual proposto pelo autor é acessível a toda pessoa dotada de simples bom senso, ou seja, de um raciocínio sadio, isento de preconceitos intelectuais rígidos, associado a um sentimento de abertura vindo do coração e desprovido de exaltação.

O autor deseja transmitir um ensinamento prático, de um ocidental para os ocidentais de sua época, e não um antigo ensinamento dado pelos orientais e inadaptado à nossa cultura.

Fomos invadidos, hoje em dia, por numerosos ensinamentos orientais que são compilações cheias de erros (nem sempre descobertos pelo não-iniciado) ou então conhecimentos que deixaram de ser valiosos para o ser humano da nossa época. Contrariamente às idéias que nos ensinam, os ensinamentos mais antigos não são os melhores — não esqueçamos que a palavra "tradição" tem a mesma raiz latina que o termo "traição" — porque o ser humano evoluiu muito nesse meio tempo; houve, por exemplo, uma verdadeira revolução no funcionamento dos diferentes corpos do ser humano depois da vinda de Cristo. Nenhum ensinamento espiritual anterior à vinda de Cristo é valioso, em sua totalidade, para o ser humano dos dias de hoje.

Encorajamos o leitor a fazer a si mesmo esta pergunta: A quem serve essa proliferação de ensinamentos orientais (egípcios, tibetanos ou hindus, por exemplo), anteriores à vinda de Cristo e inadaptados ao ocidental da nossa época?

O autor deseja também advertir o leitor quanto às revelações relativas a Cristo. Ele concebe Cristo fora de toda crença religiosa sectária. Para ele, Cristo é uma entidade espiritual macrocósmica bem real e não só um estado de consciência ou uma energia cósmica, como tantas vezes nos tentam fazer crer (manipulação luciferiana das forças negras). Cristo não é mais um simples ser humano muito evoluído, que teria encarnado inúmeras vezes, a exemplo de Buda Gautama; esse é outro erro temível que serve a certas pessoas (manipulações "ahrimanianas"* das forças negras).

Também aqui o autor se baseia na experiência vivida: seu encontro com Cristo. Ele encontrou Cristo muitas e muitas vezes, no mundo etérico, e Cristo o fez encontrar inúmeras pessoas.

---

* De Ahriman, o "espírito hostil", princípio do mal no zoroastrismo. (N.T.)

Ele deseja que a verdade venha à tona: já há alguns anos, todo indivíduo que segue certo treinamento — interiorização e desenvolvimento da visão etérica, em especial — pode encontrar Cristo no mundo etérico; este é o maior acontecimento espiritual deste século.

Introdução

Eu proponho levar você à descoberta de um mundo contíguo ao nosso: o mundo etérico. Esse mundo ainda não foi reconhecido pela ciência oficial materialista, que não tem acesso a ele porque somente utiliza os cinco sentidos e o intelecto. Porém, esse mundo etérico é uma realidade facilmente demonstrável.

O que faz a diferença entre um indivíduo vivo e um cadáver com todos os seus órgãos? É a energia da vida. Quando uma pessoa morre, todos podem constatar que a vida a deixou. O que é que chamamos de vida, nesse caso? É um corpo de energia que vitaliza o corpo físico. Na morte, esse corpo de energia, ou etérico, deixa o corpo físico.

Durante sua existência terrestre, o ser humano dispõe de um corpo energético ou etérico que o vitaliza e mantém em boa saúde. O corpo etérico pertence a um universo que interpenetra nosso mundo físico: o mundo etérico.

O tema deste livro é o mundo etérico, conhecido desde sempre pelos Iniciados. De que ele é constituído? Como podemos ter acesso a ele? O que ele contém? O que encontramos nele? É isso que proponho descobrir neste livro.

Os conhecimentos que aqui apresento são o resultado de minhas próprias pesquisas (durante uma década). Quando falo de pesquisas, não se trata apenas de estudos intelectuais e livrescos, embora esses não possam mais ser desprezados. Como estamos entre amigos, eis um breve resumo dos meus métodos de pesquisa:

1) *Os estudos livrescos:*

Para o tema tratado neste livro, a melhor documentação se encontra na obra do grande Iniciado crístico Rudolf Steiner, bem como na de seus discípulos ou das pessoas que perpetuaram seus ensinamentos, como Gunther Wachsmuth, Bernard Lievegoed, Paul Coroze e Ernst Marti. Também encontramos indicações interessantes na obra de outro Iniciado crístico, Omraam Michaël Aïvanhov. Os orientais também estudaram muito este tema, mas sua linguagem e seus conhecimentos não se adaptam nem à nossa época nem à nossa natureza de ocidentais (mais tarde, voltarei ao assunto para demonstrar esse fato).

2) A pesquisa meditativa:

Trata-se de meditar sobre um tema do qual você deseja obter informações. Em sua meditação, você parte dos conhecimentos que já possui sobre o assunto em questão e depois se abre, por alguns instantes, para todos os conhecimentos que ainda não possui. Em seguida, você os deixa amadurecer por três ou quatro dias, no mínimo (ou, melhor ainda, por sete dias), e então volta a eles na meditação.

3) A experimentação direta:

Trata-se de ver realmente o mundo etérico, graças ao desenvolvimento da interiorização (colocando sua consciência em seu corpo etérico) e da visão etérica (verdadeira clarividência ou Imaginação espiritual). Essa experimentação direta lhe permite ver não somente o corpo etérico com seus chakras, mas também um Anjo ou mesmo Cristo (que podemos realmente encontrar no mundo etérico, já há algumas dezenas de anos).

Essa visão etérica só é segura para aqueles que já cruzaram o "portal" do mundo espiritual, graças a um longo caminho na trilha iniciática e como conseqüência de muitos esforços. Nada tem a ver com aquilo que se chama, no movimento Nova Era ou de desenvolvimento pessoal, intuição, clarividência ou canalização, as quais são obtidas através de uma expansão da consciência e, portanto, sem esforço. Estas apenas dão acesso às entidades das forças negras e até mesmo a um "antimundo" espiritual (conhecido na ciência iniciática pelo nome de "oitava esfera" ou esfera "antilunar").

4) O estudo "alquímico":

Esta pesquisa consiste em ver a realidade por trás da aparência, encontrar o espiritual na natureza. Graças à meditação, é possível "compreender" a realidade de um objeto ou de uma pessoa e ter acesso ao espiritual que se encontra "atrás" da matéria. É uma forma de meditação ao mesmo tempo concreta e simbólica, que nos permite entrar em profunda relação com a realidade dos seres e das coisas. Esta "meditação alquímica" compreende três fases que precisamos associar: a ciência ou o conhecimento; a arte ou o aspecto criador; e a religião ou nossa religação às entidades espirituais. Este tipo de meditação exige um espírito de síntese.

É possível, por exemplo, estudando meditativamente as descobertas da ciência oficial, saber se elas são corretas ou falsas; depois, sobre essa base, descobrir a realidade espiritual "velada" por trás dessa aparência material.

No meu livro precedente, *L'Animal Intérieur*, utilizei muito esta forma de pesquisa e o fiz da seguinte maneira: estudo um animal, observo-o interiormente e percebo, para além de sua aparência, quais paixões ou quais instintos ele representa e qual potencial espiritual ele simboliza.

5) A leitura dos registros akáshicos:

Esses "registros" são o filme que reapresenta a memória cósmica de tudo o que aconteceu na Terra. Trata-se, aqui, de uma faculdade do mundo etérico. Desenvolverei o tema da memória individual e da memória cósmica neste livro. Esse filme dos registros akáshicos se situa nos confins do nosso sistema de evolução espiritual. Para o leitor que já tem uma idéia da configuração das esferas de consciência do mundo espiritual, informo que os "registros" se localizam no nível do zodíaco, ou seja, além das esferas planetárias. Muitos dos pseudo-esotéricos têm a ilusão de ter acesso a esses "registros", mas, na verdade, tudo o que percebem são vagos reflexos no astral inferior (as esferas planetárias). Outros simplesmente têm a "memória dos lugares" (imagens, cenas e acontecimentos do passado que podem ser percebidos num lugar mesmo a distância), uma memória muito fácil de captar e que nada tem a ver com os registros akáshicos.

Para mim, esta pesquisa é delicada. Geralmente só tenho acesso a uma única imagem akáshica. Contemplo essa imagem e dela obtenho diversos tipos de compreensão e "percepção". Às vezes, vejo uma "série" de imagens, uma cena completa, mas elas permanecem muito fugazes e exigem de mim intensos esforços de concentração e contemplação para evitar que as perca. O aspecto particular com as imagens akáshicas é que as "tocamos" através de uma cena pertencente ao passado, o ambiente espiritual daquilo que vemos. Se vemos um personagem, sabemos o que ele pensava e como se sentia no instante em que o vemos; é como se penetrássemos naquela cena do passado e fizéssemos parte dela. É difícil de explicar, porque não se pode comparar com o que experimentamos através dos cinco sentidos.

Imagino que possa ser possível visualizar verdadeiros filmes nos "registros", mas eu próprio ainda não cheguei nesse estágio. Isso exige muitos anos de treinamento, depois que se atinge o estágio da Iluminação crística.

6) O conhecimento intuitivo:

O acesso à verdadeira Intuição é a possibilidade de nos fundirmos com as entidades espirituais, com as verdades cósmicas. A intuição pura é sem imagem nem som. Para ter acesso a ela, precisamos nos interiorizar profundamente até chegar a um silêncio interior total (sem nenhum pensamento) e, nesse vazio de consciência, permanecer desperto um tempo suficientemente longo para nos elevarmos até o mundo espiritual. É graças a um amor desinteressado pelo conhecimento que podemos então alcançar uma verdade, ou seja, uma entidade espiritual, e nos fundirmos com ela. É como se adquiríssemos o conhecimento *dela*, do qual temos necessidade naquele momento.

A intuição também pode ser acompanhada de uma imagem e mesmo de sons: é então um "algo mais" na experiência intuitiva. O acesso à verdadeira Intuição só é possível no estágio do zodíaco, ou seja, quando alcançamos o estágio da "fusão" e da quarta Iniciação (ver meu livro *Chercheur d'Éternité*, que trata das Iniciações no caminho crístico).

Evidentemente, a Intuição de que estou falando aqui nada tem a ver com aquela ensinada pelo movimento Nova Era, designando um estado de consciência diminuída, isto é, a consciência onírica. Outras vezes, a palavra "intuição" é utilizada para designar os lampejos de consciência, que são simplesmente pensamentos mais claros que os demais e dos quais o indivíduo de súbito toma consciência.

A verdadeira intuição pode ser sentida como um impulso para agir, para servir à humanidade de uma maneira desinteressada. Ela surge a partir da vontade e devemos acolhê-la com fé e compaixão; ela está ligada à vontade do bem.

Apresentei-lhe, portanto, os diferentes métodos que utilizo para minhas pesquisas. Todos eles exigem muito esforço de concentração e muito rigor, uma profunda interiorização e a capacidade de entrar à vontade e conscientemente no mundo espiritual.

Por fim, é importante saber que uma pesquisa deste tipo traz de início uma compreensão sintética, seguindo depois para a análise e a profundidade, porque sem visão global não existe descoberta espiritual. Esse modo de funcionamento se opõe ao da ciência oficial, que é muito dividida e compartimentada, com pesquisadores analíticos ultra-especializados. No meu humilde ponto de vista, não se tem acesso à verdade somente através da análise. O acesso à verdade passa pela síntese e visão global e pela ação de sempre ligar o Homem ao conhecimento que é estudado.

Quer se trate de astronomia ou física das partículas, o ser humano está ali sempre ausente, porque somente a matéria é objeto de estudo. O cientista materialista estuda matematicamente, e de maneira abstrata, domínios dos quais o Homem está ausente. Ora, se o Homem está ausente, Deus também está ausente. Essa é a grande ilusão da ciência materialista.

Esclareço que o ensinamento contido neste livro parte do princípio de que o leitor está familiarizado com as bases da ciência iniciática, tais como foram expostas em minhas duas obras precedentes, *Chercheur d'Éternité* e *L'Animal Intérieur*. Portanto, não voltarei a discutir certas noções que lá foram tratadas para não tornar demasiado volumoso este livro. Peço ao leitor que me perdoe por isso. E também quero enfatizar que este livro não deve ser lido "como um romance". Ele é bastante denso e, para ser integrado, exigirá muito esforço por parte do leitor. Concebi este livro como um manual de meditação e de trabalho sobre o "si mesmo". O leitor que se der ao trabalho de meditar sobre ele descobrirá incessantemente novos conhecimentos. Eu gostaria, contudo, de definir em poucas palavras os estados de consciência atualmente acessíveis ao ser humano.

Hoje em dia, o ser humano se situa no nível da consciência de vigília ou sensível. No passado, ele cruzou três outros níveis de consciência; e, no futuro, ele experimentará três novos níveis. A meta da evolução espiritual é podermos nos elevar além da consciência de vigília, a fim de explorar os estados de consciência superiores, numa espécie de *"avant-première"*. Mas o indivíduo também pode extinguir sua consciência e descer aos níveis inferiores (como naturalmente ocorre à noite, durante o sono).

Estes são os sete estados de consciência:

1º Consciência de transe profundo: simbiose infra-humana (canalização em transe mediúnico, entidades negras tomando posse de médiuns).
2º Consciência de sono: canalização semi-inconsciente (falsa clariaudiência), escrita automática.
3º Consciência onírica: clarividência de sonho ou antiga, alucinação, visão de seus desejos ou dos de outras pessoas.
4º Consciência de vigília ou sensível: estado natural de percepção do mundo exterior.
5º Consciência imaginativa: clarividência consciente, pensamento imaginativo ou espiritual (desligado do sentimento).
6º Consciência inspiradora: clariaudiência consciente, o Verbo interior, a música das esferas, a interiorização dos sentidos (desaparecimento de todo pensamento, silêncio interior).
7º Consciência intuitiva: fusão consciente com entidades espirituais, a Vida divina.

Quando o indivíduo deixa sua consciência se extinguir, ele experimenta os estados de consciência do passado. O resultado são as neuroses ou as manipulações feitas pelas entidades que pertencem às trevas.

O quarto estado é aquele que o ser humano médio deve desenvolver nos dias de hoje, agora que os três últimos só podem ser alcançados quando há evolução espiritual: estes são os estados superiores de consciência que exigem muitos esforços para ser vivenciados corretamente.

- A **Imaginação** se obtém por uma interiorização total de sua energia. É preciso interiorizar seus sentidos a ponto de não mais sentir nem seu corpo físico nem o mundo exterior. A consciência entra no corpo etérico e a meditação se orienta para a criação de símbolos e imagens inspirados pelo mundo espiritual: é o desenvolvimento da clarividência consciente ou imaginativa, ou ainda de um pensamento puro e criador. Isso exige muito treinamento.
- A **Inspiração** é um estágio que exige ainda mais esforços, porque deve-se acrescentar à interiorização explicada acima o estágio da elevação no mundo espiritual. Esse estágio só é verdadeiramente alcançado quando o aspirante cruzou o limiar do mundo espiritual (por volta da terceira Iniciação crística). A Inspiração permite a clariaudiência autêntica ou o Verbo interior, e o acesso à sabedoria das esferas planetárias do mundo espiritual. Para alcançar a Inspiração, é preciso se interiorizar profundamente, a fim de poder chegar a um perfeito silêncio interior (não ter nenhum pensamento) e permanecer certo tempo nesse estado de imobilidade interior total, assim provocando uma elevação. Este estágio é impossível de ser alcançado por um iniciante, porque ele não conseguirá deter seus pensamentos (mesmo que às vezes tenha a ilusão de fazê-lo!).
- A **Intuição** verdadeira é um estágio mais elevado de consciência, que é acessível a partir da Iluminação crística (quarta Iniciação). Ela consiste em uma fusão com entidades espirituais (veja, acima, o parágrafo que trata do conhecimento intuitivo, o qual faz referência a esse estado de consciência). A verdadeira Intuição supõe um amor incondicional pelo conhecimento e pelas entidades do mundo espiritual (e também pela humanidade, bem entendido).

A verdadeira ciência é a ciência iniciática, aquela que se adquire graças ao acesso ao mundo espiritual. Ela leva em conta o ser humano em todos os seus setores de pesquisas, porque o ser humano tem necessidade de se conhecer e religar-se à sua fonte enquanto ser espiritual. Uma ciência que não leva em conta o indivíduo só pode produzir indiferença e insegurança, como já demonstrei em meu livro *Chercheur d'Éternité*.

Se você quer saber o que se esconde por trás das aparências da matéria, estude o mundo etérico do qual o Homem participa e não o mundo matemático e abstrato das partículas atômicas, do qual o Homem está ausente.

Este livro também lhe propõe conhecer a maior revelação deste século: **o reencontro com Cristo no mundo etérico**. Foi em janeiro de 1910 que o grande Iniciado Rudolf Steiner predisse que em breve poderíamos encontrar Cristo no mundo etérico e que esse seria o "Retorno de Cristo". Hoje, esse acontecimento é possível.

Eu encontrei Cristo inúmeras vezes no mundo etérico e ensino aos meus alunos como se preparar para esse encontro. Neste livro você encontrará o treinamento ao qual precisa se submeter para conseguir esse encontro. É a mais bela dádiva que posso lhe dar, e eu a ofereço em nome da liberdade. Que esta revelação possa motivar você em sua pesquisa.

Receba toda a minha liberdade.

Capítulo 1

Tempo e espaço

Tempo e espaço são conceitos que é importante definirmos para compreender o mundo etérico em sua relação com o mundo físico. Esses conhecimentos não são fáceis de assimilar e este trabalho exigirá de você algum esforço. Será preciso meditar sobre eles e relê-los diversas vezes antes de poder compreender toda a profundidade. Coragem! O conhecimento não se adquire sem alguma dificuldade.

É graças aos seus cinco sentidos e ao seu intelecto que o ser humano encarna no mundo físico ou material que nós conhecemos. Esse mundo sensível não é o único onde o ser humano possa viver e nem mesmo é seu mundo principal. Com efeito, o ser humano é antes de tudo uma entidade espiritual cujo mundo original é bem diferente daquele onde ele experimenta a encarnação.

Eu lhe peço, portanto, para aceitar a hipótese de que existem outros mundos ou outras esferas de consciência, além da Terra física.

O mundo espiritual mais "próximo" do nosso mundo físico é aquele que chamamos de mundo etérico. É o mundo da energia, da vida e do tempo. Não se trata de um mundo feito de matéria mais sutil que o nosso mundo material, mas de um universo que é a fonte da matéria (embora essa fonte ainda seja desconhecida da ciência oficial).

O ser humano dispõe de um corpo etérico que interpenetra seu corpo físico para lhe trazer a vida. Esse corpo etérico é também um corpo temporal. Assim como o corpo físico é o corpo do espaço, o corpo etérico é o corpo do tempo.

O espaço

Quando você utiliza o sentido da visão, tudo o que o cerca é espaço. Você percebe o espaço graças ao seu corpo físico, que ocupa, ele próprio, um certo espaço.

Podemos deduzir que **o corpo físico é espacial, porque se trata de uma forma preenchida com matéria, que ocupa um certo lugar em um espaço tridimensional.**

O corpo físico é o resultado de uma manifestação; ele é a manifestação de uma alma. O que eu chamo de "manifestação" é justamente uma forma, sutil na origem, que está preenchida com matéria e, portanto, adensada.

Para que um certo espaço apareça, é preciso que uma essência se manifeste. Por definição, uma essência não pode ser conhecida pelos sentidos, porque foi ela que criou a forma e os sentidos. No caso do corpo físico, a essência é uma alma.

Para que o espaço seja perceptível, é preciso que haja separação. A primeira idéia que podemos fazer do espaço é a de um vazio entre duas coisas separadas.

Eis a definição que posso dar do espaço em três dimensões: **o espaço nasce quando duas coisas (ou dois seres) pertencentes ao mesmo mundo são distintas uma da outra**. É a constatação da primeira dimensão do espaço que se estabelece sobre a separação concreta.

Lembre-se de que, para que haja um espaço, é preciso que as duas coisas (ou os dois seres) não constituam, cada uma delas, um mundo em si, mas sim que pertençam a um conjunto dado.

Observamos, em seguida, que existe uma relação entre as duas coisas (ou os dois seres), o que constitui a segunda dimensão do espaço que repousa sobre a relação. A relação resulta da separação, da distinção.

Por fim, fazemos uma idéia daquilo a que pode levar essa relação, como reunir essas duas coisas (ou esses dois seres) num mesmo conceito, o que constitui a terceira dimensão do espaço. Essa dimensão é o resultado da observação, da idéia de síntese levando à unificação.

Imagine uma relação entre duas pessoas, A e B. Para que haja relação, é preciso primeiro que as duas pessoas estejam em corpos diferentes, ou seja, que elas sejam separadas, cada uma com seu próprio corpo (primeira dimensão). A relação pode então entrar em funcionamento: troca, comunicação (segunda dimensão). Em seguida, dessa relação emergirá uma criação, uma síntese, um projeto, uma união, os quais representarão a terceira dimensão.

A terceira dimensão traz outra vez ao "um". É o irrompimento na terceira dimensão que permite realizar a síntese, a compreensão global, que permite também compreender a unidade em toda sua plenitude. Quando você está diante de um problema, existem você e o problema (dualidade, separação e relação). Para resolver o problema, você precisa retroceder e erguer-se acima dele, numa posição de observador.

Em resumo, as três dimensões do nosso espaço se exprimem por intermédio destas três palavras: separação, relação e unificação. Essas três dimensões se exprimem também por três qualidades do chakra frontal: o discernimento espiritual (primeira dimensão — separação), apreciação justa (segunda dimensão — relação) e a síntese ou visão global (terceira dimensão — unificação) que resulta do domínio das duas dimensões precedentes (veja *Chercheur d'Éternité*, Capítulo 7). Compreenda, todavia, que essas qualidades só podem ser vivenciadas plenamente se nós as associamos à noção de tempo.

Nosso mundo físico tem três dimensões, as quais permitem fazer a síntese, perceber o "três em um". Toda a experiência da encarnação repousa sobre este conceito. Vivemos num mundo de três dimensões, e somente o conceito da trindade pode nos ajudar a compreender o Universo.

Se a pessoa funciona somente na dualidade, fica girando em círculos e não consegue chegar à síntese; ela não tem, portanto, nenhuma possibilidade de alcançar o conhecimento.

A dualidade permite que a pessoa tome consciência, mas não que se torne o observador, porque, quando olha para o exterior, ela não se vê; existe apenas o exterior e a pessoa se perde nos outros. Se ela se olha, o exterior não existe mais e ela se torna egocêntrica. Na dualidade, existem apenas os extremos que podem se revelar e nunca se encontra o equilíbrio.

A trindade permite a observação: existe você, existe o exterior e existe aquele que observa. A trindade permite também que se encontre o equilíbrio entre dois opostos, por exemplo, a agitação e a inércia (fazer demais ou não fazer nada). Ela gera a síntese que traz o conhecimento. Com a dualidade, podemos apenas analisar, nos perder nos detalhes. Somos incapazes de obter uma visão global, o que corresponde à ciência atual, que divide tudo, que multiplica as especializações. Não podemos ter acesso ao conhecimento se paramos no dois, na dualidade. É preciso em seguida fazer a síntese, passar para o três.

A QUARTA, QUINTA E SEXTA DIMENSÕES

O mundo material ou manifesto compreende três dimensões; ele não pode conter outras porque a terceira dimensão leva à unidade, como foi demonstrado acima.

Pode-se conceber outras dimensões que estariam, por exemplo, no mundo espiritual? Matematicamente, é possível imaginar mundos com quatro, cinco, seis dimensões, ou até mais, porém isso leva às abstrações. O que há de realidade?

A quarta dimensão, que se encontra no mundo espiritual, corresponde à Imaginação, ou seja, à capacidade de criarmos interiormente imagens do mundo espiritual ou à clarividência consciente (ver Introdução). Essa capacidade se adquire como conseqüência de um real trabalho espiritual associado a muito esforço. Essa quarta dimensão é, na verdade, um retorno ao conceito das duas dimensões.

Compreenda que a evolução não é uma fuga perpétua para a frente. Em qualquer domínio que seja, a evolução progride primeiro para a complexidade; depois é alcançado um topo e, em seguida, há um retorno à simplicidade, porém de uma maneira mais artística, mais criadora. Isso significa que a segunda fase não é uma repetição na contramão da primeira, mas sim uma expressão, num nível superior, de espiritualidade e de arte.

Por exemplo, no que se refere à evolução da Terra e da humanidade (veja minhas obras precedentes, *Chercheur d'Éternité* e *L'Animal Intérieur*), podemos distinguir sete etapas evolutivas: o antigo Saturno (onde o tempo apareceu graças às entidades espirituais chamadas Principados ou espíritos da personalidade); o antigo Sol (onde o espaço apareceu graças às entidades espirituais chamadas espíritos da sabedoria); a antiga Lua; a Terra; o futuro Júpiter; o futuro Vênus; e o futuro Urano (veja Ilustração 1).

Há uma progressão em complexidade, até chegarmos à quarta etapa, que é a Terra, por causa da criação do corpo do ser humano: primeiro o esboço do corpo físico, ao qual se ajunta o corpo etérico, depois o corpo astral e, por fim, o corpo mental que recebe o "EU".

Seria ilusório acreditar que nós nos dirigimos para uma maior complexidade nesse processo evolutivo. Ao contrário, desde a etapa do futuro Júpiter, caminhamos para uma maior simplicidade. Por exemplo, conhecemos quatro reinos na Terra: humano, animal, vegetal e mineral. Ora, o reino mineral não mais existirá no futuro Júpiter.

Nós nos orientaremos para uma transformação artística, para uma espiritualização do nosso mundo, o qual será cada vez mais simples ao mesmo tempo que é diferente daquilo que era na origem.

O mesmo acontece com as dimensões (veja Ilustração 2). Nós partimos de um universo com dimensão zero (simbolicamente, o ponto, que é também a eternidade; mas voltarei ao assunto); em seguida, evoluímos para um universo com uma dimensão (simbolicamente, a linha reta); depois, com duas dimensões (simbolicamente, o plano), até chegar à nossa Terra, com três dimensões (simbolicamente, o volume ou o sólido). Alcançamos então nosso topo na progressão para a complexidade; em seguida, vem o retorno para a simplicidade.

A quarta dimensão, aquela da Imaginação espiritual, compreende apenas duas (retorno ao plano); a quinta dimensão, a Inspiração espiritual (veja a Introdução), compreende apenas uma (retorno à linha reta); enquanto a sexta dimensão, a Intuição espiritual, é um retorno ao ponto, ou a um universo não-espacial.

Compreenda que quanto mais um mundo é sutil, menos dimensões ele contém:

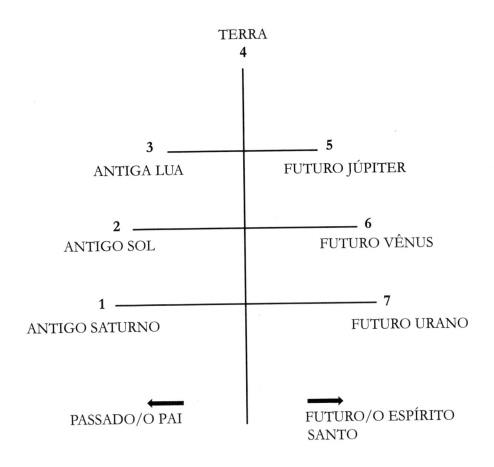

Ilustração 1: **O processo da evolução**

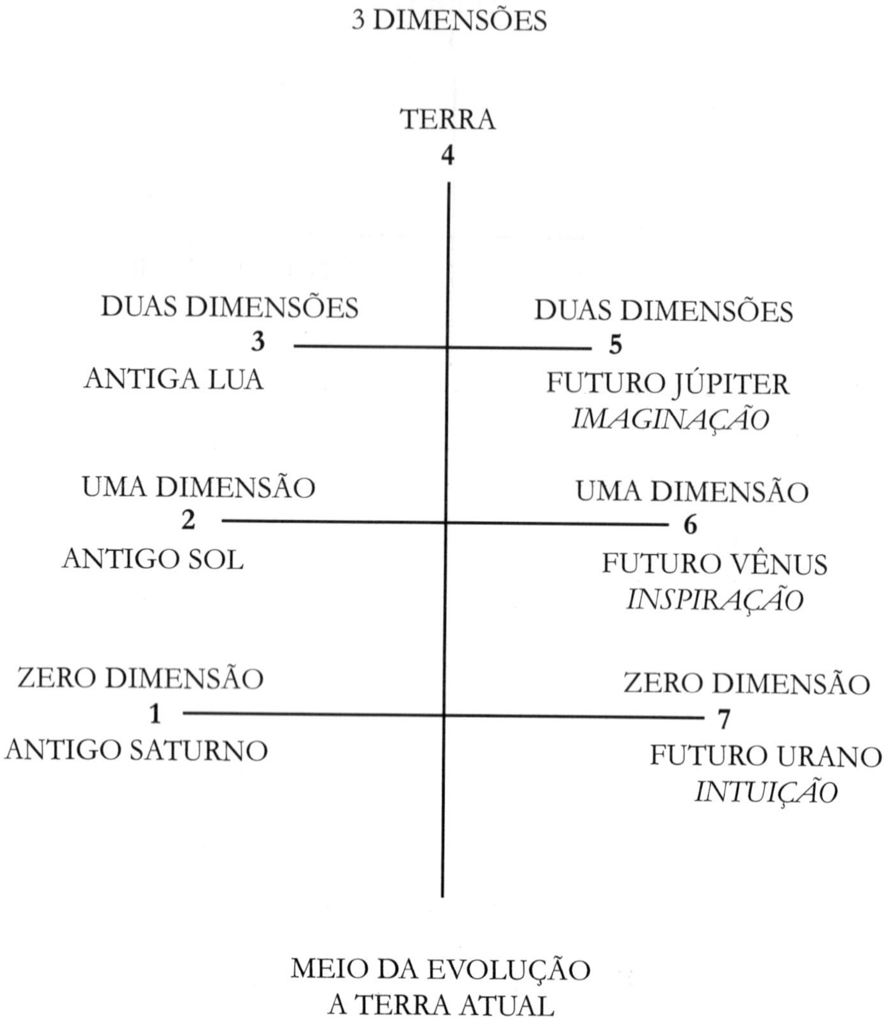

3 DIMENSÕES

TERRA
4

DUAS DIMENSÕES   DUAS DIMENSÕES
3 ——————————————— 5
ANTIGA LUA   FUTURO JÚPITER
                    IMAGINAÇÃO

UMA DIMENSÃO   UMA DIMENSÃO
2 ——————————————— 6
ANTIGO SOL   FUTURO VÊNUS
                    INSPIRAÇÃO

ZERO DIMENSÃO   ZERO DIMENSÃO
1 ——————————————— 7
ANTIGO SATURNO   FUTURO URANO
                    INTUIÇÃO

MEIO DA EVOLUÇÃO
A TERRA ATUAL

Ilustração 2: As dimensões

— o mundo terrestre: três dimensões; temos aqui quatro corpos (físico, etérico, astral e mental);
— o mundo etérico: duas dimensões; temos aqui somente três corpos (etérico, astral e mental);
— o mundo astral: uma dimensão; temos aqui somente dois corpos (astral e mental);
— o mundo mental ou espiritual: zero dimensão; temos aqui um único corpo (o mental).

Imaginação, Inspiração e Intuição são os estados de consciência que correspondem aos graus de elevação no mundo espiritual: a Imaginação corresponde às duas primeiras iniciações da via crística; a Inspiração é alcançada a partir da terceira iniciação e a Intuição, a partir da quarta. É preciso, portanto, não dar às palavras "imaginação", "inspiração" e "intuição" o sentido comum que lhes é habitualmente atribuído.

Você pode conceber toda a evolução do nosso universo espiritual pelo aspecto das dimensões do espaço. Nosso universo nasceu do não-espacial, que representa o aspecto "Pai" da Trindade. Alcançou sua complexidade máxima sob o reinado do Filho, ou Verbo, sobre a Terra. E retornará a um estado espiritual graças à realização do Espírito Santo.

Lembre-se de que: *O universo provém do Pai, transforma-se no Filho e renasce no Espírito Santo.*

Neste estado de espírito, é o Verbo, ou CRISTO, que é o Mestre do espaço-tempo, pois Ele simboliza o presente por Sua Encarnação na Palestina, ocorrida no meio de toda a evolução da Terra e da humanidade. Ele é o centro de gravidade em relação à evolução da humanidade. Situa-Se entre a queda na matéria, vindo do Pai, e nosso retorno ao alto ou renascimento pelo Espírito Santo.

Observe que a quarta, quinta e sexta dimensões, que estão relacionadas com a imaginação, a inspiração e a intuição, correspondem aos níveis de consciência e aos três mundos supra-sensíveis, cujas descrições encontramos em todos os ensinamentos espirituais.

O TEMPO

O que é o tempo?

Enquanto a essência não se manifesta, o tempo não existe. O tempo, em si, não é uma coisa absoluta. A Essência é a qualidade de um ser, seu potencial espiritual ainda não exprimido. A manifestação é a expressão da essência do ser. Quando um ser se manifesta através de uma forma preenchida com matéria, temos um mundo físico onde o tempo aparece.

Quando a essência de um ser ou de uma coisa se manifesta, o tempo aparece.

Lembre-se de que o tempo não preexiste em relação aos fenômenos. Se você acredita, como alguns cientistas, que o tempo é alguma coisa imutável que preexiste em relação aos fatos, isso ocorre simplesmente porque você é incapaz de conceber a essência de um fenômeno; ou seja, incapaz de passar do acontecimento exterior, que depende do tempo, para a idéia pura que é sua essência atemporal, a origem.

Na verdade, o tempo é o resultado de um escoamento, de uma expressão, de uma seqüência de acontecimentos que podemos ligar uns aos outros num contexto dado.

O tempo é o desenrolar de uma manifestação.

Uma manifestação se desenrola no tempo, como uma seqüência de fatos ligados uns aos outros e que percebemos em si mesmos, como um movimento que vai do passado para o futuro.

O tempo é alguma coisa interior, enquanto o espaço é exterior. Mesmo fechando os olhos, continuamos a perceber o tempo. O tempo também é um fator de ordem psicológica, porque nós o sentimos se acelerar ou desacelerar conforme as atividades a que nos dedicamos.

Lembre-se de que o tempo implica a mudança, o movimento e a transformação, cuja etapa última é a morte.

O tempo só existe em relação à destruição. Tudo aquilo que aparece na manifestação deve desaparecer.

O que nos permite perceber o tempo é justamente o movimento, a degradação, a mudança e a destruição.

O tempo é o reino da impermanência.

A permanência não nos permitiria avaliar o tempo que passa. Portanto, o resultado do tempo é necessariamente a destruição e a morte.

A essência de uma coisa ou de um ser se manifesta no tempo. A expressão dessa essência nasce, se estende no tempo através de uma seqüência de fenômenos observáveis, e depois morre: é o domínio do impermanente.

Mas a essência está além desse processo, porque é ela que o produz. A essência está além do tempo, porque é ela que lhe dá vida graças à expressão de sua manifestação. A essência de uma coisa ou de um ser, portanto, está além do tempo, no reino do permanente.

Desse modo, a Alma de um ser humano, aquilo que é sua essência, está além do tempo, porque é ela que manifesta o ser humano mortal. **A Alma, portanto, é indestrutível e imortal.** Assim como o Homem está condicionado pelo tempo e pela morte, assim sua alma, que é sua essência, está além da impermanência e, portanto, é eterna.

Isso pode nos levar a tentar conceber a eternidade. A eternidade é não-espacial e atemporal. Ela se situa, portanto, no nível da sexta dimensão, ou seja, da Intuição espiritual (o ponto ou a dimensão zero). **A eternidade é um "ponto de luz vívida e breve", no qual todas as cenas de todos os futuros possíveis estão como que superpostas ao infinito.** É como um instante não mensurável que contém todas as potencialidades, como um tempo dobrado sobre si mesmo ao infinito, até tornar-se um não-tempo.

Os dois tipos de tempo

Há duas espécies de tempo. Há o tempo terrestre — que você conhece e que acabei de apresentar —, que vai do passado ao futuro. É o tempo ligado à encarnação, à vontade de criar um destino para si mesmo; porque a vontade sempre se projeta para o futuro.

Mas há também um tempo "espiritual", que vai do futuro para o passado. Você experimenta esse segundo tempo no período "entre duas vidas".

Quando morre, você passa para o mundo astral. Perde a noção de tempo e revê sua vida às avessas, de trás para a frente, até seu nascimento. Em geral, esse processo corresponde a 1/3 da sua vida terrestre. Se você viveu sessenta anos, depois da morte você passa, no mundo astral, o equivalente a 20 anos vendo sua existência desfilar diante dos seus olhos, de trás para a frente. O tempo terrestre não existe mais depois que você morre. Você não dispõe mais dos seus sentidos, nem do seu cérebro, e não pode mais avaliar as coisas que são temporais.

Por outro lado, você se defronta com uma espécie de "tempo espiritual", que segue do futuro para o passado ou, mais precisamente, do presente para o passado. Você descobrirá então, num imenso panorama bidimensional e ao inverso, toda a sua vida remontando até o seu nascimento; e isso ocorrerá três vezes mais rápido do que sua vida realmente se desenrolou no outro sentido.

Não se trata aqui de um conceito abstrato porque podemos vivê-lo, mesmo ainda encarnados, graças à evolução espiritual. Quando o discípulo chega ao estágio da Inspiração (correspondente ao Despertar ou à terceira Iniciação) e começa a dominar esse nível, ele consegue ver não apenas sua noite de trás para a frente na meditação (aquilo que ele "vivenciou" durante o sono), mas também as fases de seu "entre duas vidas", as seqüências de suas vidas passadas "mergulhando" nesse tempo interior retroativo.

A encarnação num mundo espaço-temporal

A encarnação do Homem na Terra é seu meio de evoluir e tomar consciência de si mesmo. Podemos até situar precisamente o período no qual o ser humano tomou consciência de si mesmo, graças a um corpo físico denso: foi o período entre a partida da Lua, há duzentos milhões de anos, e o retorno dela, há menos de cinco mil anos (ver meu livro *L'Animal Intérieur*, Capítulo 1)!

As entidades espirituais evoluíram sem corpo físico, enquanto o ser humano deve tomar consciência de si mesmo graças a um corpo físico denso.

Qual é, então, o interesse dessa experiência particular?

No mundo espiritual, os seres não são separados; eles estão como que "misturados" ou "fundidos". Na Terra, quando da encarnação num corpo físico denso, o ser humano é separado espacialmente, na verdade mesmo desse corpo. Infelizmente, ele não sabe se separar dos outros em termos energéticos: ele põe sua energia no exterior e a mistura com as energias dos outros. Desse modo, não consegue tomar consciência de si mesmo, apesar da ajuda que lhe é trazida por seu corpo físico.

É preciso, portanto, que o ser humano também se separe no nível do seu corpo etérico, de sua energia. Interiorizar sua energia tem como resultado separá-lo dos outros e fazê-lo sentir sua individualidade, sua existência própria: ele pode, assim, tomar consciência de si.

Oferecendo ao ser humano um corpo físico denso, os deuses lhe permitiram separar-se ao extremo daqueles que o cercam, para sentir mais profundamente sua individualidade. Assim, o Homem pode tomar consciência de si mesmo de maneira mais aguda do que o fazem as entidades espirituais. Isso lhe permite desenvolver a liberdade e a relação. Na verdade, é somente quando nos separamos dos outros que podemos nos ligar aos outros.

> Quanto mais estivermos separados dos outros, mais poderemos sentir a relação. Em suma, quanto mais nos libertamos dos outros, mais podemos sentir amor pelos outros.

Compreendemos então a meta do plano divino em relação à evolução do ser humano — **ele evolui num corpo físico para melhor sentir a separação: esta lhe permite tomar consciência de si e chegar a sentir profundamente a liberdade e o amor.**

Isso só é possível num mundo espaço-temporal como o nosso. Compreendemos então que a autoconsciência, que adquirimos durante a encarnação, graças à separação, é necessariamente perdida quando retornamos ao mundo espiritual depois da morte, porque aquele mundo é não-espacial e atemporal: não podemos mais nos distinguir dos outros e, portanto, perdemos a consciência. Precisamos então retornar à Terra para prosseguir nossa evolução.

O espaço e o tempo também oferecem ao Homem outro meio de tomar consciência de si: a criatividade, ou manifestação de seu ser interior.

A criatividade permite tomar consciência de si e de seu papel específico, o que corresponde, em última análise, à Iluminação ou quarta Iniciação. Mas a pessoa pode criar sem tomar consciência de suas criações (é o caso da maioria dos criadores). Onde está o problema? É um problema de espaço.

Imaginemos uma pessoa com um problema de espaço. Ela se recusa a se separar dos outros e procura a simbiose: ela quer se parecer aos outros, ao seu grupo, etc. Funcionando assim, ela põe sua energia no exterior e a mistura com as energias dos outros. Quando cria, ela não consegue se conscientizar do fato de que foi ela quem criou, porque sua energia está misturada com as energias dos outros.

Uma vez finda a criação, essa pessoa não consegue, e pela mesma razão, religar-se à sua criação. Não nos deixemos enganar pelo fato de que os criadores se orgulham de suas criações; isso não é prova de consciência. A pessoa pode ter orgulho de suas criações por causa daquilo que os outros lhe devolvem — é sempre a mesma história da energia posta no exterior —, mas ela não sente nada por si mesma.

Um criador que é inconsciente de sua criação só consegue percebê-la através dos olhos dos outros. Ele reage em função daquilo que os outros lhe devolvem, mas ele mesmo não sente nada em relação à sua criação, porque não sabe ligar-se a ela.

Um criador que é consciente de sua criação nunca será orgulhoso dela, porque ele sabe ligar-se à sua criação e sente que ela representa uma parte de si mesmo. Portanto, não há nada de extraordinário no fato de exprimir aquilo que somos, porque essa é a meta do ser humano, seu papel nesta Terra!

Lembre-se de que mesmo se temos um problema de espaço, podemos criar apesar de tudo, mas não tomamos consciência de nossa criação porque nossa energia está misturada com as energias dos outros (ela está fora de nós mesmos).

A solução consiste em se interiorizar profundamente para se separar dos outros: trazer sua energia para dentro de si mesmo, em seu corpo etérico, através da meditação. Depois, é preciso discernir aquilo que você traz à sua criação (o que vem realmente do seu interior) e avaliá-lo. É preciso extirpar sua criação do mundo exterior (dissociá-la) e vê-la separada de toda influência externa. Você pode então se relacionar com ela e tomar consciência de si através dela.

Ter um problema com o tempo sugere que a pessoa se agita demais para poder dar um espaço, um lugar suficiente para sua criação a fim de que ela se manifeste. As pessoas que têm problema com o tempo sempre prevêem que farão diferentes coisas que na realidade nunca fazem, porque são demasiado agitadas para que a energia possa descer e se condensar, concentrar-se para se manifestar.

Quando temos um problema com o tempo, não conseguimos manifestar nossa criatividade. A solução é você se imobilizar interiormente, deixando fluir a energia e concentrando-a para que ela assuma uma forma: **o tempo permite dar uma forma ao espaço.**

Você precisa organizar seu tempo para que uma forma possa se manifestar; é preciso ocupar um lugar para preencher esse "lugar" com uma energia particular que se condensará, com a ajuda do tempo, para levar a cabo a criação.

A utilização correta do espaço-tempo permite que a Alma se revele através do veículo humano portador de uma consciência individualizada.

CAPÍTULO 2

O MUNDO ETÉRICO

Eu agora convido você a explorar o mundo etérico. Na verdade, é possível estudar seus efeitos no mundo físico e ter acesso a ele graças à visão etérica.

O mundo etérico é uma realidade que se situa além das percepções sensíveis. Dizer que esse mundo não existe é dar prova de ignorância; um indivíduo são de espírito pode apenas afirmar que não tem acesso a ele. O mundo etérico não é um universo material, mas um universo espiritual constituído de forças qualitativas que agem sobre a matéria.

De início, vamos ver com exatidão em que consiste esse mundo etérico em relação ao sistema de elementos e agregados da matéria, segundo a ciência materialista. A ciência oficial fala dos estados da matéria; ela menciona apenas três: o sólido, o líquido e o gasoso. Esses estados não correspondem aos elementos dos esotéricos, que são: a Terra, a Água, o Ar e o Fogo, aos quais se acrescenta o Éter. Desde a Grécia antiga temos esse conhecimento esotérico básico sobre os cinco elementos. Nosso capítulo sobre os chakras permitirá que você veja a diferença que existe com o ensinamento esotérico hindu.

Os elementos e os éteres

Os esotéricos gregos nos deixaram os cinco elementos: Terra, Água, Ar, Fogo e Éter. Quando o esotérico faz referência a esses elementos, ele pensa nos seres espirituais do mundo elemental que consegue ver através da clarividência. A água e a terra, por exemplo, são apenas analogias para exprimir os elementos Água e Terra.

Minha meta não é entrar aqui nos detalhes dessas percepções clarividentes, mas simplesmente mostrar a diferença entre aquilo que chamamos "os elementos", em ciência iniciática, e os agregados da matéria, na ciência oficial (sólido, líquido e gasoso).

Voltemos aos antigos gregos. Podemos, analisando o éter único dos gregos, determinar quatro éteres que funcionam em complementaridade com os quatro elementos: o éter do calor, o éter da luz, o éter do som (ou químico) e o éter da vida. Eles foram assim nomeados por Rudolf Steiner, que os redescobriu.

Simplificando, diremos que os elementos revelam o aspecto "físico", enquanto os éteres representam o aspecto "cósmico" ou espiritual. Os elementos agem a partir do centro, que representa a Terra, enquanto os éteres agem a partir da periferia cósmica.

Os elementos e os éteres se completam dois a dois. Eles surgiram dessa maneira, desde o início do nosso sistema solar (ver meus livros *Chercheur d'Éternité* e *L'Animal Intérieur*, para compreender a história do nosso sistema solar).

— No antigo Saturno, o elemento fogo apareceu ao mesmo tempo que o éter do calor. É preciso imaginar que calor e fogo eram como uma unidade não separada, pois o espaço ainda não existia no antigo Saturno (ver o capítulo precedente).

A diferença que podemos ver entre calor e fogo é que o fogo é dissipador, enquanto o éter do calor é criador. É preciso amadurecer, e o amadurecimento é um processo que se desenrola no tempo. Observe que a associação de fogo e calor produz o tempo!

Para melhor compreender a diferença entre fogo e calor, eu lhe proponho um exemplo. Imagine uma lareira: as chamas representam o fogo, enquanto o calor é o que se desprende da lareira.

— No antigo Sol, o elemento ar apareceu ao mesmo tempo que o éter da luz: essa associação produziu o espaço!

Se tentarmos imaginar o que é o ar, percebemos que ele é um elemento que preenche o espaço entre as coisas. Quanto à luz, ela separa as coisas ao delimitá-las, tornando-as discerníveis dentro de um todo.

Imagine que você está numa sala, na penumbra. Você não vê nada, tudo está meio confuso. De repente, a luz se acende. Agora você pode ver, distinguir os objetos, graças à luz que os separa uns dos outros. A luz cria o espaço, permitindo-nos discernir as coisas; e o ar preenche esse espaço disponível.

Além disso, o ar e a luz são complementares, no sentido de que o ar é elástico, extensível e compressível, enquanto a luz é orientada, retilínea e sujeita à refração.

Observe que a luz difunde, irradia e aumenta em maior ou menor grau o espaço, o que significa que a ação do éter da luz se manifesta no crescimento, no alongamento e no aumento de volume.

— Na antiga Lua, o elemento água apareceu ao mesmo tempo que o éter do som ou éter químico.

O elemento água e o éter do som também se completam se pensarmos que a água é uma continuidade, que ela forma um todo (um rio, o mar), enquanto o som é descontínuo, inconstante. (A música é a associação de sons isolados uns dos outros; a música não existiria se todos os sons estivessem confundidos.)

A água tem sempre a tendência de se reunir, de formar uma massa: os rios correm para o mar, as gotas da chuva formam uma poça d'água. Por outro lado, a ação do éter do som (ou éter químico) é a divisão, a multiplicação. Com ele, podemos contar e analisar. Rudolf Steiner também o chamava de éter do número. A divisão celular é um princípio do éter do som (ou químico). Esse éter também está ligado à atividade química.

O elemento água tem uma função *yin* (feminina) que reúne, que leva sempre para um todo primordial, enquanto o éter do som divide, diferencia, graças à sua função *yang* (masculina).

Enfim, a característica do éter do som é harmonizar, ou seja, colocar as partes num relação ordenada para criar uma estrutura, para integrá-las.

— Na Terra, o elemento terra apareceu ao mesmo tempo que o éter da vida (ou éter da cristalização).

O elemento terra se manifesta no sólido por um aspecto fixo ou solidificado. Esse elemento se afirma no espaço, pois ele se expande para o exterior (dois objetos não podem ocupar o mesmo espaço). Em complementaridade, o éter da vida (ou da cristalização) se afirma a partir do interior; a vida é que é o criador de um todo, de uma globalidade. Quando um todo é acidentalmente fracionado, o éter da vida irá reconstituí-lo como um todo, o irá "curar" (se você quebrar o braço, o éter da vida vai agir sobre o osso para reconstituir seu braço e lhe dar seu aspecto original). O éter da vida faz cada parte agir a serviço do todo e, assim, cria a coesão.

O elemento terra depende das condições exteriores para sua forma, enquanto o éter da vida é a expressão de condições interiores, espirituais.

É o éter da vida que dá uma forma a partir do interior e permite, por exemplo, que o ser humano obtenha uma forma vertical (manter-se de pé). O éter da vida cria uma globalidade que funciona como uma individualidade, uma unidade. A pele humana é o símbolo do éter da vida, pois é ela que determina uma globalidade e uma individualidade e, por isso, a expressão do ser interior.

Em resumo, se observamos um ser humano com essas concepções sobre os quatro éteres, obtemos (simplificando ao extremo):

- Sua idade e sua manifestação no tempo (seu amadurecimento) são o reflexo do éter do calor;
- Seu tamanho e sua capacidade de mover-se no espaço são o reflexo do éter da luz;
- Suas palavras e a harmonia de seus gestos (um conjunto de gestos para uma ação dada) são o reflexo do éter do som;
- Sua pele e a individualidade e globalidade que ele representa são o reflexo do éter da vida.

Muitas pesquisas precisam ser feitas nesse domínio para descobrir o verdadeiro funcionamento da vida.

Observe que a eletricidade, o magnetismo e a energia nuclear são os "subéteres" ou éteres "negros" que pertencem a um domínio submaterial. Muitas noções científicas a respeito deles são ilusórias; elas nasceram sob influência de entidades "ahrimanianas", de forças negras.

Observe também que alguns pseudo-esotéricos confundem as energias elétricas e nucleares com as forças etéricas. Na verdade, lembre-se de que as forças etéricas se encontram num nível mais sutil do que a matéria física, enquanto as energias elétricas ou nucleares estão num nível inferior ou mais denso que a matéria (domínio submaterial).

Os fenômenos da luz, do som e do calor são perceptíveis pelos órgãos sensoriais durante a consciência de vigília, mas a eletricidade, o magnetismo e a energia nuclear não são diretamente perceptíveis por essa mesma consciência; essas energias são subconscientes (ver Quadro 1: As energias).

No que se refere à eletricidade, ela poderia ser imaginada como uma espécie de "vestimenta" da luz ou ainda como um estado submaterial da luz (sub-éter da luz). Quanto ao magnetismo, trata-se de um quimismo submaterial (sub-éter do som ou químico). E a energia nuclear é uma força da antivida — ou da destruição — submaterial (sub-éter da vida).

Vejamos como os éteres se distribuem na nossa Terra:

- Temos a terra ou litosfera (elemento terra), na qual age o éter da vida.
- Temos então a hidrosfera (elemento água), na qual age o éter do som ou químico.
- Acima de nós, temos a atmosfera (elemento ar), na qual age o éter da luz.
- Depois, na alta atmosfera encontra-se a termosfera (elemento fogo), que se situa entre 90 e 700 quilômetros de altitude e na qual age o éter do calor.
- Mas é ainda mais alto que se encontra a fonte do éter da luz: na exosfera, entre 700 e 3.00 quilômetros de altitude.
- A fonte do éter do som (ou químico) se situa além dos 3.000 quilômetros de altitude.

— E a fonte do éter da vida se encontra ainda além daquela do éter do som (ver Ilustração 3).

— Observe que os éteres têm sua fonte numa zona muito distanciada da Terra, mas agem através dos elementos próximos da Terra e mesmo sobre a Terra e na Terra.

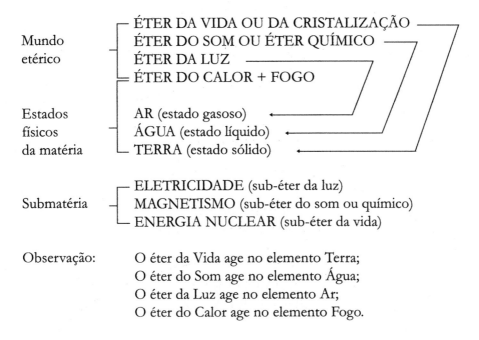

Observação: O éter da Vida age no elemento Terra;
O éter do Som age no elemento Água;
O éter da Luz age no elemento Ar;
O éter do Calor age no elemento Fogo.

Quadro 1: As energias

Simplificando ao extremo, pode-se dizer que os éteres do calor e da luz vêm sobretudo do Cosmos e são absorvidos pela cabeça do indivíduo, enquanto os éteres do som e da vida vêm da Terra e são absorvidos pelos pés (ver Ilustração 4).

Em resumo, considere que tudo aquilo que você percebe como sendo matéria está mergulhado num imenso oceano etérico cósmico que é constituído de quatro qualidades chamadas "éter do calor", "éter da luz", "éter do som" (ou "éter químico") e "éter da vida". Esses são os mesmos éteres que se encontram no cosmos e nos elementos terrestres, bem como no corpo etérico humano.

- Os éteres do calor e da luz são ambos de natureza centrífuga, expansiva e irradiante.

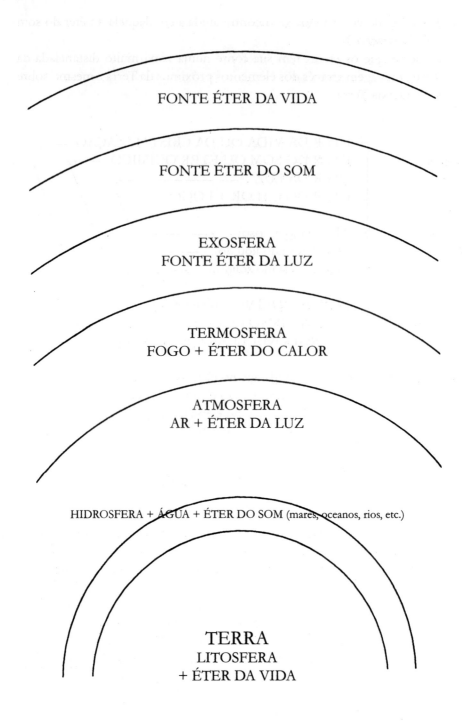

Ilustração 3: A aura da Terra

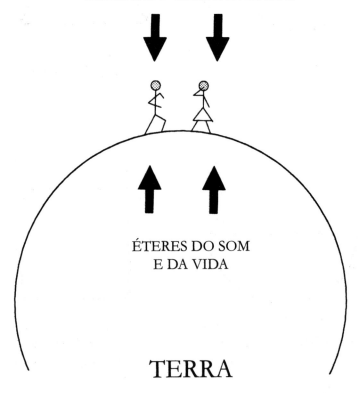

Ilustração 4: O ser humano, ponto de encontro entre o Cosmos e a Terra

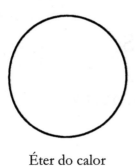 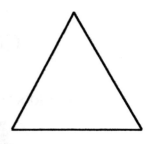

Éter do calor
(forma esférica)

Éter da luz
(forma triangular)

Éter do som ou químico
(forma da hemisfera ou meia-lua)

Éter da vida ou
da cristalização
(forma quadrangular)

Ilustração 5: As formas produzidas pelos éteres

- Os éteres do som e da vida são ambos de natureza centrípeta, concentrada e contraída.
- Quando um éter domina, ele traz uma forma específica (ver Ilustração 5):
— O éter do calor produz a forma esférica;
— O éter da luz produz a forma triangular;
— O éter do som (ou químico) produz a forma hemisférica ou de meia-lua;
— O éter da vida (ou da cristalização) produz a forma quadrada ou quadrangular.

- Se fôssemos atribuir cores aos quatro éteres, teríamos:
— O vermelho para o éter do calor;
— O amarelo para o éter da luz;
— O azul para o éter do som (ou químico);
— O violeta para o éter da vida.

A RESPIRAÇÃO DA TERRA

A Terra respira por intermédio do éter químico. De noite, o éter químico se encontra dentro da Terra. De manhã, a camada de éter do calor se aproxima da Terra para aquecê-la sob a ação do Sol, enquanto a Terra expira o éter químico que sobe para a atmosfera e avança sobre o território dos éteres da luz e do calor. A expiração começa com o nascer do sol; há então um aumento da umidade do ar. Essa expiração do éter químico alcança seu máximo por volta do meio-dia. A partir daí, a Terra termina sua expiração e o éter químico alcança seu máximo de expansão.

Depois, ao pôr-do-sol, a Terra começa sua inspiração. A camada de éter químico volta a descer para o solo até o meio da noite; todo o éter químico se encontra então concentrado no interior da Terra.

Quanto ao éter do calor, ele seguiu o movimento inverso e subiu para a termosfera ou alta atmosfera.

De noite, a Terra está novamente interiorizada e em equilíbrio. É somente à noite que as camadas etéricas são ordenadas, conforme mostro a seguir (ver Ilustrações 6 e 7). De dia, é o caos, por causa do Sol que age sobre o éter do calor e sobre o éter da luz, levando-os a se misturar com o éter químico que a Terra dilata até a atmosfera. O Sol também age sobre o éter da vida, e é esse caos, essa mistura de éteres na atmosfera terrestre que produz a vida e permite que a vida se propague sobre a Terra.

Um fenômeno análogo se produz no decorrer das estações.

Na primavera, o éter químico se eleva fortemente até a atmosfera: é a exteriorização da entidade Terra que começa. A Terra, como um ser vivo, se

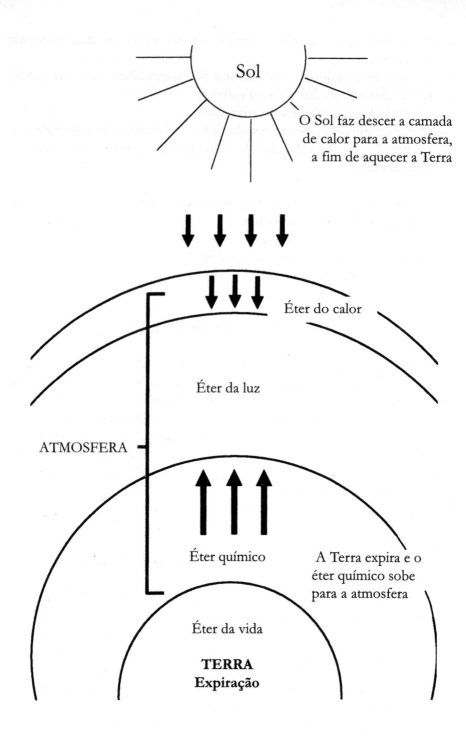

Ilustração 6: O dia

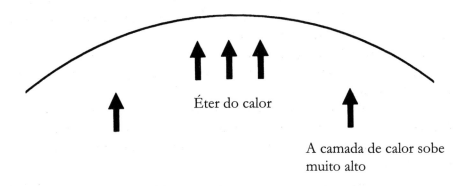
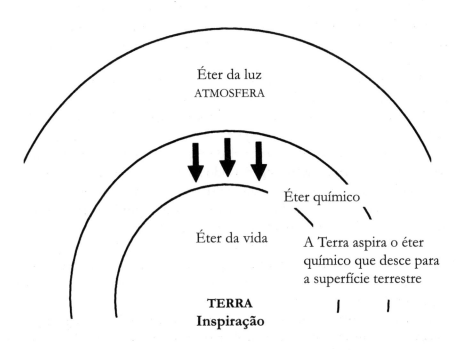

Ilustração 7: A noite

estende, exterioriza-se ao máximo depois de um longo inverno de vida interior. A explosão da natureza na primavera se deve ao fato de que a Terra se exterioriza e faz sair de si mesma todas as suas riquezas. É a subida para a atmosfera do éter do som ou químico — o qual age sobre os líquidos — que provoca a subida da seiva na primavera.

Durante o verão, a ascensão do éter do som, ou químico, está em seu máximo, enquanto o éter do calor desce até muito baixo, na direção da Terra, sob a ação do Sol.

Com o outono, o éter do som, ou químico, desce para a Terra — e a vegetação morta —, enquanto o éter do calor sobe até a alta atmosfera: a entidade Terra começa a se interiorizar, a viver plenamente em si mesma, para alcançar seu máximo no inverno.

Essa respiração, que é também uma perturbação na ordem das camadas etéricas da Terra, se deve às influências solares.

Lembre-se de que o Sol influencia a Terra sobretudo através da emissão do éter da vida, enquanto a Lua age sobre o nosso planeta principalmente emitindo o éter químico ou do som (daí a analogia entre a Lua e o elemento água, já que esse éter age sobre a água).

Assim, podemos deduzir que a Terra dispõe sobretudo dos éteres do calor e da luz, e que ela recebe do exterior os éteres da vida (Sol) e do som (Lua).

Observe também que o Sol alcança seu máximo efeito perturbador e vivificante quando está no zênite (por volta do meio-dia), ou seja, quando se encontra no máximo de sua verticalidade e quando a Lua está no máximo de seu poder, com sua radiação tangenciando a superfície terrestre. Assim, quando o ser humano está de pé durante o dia, a força vertical do Sol vivifica seu cérebro e sua medula espinhal (coluna vertebral vertical). E quando ele se deita na cama, à noite — portanto, em posição horizontal —, é a Lua que exerce influência sobre seus órgãos. O animal, por outro lado, nunca pode se beneficiar da influência solar plena porque não consegue se manter na posição vertical. O animal, portanto, é lunar, à noite e de dia, enquanto o ser humano é solar de dia e lunar à noite.

Também podemos acrescentar algumas palavras sobre o fenômeno da rotação da Terra, que provoca uma alternância de dias e noites. É preciso ver nesse processo, não um fenômeno puramente mecânico, mas sim a manifestação de uma inteligência que busca fazer todo o seu organismo aproveitar os benefícios do sol, bem como de suas perturbações, para permitir a aparição da vida ("a vida nasce do caos").

A Terra é um ser vivo e sua rotação não é fruto de um acaso mecânico que arrasta uma forma inerte. A rotação da Terra é um fenômeno complexo que implica a ação de entidades espirituais agindo sobre o corpo etérico do planeta.

Por isso você pode imaginar a Terra como um organismo vivo que oferece todas as partes de seu ser às perturbações etéricas e benéficas provenientes do Sol, graças à dança das entidades espirituais.

Outros aspectos dos éteres

O éter da vida ou da cristalização age sobre o elemento terra e é dirigido, portanto, para o centro do globo terrestre. É ele que está na origem do fenômeno da gravidade ou força gravitacional.

Os pólos magnéticos Norte e Sul são centros de força onde a concentração do éter da vida ou do éter químico é particularmente intensa. Eles se situam no corpo etérico da Terra, como ocorre com os chakras no ser humano. O pólo Norte é solar e corresponde ao chakra da coroa, enquanto o pólo Sul é lunar e corresponde ao chakra da raiz. O pólo Norte é a fonte de uma intensa atividade do éter da vida (o hemisfério norte é o que contém a maior parte das terras emersas; e o éter da vida age no elemento terra). O pólo Sul é a fonte de uma intensa atividade do éter do som ou químico (o hemisfério sul é o que contém a maioria dos mares e oceanos; o éter do som, ou químico, age na água).

Em resumo, a gravidade — ou força gravitacional — e o magnetismo são o resultado da ação seja do éter da vida, seja do éter do som, ou químico (ver Quadro 1: As energias). A ação das forças no domínio submaterial está sujeita às entidades luciferianas e ahrimanianas.

É preciso, então, imaginar um mundo espiritual — cujo mundo etérico constituiria um intermediário com a matéria — bem como um mundo submaterial, mais denso e no entanto invisível (compreenda que o ser humano só é capaz de ver aquilo que vibra numa certa densidade; alguns seres são mais sutis do que aquilo que podemos perceber, mas também existem seres ou elementos mais densos que nós, os quais não mais podemos perceber), do qual os fenômenos eletromagnéticos e nucleares são a expressão.

O Sol possui um poderoso "magnetismo". Este se deve à ação do éter da vida que forma seu gigantesco núcleo, o qual é recoberto pela cronosfera, ou baixa atmosfera, e pela coroa, ou alta atmosfera (ver Ilustração 8). Os cientistas ainda não sabem de que é feito o âmago do Sol. Eles o imaginam constituído de uma massa gasosa. Na verdade, o Sol é um espaço vazio de toda matéria (uma espécie de antiespaço), mas cheio do éter da vida! É por isso que o Sol é uma poderosa fonte energética.

A Terra contém igualmente o éter da vida em seu centro, mas ali todos os outros éteres também são ativos. É o éter do calor que reina em seu núcleo.

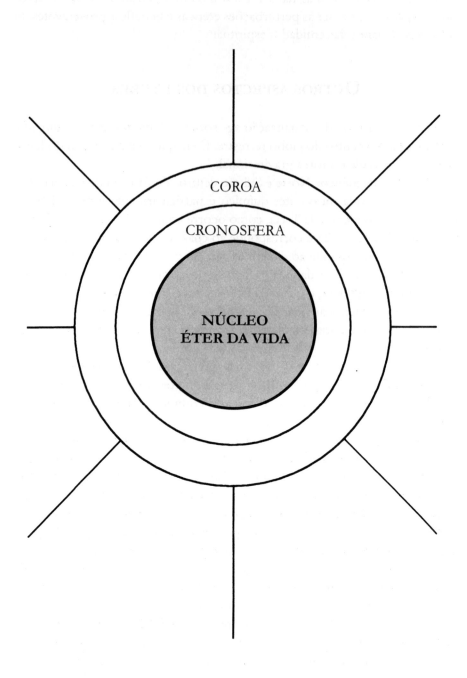

Ilustração 8: O Sol

Haveria muito a dizer quanto às diferentes camadas de que é feita a Terra, mas não é a meta deste livro demorar-se nesse assunto.

Lembre-se de que a Terra deve seu éter da vida ao Sol, e seu éter do som (ou éter químico) à Lua.

As zonas geológicas dos éteres

Os quatro éteres se distribuem sobre a superfície do nosso planeta segundo zonas distintas. Em suma, eles se distribuem igualmente por toda a superfície da Terra, desta maneira (ver Ilustrações 9a e 9b):

1. A zona do éter do calor se estende de 100-110° de longitude leste até 160-170° de longitude oeste; ela engloba a China, o Japão, a Austrália, o Pacífico, etc.
2. A zona do éter da luz se estende de 8-10° de longitude leste até 100-110° de longitude leste; ela engloba a Europa central e oriental, a maior parte da África, o Oriente Médio e a Ásia.
3. A zona do éter do som, ou químico, se estende de 8-10° de longitude leste até 65-75° de longitude oeste; ela engloba a Europa Ocidental, o oeste da África e o Oceano Atlântico, bem como a Província de Quebec e a maior parte da América do Sul.
4. A zona do éter da vida se estende de 65-75° de longitude oeste até 160-170° de longitude oeste; ela engloba a América do Norte e a América Central.

- A antiga Lemúria, que se situava principalmente na zona do éter do calor, foi destruída pelo fogo; já a antiga Atlântida, que se situava na zona do éter do som, ou químico (que age sobre a água), foi destruída pelas águas.
- A próxima grande catástrofe deve se produzir no fim da nossa civilização. Ela será devida a uma interação entre forças solares e terrestres não dominadas, bem como à ação da Lua (como pode revelar a visão clarividente). Isso provocará um cataclismo atribuível principalmente à ação dos éteres da luz e químico.

Qual a zona que será particularmente afetada por esse cataclismo futuro? Sim, você acertou, é a Europa que será destruída, porque ela está situada na zona de encontro dos éteres da luz e químico. Mas você pode ficar tranqüilo: essa destruição não acontecerá antes do fim da Era de Capricórnio, ou seja, daqui a mais ou menos cinco mil anos!

De todo modo, mesmo se a Europa escapasse dessa destruição, ela sofreria, dois ou três mil anos mais tarde, durante a Era de Escorpião, uma nova era glacial. Será preciso renunciar a uma próxima encarnação na Europa.

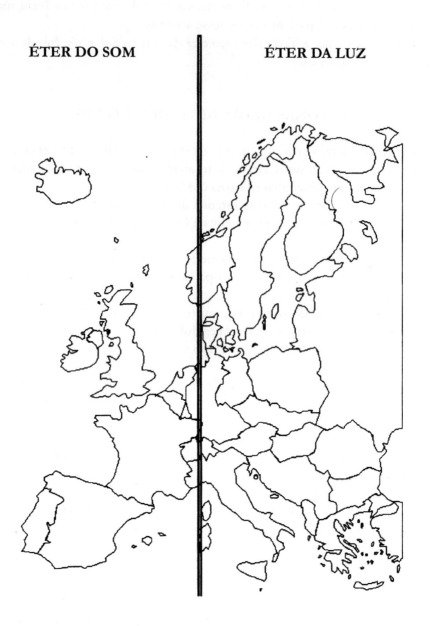

Ilustração 9a

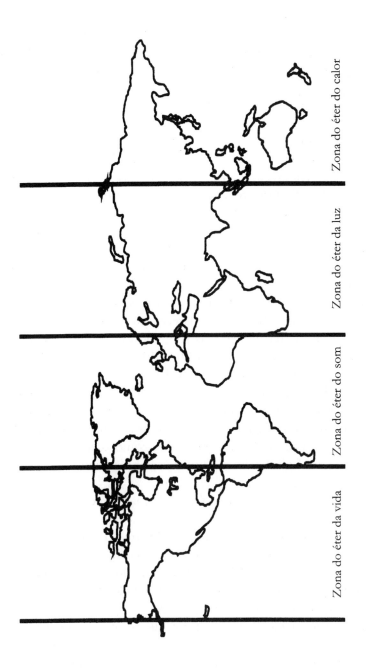

Ilustração 9b

- Se você acrescentar às zonas que acabamos de ver as formas geradas pela ação das forças etéricas, poderá constatar o seguinte:
— Alguns continentes ou países têm uma forma triangular, o que ilustra a ação do éter da luz em sua formação. Isso ocorre na América do Sul, África e Índia.
— Por outro lado, vê-se bem a ação do éter da vida na formação retangular dos Estados Unidos ou do Canadá.
— Observe também que a espiritualidade oriental indo-tibetana se desenvolveu nas montanhas. Ora, a forma triangular do éter da luz mostra que esse tipo de éter possui influência aumentada na altitude. As montanhas, por se elevarem para a atmosfera, se beneficiam da influência acentuada dos éteres do calor e da luz. Assim, a espiritualidade indo-tibetana nasceu sob a influência do éter da luz (tanto pela zona quanto pela intermediação das montanhas), ao qual se acrescenta a influência do éter do calor. O mesmo ocorreu com os ensinamentos de Zaratustra (ou Zoroastro, antiga Pérsia, 6400 a.C.), nas altas montanhas do Pamir.
— Vemos um contraste espantoso com a espiritualidade ocidental, nascida com a vinda de Cristo. Esta apareceu numa zona que se encontra sob a influência do éter da luz, mas sobretudo numa região que compreende uma depressão localizada entre 200 e 400 metros abaixo do nível do mar e que se estende do lago de Tiberíades até o Mar Morto, ao longo do rio Jordão. É a mais profunda depressão do planeta. Assim como a Terra se exterioriza no nível do Himalaia, ela se interioriza no vale do Jordão, berço do cristianismo. Mesmo que esses locais se encontrem numa latitude semelhante (mais ou menos 30° norte; como, aliás, as grandes pirâmides de Gizé, no Egito!), eles são opostos complementares.

No vale do Jordão, abaixo do nível do mar, o éter da vida, que é normalmente ativo na Terra, pode agir ao ar livre. Assim, o ar e o calor são particularmente vivificados pelo éter da vida (ver Ilustração 10), produzindo as condições que eram necessárias para a eclosão do cristianismo. A influência do éter da luz é largamente contrabalançada pelo éter do som, ou químico ("O Verbo se fez carne e habitou entre nós") e também pelo éter da vida ("Quem comer do meu corpo terá a vida eterna"). Agora compreendemos melhor por que Cristo encarnou naquela região, e por que o caminho crístico se propagou num meio onde o éter da luz estava associado ao éter do som, como a Europa, ou onde, como em Quebec, o éter do som está associado ao éter da vida.

- Se você estudar essa distribuição das forças etéricas sobre a superfície da Terra, poderá certamente deduzir inúmeras coisas: por exemplo, que 78% dos vulcões em atividade se situam na zona do éter do calor!

- Também podemos compreender melhor a diferença entre um oriental e um ocidental. O oriental é marcado pelos éteres do calor e da luz, enquanto o ocidental é influenciado pelo éter do som, ou químico, e pelo éter da vida.

Se você lembrar que os éteres do calor e da luz representam o aspecto cósmico, enquanto os éteres do som e da vida simbolizam mais o aspecto terrestre, compreenderá por que os orientais são mais atraídos para o espiritual, a poesia ou o sonho (a vontade de deixar este mundo), enquanto os ocidentais se interessam mais pela terra, pela matéria e pelos bens deste mundo.

- O centro etérico da Ásia é representado pelos altos platôs indo-tibetanos, que são como um poderoso chakra de natureza calor-luz.
- Na Europa, é a cadeia dos Alpes que representa um poderoso chakra de natureza luz-som.
- Pode-se também considerar que a depressão da zona do Mar Morto simboliza outro chakra significativo, próximo do centro de todas as terras energizadas (se imaginarmos a superfície terrestre como um plano) e de natureza luz-som-vida.

Ilustração 10: Do Oriente ao Ocidente

Observe que as predisposições do corpo etérico do indivíduo podem funcionar bem tanto no sentido da zona de influência na qual ele nasce quanto no sentido contrário, segundo seu temperamento. No próximo capítulo, pretendo desenvolver tudo o que se refere ao corpo etérico.

Estes elementos de informação sobre o mundo etérico e sobre a ação dessas forças sobre o mundo físico representam apenas uma pequena parte das pesquisas que podem ser realizadas. Mas essas pesquisas, bem como aquelas que se referem às forças formadoras (interações do mundo etérico com os mundos astral e mental), conduzem ao segredo da vida.

Você pode obter informações suplementares sobre este assunto nos livros de Rudolf Steiner ou nas obras dos autores que perpetuaram os ensinamentos dele, como Gunther Wachsmuth, *Le Monde Éthérique,* ou Victor Bott, Paul Coroze e Ernst Marti, *Les Forces de Vie* (difusão Triades).

CAPÍTULO 3

O CORPO ETÉRICO DO SER HUMANO

Depois das considerações gerais do capítulo precedente sobre o mundo dos quatro éteres, proponho agora estudar o corpo etérico do ser humano.

Lembro a você que o ser humano é constituído de quatro corpos: o corpo físico, dotado de órgãos sensoriais que lhe permitem perceber o mundo exterior; o corpo etérico (que o ser humano tem em comum com os animais e as plantas, que fornece a energia vital ao corpo físico e é a sede dos impulsos voluntários; o corpo astral (que o ser humano tem em comum com os animais), que é o domínio do sentimento e das emoções; e o corpo mental, portador do "Eu", que lhe permite pensar e afirmar-se enquanto indivíduo livre e consciente de si mesmo.

A esses elementos, seria preciso acrescentar a Alma ou Eu Superior do ser humano, que não está realmente encarnada, mas "flutua" ao redor dele sob a proteção de uma entidade espiritual da hierarquia dos Anjos (o Anjo-guia).

A EVOLUÇÃO DO CORPO ETÉRICO

O corpo etérico foi criado pelos Arcanjos, no antigo Sol. Para este tema, eu lhe recomendo meus dois livros precedentes (*Chercheur d'Éternité* e *L'Animal Intérieur*), que discutem a evolução do nosso sistema solar e do ser humano.

Recordo a você que o antigo Sol corresponde ao segundo estágio de evolução do nosso sistema solar e que foi durante aquele período que o esboço do corpo etérico foi construído pelos "espíritos do fogo", também chamados Arcanjos.

- Naquela época, a morada do ser humano era chamada "antigo Sol", porque ele é o longínquo ancestral do nosso Sol atual. Aquele antigo Sol era formado pelos éteres do calor e da luz. Deduz-se daí que o corpo etérico original era formado pelos éteres do calor e da luz.

- Depois, na terceira fase da evolução do nosso sistema solar, chamada "antiga Lua", um terceiro éter foi acrescentado: o do som, ou éter químico. O corpo etérico era então formado por três éteres.

Chegamos então à nossa Terra atual, que passou por diversas etapas evolutivas, ao longo das quais um quarto éter veio acrescentar-se aos três precedentes: o éter da vida.

- Assim, encontramo-nos no período lemuriano da Terra, que é chamado, na Bíblia, de "paraíso". O proto-humano ali dispõe de um corpo etérico constituído dos quatro éteres que apresentei no capítulo anterior.

Lembre-se de que não estou falando aqui dos outros corpos; concentro-me na evolução do corpo etérico.

Chegamos então à época lemuriana da Terra, ou seja, naquilo que se chama de "paraíso terrestre".

Onde se situava ele? No mundo etérico. Para ser mais exato, digamos que o "paraíso" se situava na atmosfera etérica da Terra, porque, naquela época, o ser humano ainda não possuía um corpo físico denso. O ser humano ainda era etérico e invisível.

Você compreende, então, que é ilusório buscar na Terra o local onde o paraíso poderia ter se situado. É pueril representar a Terra de muitos milhões de anos atrás como aquela que conhecemos hoje em dia, povoada de seres humanos semelhantes a nós.

Antes da famosa "Queda", o ser humano se encontrava no mundo etérico, na atmosfera da Terra, enquanto esta se adensava lentamente e já possuía os animais.

O que representa aquela história da "tentação da maçã" que a simplória Eva teria mordido após colhê-la da "árvore do conhecimento do bem e do mal"?

Na verdade, o arcanjo Lúcifer e suas legiões perturbaram o equilíbrio das forças etéricas através de uma fortíssima impregnação das forças do éter da luz (a palavra "Lúcifer" significa "o portador da luz"). Esse fenômeno conduziu à separação entre as forças da luz (éteres do calor e da luz) e as forças da vida (éteres do som e da vida). Essa divisão, por sua vez, levou ao adensamento do ser humano, que caiu da atmosfera na Terra.

Mas essa queda no solo terrestre foi acompanhada de maior consciência para o ser humano (um benefício do aspecto luz).

Pode-se dizer que, simbolicamente, o ser humano tornou-se consciente das forças do calor e da luz que representam "a árvore do conhecimento do bem e do mal". Isso significa que ele foi dotado de um corpo mental e de um

"Eu" para discernir o bem e o mal: é o acesso à liberdade. Por outro lado, ele perdeu o acesso direto às duas outras forças etéricas (do som e da vida) que representam "a árvore da vida".

Você pode imaginar as conseqüências desse acontecimento. O ser humano, que até então desfrutava inconscientemente das quatro forças etéricas e por isso era imortal, foi expulso do "paraíso" e "caiu" no solo terrestre. Ele perdeu então os benefícios das forças etéricas do som (o Verbo e a música das esferas) e da vida (a eternidade), mas ganhou acesso consciente às forças etéricas do calor (a "percepção" do amor compartilhado) e da luz (o pensamento e a liberdade).

Quando as entidades luciferianas ofereceram ao Homem a liberdade e o discernimento entre o bem e o mal ("os frutos da árvore do conhecimento"), foi decidido que o ser humano não poderia utilizar a totalidade de seu corpo etérico, porque ainda não estava maduro o suficiente. Assim, uma parte das forças etéricas lhe foi retirada: as forças dos éteres do som e da vida, que ele não sabia manejar conscientemente.

As forças dos éteres do som e da vida agem a partir do exterior da Terra: desde a Lua, para o éter do som; e desde o Sol, para o éter da vida.

Na verdade, o ser humano foi preservado de si mesmo. O fato de ele ter se deixado influenciar pelas tentadoras forças luciferianas deixava prever grandes perigos se ele tivesse acesso às duas outras forças etéricas: o Verbo e a vida eterna. É por isso que o ser humano não tem mais o direito de se aproximar da "árvore da vida" e comer seus frutos: o Verbo e a vida eterna.

Em resumo, lembre-se de que o ser humano ganhou a liberdade e o pensamento (discernir o bem e o mal) quando da "Queda", mas que ele então perdeu o acesso à vida eterna e à música das esferas (o Verbo interior, o verdadeiro som; hoje em dia, o indivíduo precisa se contentar com um som "inferior" que ressoa no ar, ao invés daquele do éter do som).

Ao encarnar, Cristo devolveu ao Homem o que este tinha perdido. Você pode imaginar que Cristo trouxe das regiões etéricas "superiores" os **"frutos da árvore da vida"** que o ser humano perdeu quando da "Queda": é por isso que Cristo é chamado de **Verbo que se fez carne** e disse, em especial: *Eu sou a ressurreição e a vida.*

Nessa explicação encontra-se, subjacente, o segredo da ressurreição, da pedra filosofal e da imortalidade física. Mas não nos deteremos neste assunto por ora.

Lembre-se, todavia, de que **é ligando-se ao Cristo vivo que o ser humano pode reencontrar aquilo que perdeu durante a "Queda": o verbo interior e a vida eterna.**

Descrição do corpo etérico

O corpo etérico é a tela energética sobre a qual se constrói o corpo físico. O corpo etérico é preparado no mundo espiritual durante o processo de reencarnação. A entidade humana que reencarna constrói seu corpo etérico com ajuda dos Arcanjos, que são os espíritos dos povos e das raças.

O temperamento e os hábitos ou automatismos que o indivíduo traz de sua existência precedente se imprimem em seu corpo etérico, bem como as características da raça ou do povo no qual ele reencarna. É o Arcanjo-guia do povo que implanta essas características no corpo etérico do indivíduo.

Assim, o indivíduo traz em seu corpo etérico o seu karma individual e mais uma parte do karma racial ou nacional, conforme o lugar onde se produz sua encarnação. O indivíduo está ligado àquilo que deve experimentar em sua nova existência. Ele escolhe, de certo modo, o país no qual deve encarnar e onde encontrará os elementos apropriados para fazer frente ao seu karma.

É interessante saber que a aproximação da Terra é marcada por estas três etapas fundamentais:

1. A entidade humana que desce novamente das altas esferas do mundo espiritual para reencarnar escolhe um lugar da Terra, onde poderá realizar essa encarnação, com ajuda de uma entidade espiritual da hierarquia dos Principados.

2. Em seguida, ela escolhe uma raça ou um povo específico no qual poderá viver suas novas experiências, com ajuda de uma entidade da hierarquia dos Arcanjos.

3. Enfim, ela escolhe uma família (e, no final, seu próprio sexo), com ajuda de uma entidade espiritual da hierarquia dos Anjos.

A partir dessa base, podemos considerar dois casos extremos ou a reação de dois comportamentos opostos: o do espiritualista e o do materialista.

- O espiritualista, em sua vida precedente, dedicou-se a uma evolução espiritual que lhe permitiu fortalecer o laço com seu Anjo-guia e com o mundo espiritual. Depois da sua morte, durante a grande viagem no mundo espiritual, ele manterá estreito contato com seu Anjo-guia e com todas as entidades espirituais. Assim, quando de sua descida na Terra para reencarnar, ele colaborará facilmente com um Principado para determinar o lugar onde vai encarnar. Depois, entrará facilmente em contato com um Arcanjo para escolher um povo e, enfim, terá facilidade de escolher uma família e um sexo, com ajuda de seu Anjo-guia. Uma vez encarnado, ele se sentirá verdadeiramente ligado à sua terra natal e dela tirará sua força interior. Ele também sentirá afinidade pelo povo ao qual pertence; essa afinidade será interior, relacionada com as qualidades criadoras, as virtudes e potencialidades de que dispõe esse povo, e que ele poderá desenvolver. Enfim, perceberá interiormente porque era importante para ele ingressar naquela família e se sentirá à vontade em seu sexo.

- O materialista terá vivido uma existência na qual a espiritualidade estava ausente ou era completamente negada. Depois de sua morte, encontrar-se-á num mundo espiritual que, para ele, não existe. Terá muita dificuldade em aproveitar as contribuições desse mundo que ele rejeita. Não poderá entrar em contato com as entidades espirituais, e se sentirá muito só. Durante seu processo de reencarnação, não poderá se ligar a um Principado, nem a um Arcanjo, nem ao seu Anjo-guia. Uma vez reencarnado, se sentirá desenraizado aonde quer que vá; viajará muito e se mudará freqüentemente. Não se sentirá à vontade com seu povo, ou então adotará os comportamentos exteriores separatistas e nacionalistas de seu povo (o lado chauvinista e o patriotismo exaltado). Enfim, ou ele procurará imitar alguém de sua família e se esconderá por trás dos membros desta — incapaz de se individualizar e tirar lições de sua experiência familial — ou ele rejeitará totalmente os seus. Também poderá se sentir desconfortável em seu sexo.

Esse exemplo mostra a importância de sabermos nos ligar ao mundo espiritual. O ser humano não vive somente na Terra; pode-se até afirmar que ele passa a maior parte do seu tempo no mundo espiritual.

Para lhe dar uma idéia — a qual, porém, não deve ser tomada como regra geral —, um indivíduo passa cerca de três ou quatro vezes mais tempo no mundo espiritual do que na Terra: em mil anos, um ser humano passa um mínimo de sete a oito séculos no mundo espiritual, contra dois séculos e meio na Terra, distribuídos em três ou quatro encarnações.

Um indivíduo que chega a rejeitar totalmente a idéia de um mundo espiritual pode se encontrar numa situação bastante desagradável depois da morte. Ele não só se sentirá muito isolado e pouco se beneficiará dessa longa estadia no "entre duas vidas", mas será incapaz de se elevar até as esferas espirituais (sem contar que poderá ser manipulado pelas forças negras). Portanto, ele abreviará seu périplo no mundo espiritual, o que terá como efeito torná-lo incapaz de formar corretamente seus diferentes corpos durante o processo de reencarnação.

Ele reencarnará com um corpo astral e um corpo etérico enfraquecidos, o que repercutirá na formação de seu sistema nervoso cérebro-espinhal. Isso provocará uma extrema fragilidade nervosa que pode acarretar neuroses ou mesmo psicoses. (Tratarei mais detalhadamente desse problema no capítulo sobre a "espiritofobia" — o medo do mundo espiritual.)

Tomemos o caso de uma entidade que encarna em boas condições. Uma vez formado o corpo etérico, essa entidade se beneficia da contribuição hereditária dos pais para formar um modelo de corpo físico.

Na verdade, a entidade humana é capaz de criar para si mesma um corpo mental, um corpo astral e um corpo etérico, com ajuda das entidades espirituais, é fato, mas ela é incapaz de criar para si mesma um corpo físico. No mundo espiritual, o ser humano, com ajuda das entidades espirituais, cria apenas um germe supra-sensível de seu corpo físico. Mas é preciso que um homem e uma mulher lhe ofereçam uma espécie de modelo de corpo físico, no qual seu germe supra-sensível poderá encarnar e se desenvolver.

Em seus primeiros anos de existência, a entidade humana utilizará esse modelo de corpo físico trazido pela hereditariedade, depois ela o transformará e criará o seu próprio, sobre as bases do germe supra-sensível que ela trouxe do mundo espiritual.

Na verdade, a alma que encarna utiliza um modelo de corpo físico fornecido pela hereditariedade e depois cria seu próprio corpo físico durante os seis ou sete primeiros anos de vida. Isso nos leva a concluir que o impacto da hereditariedade só é importante nos sete primeiros anos de vida, desaparecendo depois disso. Ao fim de sete anos, o corpo físico foi totalmente recriado pela alma da criança; é um novo corpo, liberto da hereditariedade.

As doenças da primeira infância traduzem a luta da criança que tenta se libertar da influência hereditária para criar seu próprio corpo físico.

A famosa "idade da razão", estabelecida para os sete anos de idade, mostra que a criança se torna autônoma pela transformação de seu corpo físico, graças ao germe espiritual deste, que ela construiu no "entre duas vidas".

Esse processo está concluído por volta dos seis ou sete anos, quando da mudança de dentição, período no qual nasce o corpo etérico que se desprende definitivamente do corpo da mãe.

Apesar disso, permanecem traços hereditários mais ou menos importantes segundo os genes. Quando um jovem adulto enfrenta uma doença infantil, isso é sinal de que ele não soube se libertar de sua hereditariedade nos primeiros anos de vida e agora está tentando novamente.

De todo modo, é preciso não confundir os traços hereditários com os padrões de comportamento comuns. Devemos compreender que, se a entidade humana escolheu seu pai e sua mãe, essa não foi uma escolha gratuita. É muito freqüente que o pai ou a mãe tenham problemas semelhantes àqueles dos quais a entidade escolheu se libertar ao reencarnar. A entidade, portanto, terá debaixo dos olhos seus famosos padrões, sob a aparência de "papai" ou "mamãe". Assim, ela terá problemas semelhantes a resolver (karmas da mesma natureza), mas isso nada tem a ver com a hereditariedade.

Às vezes, a entidade escolhe parecer-se a um de seus pais porque tem um certo karma a resolver com ele. Essa identificação kármica, no entanto, não tem nada de hereditário. A ignorância da natureza profunda do ser humano faz com que muitas vezes os psicólogos e os médicos ponham todos os ovos no cesto da hereditariedade.

Voltemos, porém, a uma descrição mais concreta do corpo etérico. O corpo etérico é uma rede de correntes de energia que animam o corpo físico e o tornam vivo.

Podemos imaginar que o corpo etérico acompanha, aproximadamente, os contornos do sistema nervoso do ser humano. Na verdade, é como se o corpo físico estivesse adensado sobre o corpo etérico, acompanhando sua forma.

O corpo etérico irradia uma "aura" que ultrapassa o corpo físico. Se imaginarmos o corpo etérico sem sua aura, poderíamos dizer que ele é ligeiramente menor que o corpo físico. Por outro lado, se o imaginarmos com sua aura, ou sua irradiação, afirmaríamos que ele é ligeiramente maior que o corpo físico.

Na literatura esotérica, é freqüente a confusão entre a aura etérica e o corpo etérico. A aura etérica nada mais é que a emanação do corpo etérico; às vezes é chamada de "aura da saúde" ou "aura da vitalidade". Ela possui a mesma natureza que o corpo etérico e faz parte dele.

Os pseudoclarividentes em geral vêem apenas a aura etérica e a chamam de "corpo etérico", o que acarreta muita incompreensão. Daí resulta o mesmo erro que quando se confunde a aura astral com o corpo astral.

O corpo etérico pode ser considerado como um corpo da vida, em oposição ao corpo físico, que é um corpo da morte. O corpo etérico traz vida e saúde ao corpo físico; ele é o corpo de energia por excelência. O corpo etérico luta constantemente para impedir o corpo físico de envelhecer e de se autodestruir.

Observe, de passagem, que a tendência à autodestruição (idéias suicidas) provém de uma grande identificação com o corpo físico. Trata-se de um dos males da nossa civilização materialista, que vê cada ser humano como um corpo físico e nada mais.

O corpo etérico contém as forças do crescimento e da diferenciação, que agem principalmente nos primeiros anos de vida. Depois da puberdade, uma parte dessas forças se transforma em forças criadoras de pensamentos em interação com o corpo mental. Assim, a energia que foi gasta durante a infância para construir o corpo físico se orienta, na adolescência, para os pensamentos e para o desenvolvimento das faculdades mentais.

Nos casos de alucinações, há uma mistura entre as forças que sustêm o corpo físico (seus órgãos) e as forças relacionadas com os pensamentos: as imagens alucinatórias são criadas a partir do funcionamento dos órgãos.

Na visão clarividente, o corpo etérico aparece como um corpo de luz constituído de milhões de filamentos luminosos que se assemelham a fios de cabelo ou aos cabos condutores de energia. Ele se apresenta como um corpo em movimento, por causa da circulação das diferentes energias que o percorrem. Ele exprime verdadeiramente a vida e o movimento. Também se percebe nele muito calor. Podemos igualmente sentir uma atração (ou, às vezes, certa repulsão) que nos dá vontade de entrar nele (quando percebemos o corpo etérico de outra pessoa).

Ao mesmo tempo que percebemos o corpo etérico, notamos que ele é como um jogo de luz e sombra, conforme as zonas observadas sejam mais ou menos vitalizadas.

O corpo etérico reproduz, globalmente, os órgãos do corpo físico. Pode-se ver nele um coração etérico, um cérebro etérico, etc. Mas, por outro lado, não existe um sistema nervoso etérico.

Os órgãos etéricos (coração ou cérebro) aparecem, para a visão clarividente, como volumes luminosos constituídos de um entrelaçamento de fios luminosos (canais) que lhes dão o aspecto de uma sutil grelha!

Quando há uma pessoa à nossa frente e decidimos ver seu corpo etérico por clarividência, experimentamos certos sentimentos. Olhando o corpo etérico de um indivíduo, o que sobe dentro de nós é o "sentimento" de entrar num outro mundo, num universo de energia, de calor e de luz. Sentimos o aspecto sagrado desse "encontro", temos a impressão de penetrar no espaço do outro e de só poder fazê-lo manifestando profundo respeito e gratidão.

Tomamos consciência de que, assim, podemos violar a intimidade do outro e que essa leitura etérica só deve ser praticada quando nos encontramos em estado de profunda paz interior, para não poluirmos o espaço sagrado do outro, esse espaço no qual nos infiltramos mais ou menos na ponta dos pés.

Também percebemos conscientemente até que ponto cada um dos nossos pensamentos influencia a energia do outro. Cada pensamento, na verdade, tem um impacto sobre a energia do outro e isso se vê precisamente em seu corpo etérico. Essa é uma experiência fundamental que nos permite compreender que os pensamentos têm uma influência real e concreta sobre os seres. Sim, nossos pensamentos podem causar sofrimento ou todo tipo de danos aos outros — e a visão etérica nos permite experimentar essas coisas em sua mais clamorosa realidade e sentir que somos responsáveis por nossos pensamentos. Também sentimos como o corpo etérico não oferece resistência. Entra-se nele com grande facilidade.

É preciso saber que todos os seres humanos, por intermédio de seu corpo etérico, estão imersos no éter cósmico, que é como um universo energético. Compreenda que seu corpo etérico é parte do éter cósmico que interpenetra tudo o que existe.

Todos os seres humanos estão ligados entre si por intermédio desse campo de energia etérica ao qual pertencem todos os corpos etéricos. Isso significa que o corpo etérico não é estruturado nem separado, como o corpo físico.

Ele tende a se diluir no éter cósmico, o que faz com que os corpos etéricos dos indivíduos se "comuniquem" entre si, de alguma maneira. Essa tendência à diluição persiste enquanto o ser humano não se individualiza.

Em resumo, os corpos etéricos ainda são pouco distintos uns dos outros. Mesmo que cada ser humano tenha o seu próprio corpo etérico, este só dificilmente se destaca da "massa" dos outros corpos etéricos pertencentes ao éter cósmico. Aí está toda uma parte do trabalho espiritual, que consiste justamente em diferenciar seu corpo etérico do éter cósmico ou daquilo que chamamos de "consciência coletiva" da humanidade.

É necessário que o ser humano estruture seu corpo etérico, que o separe dos outros através da individualização, para que possa se sentir um indivíduo inteiro e se reconheça como tal. Essa consciência de si mesmo lhe dá, então, acesso ao mundo espiritual.

Toda a primeira parte da evolução espiritual consiste em estruturar o corpo etérico, formando seus órgãos, que são os chakras, o que cria uma espécie de película, como uma "pele" em volta de todo o corpo etérico; essa "pele" delimita o corpo etérico no éter cósmico e individualiza seu "proprietário".

Mesmo se cada um de nós está separado dos outros por seu corpo físico, isso não ocorre com seu corpo etérico. É por causa disso que persiste um fenômeno simbiótico que os indivíduos mantêm, geralmente por apego afetivo e insegurança, e que os impede de se individualizar, de alcançar a maturidade e de ser responsáveis por seu próprio destino.

O fato de que a atração seja própria do corpo etérico não resolve nada; você tem aí o principal problema com que se chocam as relações amorosas. A relação amorosa só pode ter lugar quando houve separação prévia (é o mesmo princípio que rege as dimensões do espaço: ver Capítulo 1); só podemos nos relacionar com aquilo do qual nos separamos. Se dois seres humanos permanecem em simbiose nos seus corpos etéricos, eles não têm nenhuma chance de se relacionar verdadeiramente. Uma relação madura implica necessariamente uma separação no nível dos corpos etéricos e, portanto, um certo caminho espiritual por parte dos protagonistas.

Lembre-se de que o corpo etérico do ser humano médio não é estruturado, o que provoca duas atitudes conforme o temperamento do indivíduo:

- No **indivíduo nervoso ou de natureza colérica**, o corpo etérico é principalmente contraído e rígido. Esse indivíduo tem uma tendência a rejeitar os outros, porque sente que eles o invadem violentamente. Ele cria, então, uma "carapaça" psíquica, uma espécie de falsa proteção para substituir a película associada à individualização e ao trabalho espiritual, que ele ainda não possui. Mas essa carapaça o corta, o isola daqueles à sua volta, e ele não pode mantê-la permanentemente. Isso não o impede de ter um corpo

etérico, o qual possui a tendência natural de se misturar com os outros, provocando reações de rejeição quando ele tem a impressão de ser invadido por alguém.
- No **indivíduo de natureza melancólica ou fleumática**, o corpo etérico é exageradamente mole e permeável às influências exteriores. Esse indivíduo não tem nenhum senso de suas "fronteiras" psíquicas, nem das fronteiras dos outros. Assim, ele se deixa "ocupar" pelos outros ou invade os outros; ele é facilmente impressionado por aqueles à sua volta; não sabe delimitar seu espaço, porque seu corpo etérico se mistura com as pessoas que ele encontra; é dispersivo, instável e nunca sabe dizer "não"; recolhe as emoções e desejos dos outros, aceitando-os como se fossem os seus.

No primeiro caso, o do indivíduo que carrega uma "carapaça", essa pessoa deve aprender a se abrir aos outros, acolhê-los em si mesma, a ser receptiva às experiências que lhe são propostas. Ela deve se interiorizar e não mais rejeitar.

No segundo caso, o do indivíduo invasor ou invadido, essa pessoa deve aprender a se concentrar e decidir por si mesma aquilo que quer. Ela deve se esforçar para se separar, ou seja, para se interiorizar e não mais se dispersar.

Mas, nos dois casos, a solução está no trabalho espiritual. Este consiste em estruturar o corpo etérico e formar seus órgãos — que chamamos de chakras —, o que exige muitos anos de esforços assíduos. O resultado é um corpo etérico que dispõe de uma película que o isola dos corpos etéricos dos outros e do éter cósmico coletivo. Essa película, embora diferencie nitidamente o indivíduo daquilo que o cerca, não o isola dos outros, mas antes o liga ao mundo. Ela delimita seu próprio espaço e traz a individualização e o autoconhecimento, uma grande receptividade no relacionamento com os outros e com o mundo espiritual, bem como a força interior.

O corpo etérico é o corpo do tempo e de todos os ritmos vitais. Ele é a base, por exemplo, do ritmo da circulação sangüínea (e dos batimentos cardíacos) ou do ritmo da respiração, por intermédio dos éteres da luz e do som, ou químico, que agem principalmente na região do peito.

A CONSTITUIÇÃO DO CORPO ETÉRICO

O corpo etérico é constituído principalmente dos éteres do calor e da luz. Mas também é percorrido pelos dois outros éteres: o do som, ou químico, e o da vida. Precisamos igualmente imaginar que o ser humano recebe do cosmos os éteres do calor e da luz, assim alimentando seu próprio corpo etérico. Essas correntes entram pelo topo da cabeça (chakra coronal).

Por outro lado, os éteres do som e da vida vêm da Terra para o ser humano, e essas correntes entram por seus pés. A corrente de energia vital (éter da vida) entra pelos pés do ser humano desde o nascer do Sol. Depois ela sobe lentamente por todo o seu organismo, pelo lado direito, até chegar à cabeça (cérebro etérico) por volta do meio-dia. A seguir, quando o Sol começa a se pôr, ela desce pelo lado esquerdo.

Essa circulação etérica explica a direção da corrente sangüínea no organismo.

Quanto à ação dos diferentes éteres, podemos fazer algumas observações: é o éter do calor que age principalmente no sistema metabólico e nos membros do ser humano; o éter da vida se concentra sobretudo na cabeça (sistema neuro-sensorial); os éteres da luz e do som, ou químico, compartilham o sistema rítmico (coração-pulmões). Nesse último sistema, o éter da luz trabalha sobretudo sobre o aspecto consciência, enquanto o éter do som, ou químico, trabalha mais sobre a nutrição.

Saiba que os corpos etéricos não são idênticos no que se refere à quantidade de cada um deles. É isso que determina aquilo que chamamos de temperamento, um conceito conhecido desde a Antigüidade.

Há quatro tipos de temperamento: o colérico, o sangüíneo ou nervoso, o fleumático e o melancólico.

Os dois primeiros são mais ativos e exteriorizados, enquanto os dois últimos são mais interiorizados e passivos.

O temperamento é fruto do karma; ele aparece quando o corpo etérico "se constrói", entre sete e quatorze anos em média. O temperamento pode ser estudado através dos gestos de uma pessoa, porque seus membros estão particularmente ligados ao corpo etérico.

Eis como se distribuem esses quatro temperamentos:

— O colérico tem um éter do calor dominante;
— O sangüíneo ou nervoso tem um éter da luz dominante;
— O fleumático tem um éter do som dominante;
— O melancólico tem um éter da vida dominante.

Encontramos esses quatro temperamentos na astrologia, onde eles estão associados aos quatro elementos (e também aos planetas com os quais se pode estabelecer uma analogia, embora estes estejam mais ligados ao corpo astral).

— O colérico: éter do calor, elemento fogo — Marte;
— O sangüíneo ou nervoso: éter da luz, elemento ar — Mercúrio e Vênus;
— O fleumático: éter do som, elemento água — Lua e Júpiter;
— O melancólico: éter da vida, elemento terra — Saturno.

Lembre-se de que o temperamento é produto da interação entre o "Eu" e o mental, por um lado, e, por outro, o corpo etérico, e que ele é o resultado do passado kármico.

O dominante de um éter, enquanto elemento que determina um temperamento, tem seus limites. É preciso desconfiar das regras gerais. Uma pessoa dotada de temperamento colérico terá, mesmo assim, os outros éteres em seu corpo etérico; ela poderá, portanto, exprimir certos aspectos dos três outros temperamentos. Não se pode explicar a personalidade de um indivíduo com base num único temperamento. Mas isso dá uma pequena idéia dos fundamentos, e acho interessante observar, de passagem, a correspondência entre os temperamentos, os elementos da astrologia e os quatro éteres.

Pode-se ainda encontrar outra correspondência entre os temperamentos-éteres e os quatro corpos do ser humano:

— O temperamento colérico associado ao éter do calor corresponde ao corpo mental portador do "Eu" (pensamento e identidade);
— O temperamento sangüíneo, ou nervoso, associado ao éter da luz corresponde ao corpo astral (sentimento);
— O temperamento fleumático associado ao éter do som, ou químico, corresponde ao corpo etérico (vontade);
— O temperamento melancólico associado ao éter da vida corresponde ao corpo físico (percepção).

Um pequeno resumo poderá ajudar você a compreender melhor esse ponto. Para começar, eu distingo duas qualidades: a vontade e o dinamismo, que se exprimem diferentemente conforme o temperamento de um indivíduo. A vontade é a motivação, a força interior que impele para o futuro. O dinamismo é a passagem ao ato, a concretização de seus impulsos voluntários.

Definição sucinta dos quatro temperamentos:

— **No indivíduo colérico/mental**, você observará que ele passa o tempo se valorizando, tentando se afirmar, impor suas idéias com ardor e até mesmo com agressividade; ele quer sempre dirigir e ser o ponto focal dos outros.

O temperamento colérico se distingue pelo fato de dispor de uma vontade forte e grande dinamismo; mas ele é também muito atraído pelo mundo exterior.

- A atitude a ser adotada por um temperamento colérico não-trabalhado é tentar exprimir seu excesso de energia; senão isso degenera em crises de cólera, em atos sem interesse nos quais ele não consegue se valorizar nem sentir-se útil. Também é importante que ele se sinta guiado por alguém que ele respeita e admira por sua força interior (sem cair na idealização).

— **No indivíduo sangüíneo-nervoso/astral**, você observará que ele está sempre perdido em seus sentimentos, em suas emoções e suas imagens interiores; ele é muito sensível, muito afetuoso e vive em seus sonhos. Ele salta de um centro de interesse para outro, inflama-se para em seguida esquecer tudo rapidamente.

O temperamento sangüíneo ou nervoso se distingue pelo fato de que ele dispõe, ao mesmo tempo, de vontade fraca e grande dinamismo. Também é muito atraído pelo mundo exterior; ele se agita muito e tem tendência à fuga.

- A atitude a ser adotada por um temperamento sangüíneo ou nervoso não-trabalhado é a de desenvolver sua afeição por alguém que lhe ensine a utilizar corretamente as riquezas de seu coração (sentimento purificado).

— **No indivíduo fleumático/etérico**, você observará que ele tenta criar para si mesmo uma atmosfera íntima na qual vive fechado em si mesmo. Ele busca seu bem-estar interior e quer manifestá-lo; se desinteressa do mundo exterior, mesmo que não encontre muita harmonia em si e em seu espaço privilegiado.

O temperamento fleumático ou linfático se distingue pelo fato de que dispõe de vontade fraca e pouco dinamismo; ele está mais voltado para seu mundo interior.

- A atitude a ser adotada por um temperamento fleumático não-trabalhado é a de tentar se interessar por aquilo que interessa aos outros, sobretudo se aquilo lhe é totalmente indiferente. Ele precisa chegar a se interessar pelas ocupações dos outros.

— **No indivíduo melancólico/físico**, você observará que ele é rígido fisicamente, como se não soubesse utilizar seu corpo físico (desajeitamento, falta de equilíbrio). Isso o impede de alcançar certo bem-estar interior, o que gera nele obsessões e uma tendência à morosidade. Falta a ele flexibilidade e espírito de decisão.

O temperamento melancólico se distingue pelo fato de que ele dispõe de grande vontade, mas seu dinamismo é fraco. Ele está voltado para seu mundo interior e é ali prisioneiro, o que se traduz pela inércia.

- A atitude a ser adotada por um temperamento melancólico não-trabalhado é a de praticar o esquecimento de si mesmo e desenvolver a compaixão.

Antes de chorar por sua triste sina, ele deve se interessar pelos verdadeiros problemas enfrentados pelos outros.

Cada um de nós dispõe dos quatro temperamentos em seu corpo etérico, mas há sempre um deles que predomina, enquanto dois outros aparecem como subdominantes.

Geralmente, os dois temperamentos subdominantes cercam o dominante, conforme o esquema abaixo:

	COLÉRICO	
MELANCÓLICO		SANGÜÍNEO
	FLEUMÁTICO	

Se você tem um dominante colérico, seus dois temperamentos subdominantes serão o melancólico e o sangüíneo. Se você tem um dominante sangüíneo, seus dois temperamentos subdominantes serão o colérico e o fleumático.

Para determinar seu temperamento dominante, costuma ser mais fácil encontrar o temperamento que em você é o mais fraco. Imaginemos que o temperamento que você considera mais fraco em si mesmo seja o melancólico; seu temperamento dominante é então necessariamente o sangüíneo, ou seja, aquele que se encontra diante do melancólico, no esquema acima.

Eis aqui outro indício para determinar o temperamento dominante no seu corpo etérico. Diante das provações da vida, como se comportam os diferentes temperamentos?

— O colérico luta.
— O sangüíneo foge.
— O fleumático ignora o problema (ele não quer enfrentar a provação que lhe é proposta).
— O melancólico resiste e suporta.

Saiba que a meta visada não é fazer você ir contra sua natureza, mas fazer você aprender a dominá-la para obter um equilíbrio entre as quatro forças que permeiam o temperamento.

Lembre-se de que os impulsos voluntários subconscientes se encontram em seu corpo etérico. Dali resultam todos os seus hábitos, todos os seus automatismos, todos os seus comportamentos inconscientes.

Esse domínio do corpo etérico é difícil de ser alcançado. É preciso primeiro passar pelo domínio do corpo astral, que é o corpo das sensações, dos sentimentos e das emoções. O reino astral é semiconsciente e, portanto, de acesso mais fácil que os impulsos voluntários do corpo etérico, que são totalmente inconscientes.

TEMPERAMENTOS E CAMINHO ESPIRITUAL

Eu gostaria agora de lhe apresentar as predisposições e também os obstáculos que são gerados pelos temperamentos com relação à evolução espiritual. Entendo por predisposições aquelas qualidades do temperamento que facilitam a evolução espiritual, enquanto obstáculos são os problemas inerentes ao temperamento, que perturbam — ou mesmo aniquilam — todo progresso espiritual.

Globalmente, os temperamentos colérico e sangüíneo (ou nervoso) não são nem um pouco compatíveis com a evolução espiritual, porque correspondem a personalidades demasiado atraídas pelo mundo exterior, que nunca farão o esforço de se disciplinar para empreender a longa caminhada espiritual.

Por outro lado, para poder se envolver no caminho da iniciação moderna, que está baseado sobretudo no desenvolvimento do pensamento e do "Eu", é desejável possuir certa parte de temperamento colérico, o qual traz a coragem necessária para essa evolução.

Já os temperamentos fleumático e melancólico parecem ser particularmente favoráveis à evolução espiritual, graças à sua capacidade de interiorização e desapego do mundo exterior. Por outro lado, um excesso desses temperamentos pode conduzir a um desinteresse pelo mundo e a um misticismo ilusório e egoísta.

Vejamos em mais detalhes as predisposições e os obstáculos ligados a cada temperamento:

1) *Colérico / Fogo*

Predisposições:

Coragem, dinamismo, aspiração, determinação, pensamento livre, individualização.

Obstáculos:

Imensa atração pelo mundo exterior, irresponsabilidade, egocentrismo, complacência, impulsividade, desperdício de energia, agressividade, espírito de dominação e desejo de poder.

2) Sangüíneo-nervoso / Ar

Predisposições:

Abertura de espírito, a "percepção", sensibilidade, interesse pelo conhecimento, capacidade de ligação (aspecto amor).

Obstáculos:

Apego afetivo, superficialidade, dificuldade de integração, vontade de fugir, instabilidade, busca de simbiose, agitação e falta de autenticidade.

3) Fleumático / Água

Predisposições:

Interiorização, criatividade, sensibilidade, capacidade de observação, fé, compaixão, a "percepção" da vida em si.

Obstáculos:

Irresponsabilidade, covardia, egoísmo, suscetibilidade, falta de interesse pelo mundo exterior, preguiça.

4) Melancólico / Terra

Predisposições:

Interiorização, responsabilidade, gravidade, estabilidade, individualização.

Obstáculos:

Autopiedade, papel de vítima, rigidez, preconceitos, materialismo, inércia, tristeza, medo de mudanças.

Essas indicações não valem como regras gerais; é preciso manter o espírito flexível quanto à sua utilização.

A priori, cada um de nós dispõe ao mesmo tempo das predisposições e dos obstáculos associados ao seu temperamento. Compete a cada um fazer o trabalho necessário para que suas predisposições frutifiquem na vida espiritual, sempre tentando dominar os obstáculos que se erguem dentro de si. Isso constitui uma parte da responsabilidade do aspirante diante do seu caminho espiritual. **Ninguém pode fazer esse trabalho em seu lugar.**

Enfim, o temperamento está ligado ao corpo etérico e representa apenas uma pequena parte do ser humano. Portanto, seria abusivo levarmos em conta apenas o temperamento para explicar o funcionamento de um indivíduo. Cairíamos então na ilusão ahrimaniana da psicologia moderna, que classifica as pessoas segundo arquétipos, modelos, nos quais a dimensão espiritual está ausente, bem como o livre-arbítrio. Um ser humano não deve jamais ser reduzido a um modelo de comportamento qualquer, porque isso representa uma total falta de respeito pela Alma que o habita, bem como por suas faculdades de liberdade e criatividade.

Estudando a psicologia moderna, percebe-se que ela é uma gigantesca tentativa de manipular o ser humano. Este é reduzido a desempenhar um papel segundo um modelo completamente determinado, no qual o amor, a liberdade e a luz (ou consciência de si) são considerados como parâmetros perturbadores, porque se opõem aos comportamentos arquetípicos criados pelos psicólogos. Tais pessoas explicam o ser humano como se ele fosse um autômato, e esta é a marca da fria inteligência ahrimaniana.

O pior ocorre quando o ser humano, acreditando conhecer a si mesmo, se adapta ao seu modelo, ao seu arquétipo psicológico, o que, de certa maneira, o reconforta, mas ao mesmo tempo o faz prisioneiro de um papel que é um insulto à maravilhosa complexidade representada pelo humano enquanto ser espiritual.

Não estou aqui atacando os psicólogos, porque eles não têm consciência dos seres que os manipulam. Pode-se apenas censurá-los por se satisfazerem com aproximações que não trazem nenhuma solução. Embora sejam sinceros, sua boa-fé não desculpa sua ignorância.

TRABALHO ESPIRITUAL
SOBRE O CORPO ETÉRICO

Não apresentarei aqui as técnicas de trabalho sobre o corpo etérico, mas os resultados obtidos graças a elas.

É preciso apenas lembrar que o corpo etérico é o corpo do ritmo e que só se pode obter resultados com exercícios repetidos dia a dia de maneira regular.

Para transformar seu corpo etérico, você precisa se disciplinar e adotar novos hábitos. Esse trabalho é quase impossível para o indivíduo médio que tem horror da disciplina e vive num mundo de automatismos dos quais é prisioneiro. É preciso consagrar muitos esforços, geralmente ingratos, para transformar sua natureza e tomar consciência de suas motivações profundas.

Se o aspirante já trabalhou previamente sobre seu corpo astral e tem disciplina suficiente para empreender um trabalho acurado sobre seu corpo etérico, a transformação poderá começar. Um dos primeiros resultados que ele poderá observar na seqüência dessa tomada de consciência será o de sentir seu corpo físico de uma maneira diferente.

Começa-se por ser mais flexível fisicamente, depois sente-se a energia circular no corpo físico, no sistema muscular. Percebe-se melhor a realidade energética de cada músculo, como uma corrente independente do corpo físico.

Ainda mais notáveis são as modificações das percepções sensoriais quando se está em meditação. Mas, para isso, é necessário saber se interiorizar profundamente. É preciso cortar-se totalmente do mundo exterior durante a meditação e interiorizar a energia dos sentidos. Gradualmente ter-se-á a impressão de desenvolver os sentidos interiores: estes são os órgãos etéricos que chamamos de chakras, ou espirais de luz.

Ao interiorizar o sentido da visão, pode-se perceber o éter da luz.

Na verdade, quando se está com os olhos fechados durante a meditação e profundamente interiorizado, começa-se a perceber as forças da luz. De início, é apenas uma ligeira claridade, depois a luz se intensifica até tornar-se mais poderosa do que todas as luzes exteriores.

Ao interiorizar o sentido do calor, pode-se perceber o éter do calor.

Esse sentido, que não deve ser confundido com o do tato (podemos perceber o calor sem ter necessidade de tocar a fonte do calor), permite sentir o calor ou o frio exteriores. Quando meditamos num ambiente onde não podemos sentir nem o calor nem o frio, chegamos a perceber o calor interior. Em geral, é a abertura do chakra do coração que permite senti-lo da melhor maneira. Ele parte do centro do peito e o invade. Muitas vezes, esse calor desce até as mãos e às vezes se difunde por todo o corpo. Então é fácil vermos a diferença entre ele e o calor exterior. Esse calor interior também está ligado com a energia do amor. No nível mais elevado, o sentido do calor, quando interiorizado, permite a fusão com as entidades espirituais na Intuição.

Ao interiorizar o sentido do paladar, pode-se perceber o éter químico.

É realmente possível provar sabores particulares graças ao corpo etérico, mas isso ocorre de maneira mais sutil do que nos dois exemplos precedentes. Por exemplo, você medita concentrando-se sobre um objeto e, ao fim de alguns minutos, percebe o gosto desse objeto: você tem na boca o gosto do metal ou da madeira.

Ao interiorizar o sentido da audição, pode-se perceber o "verbo interior" ou a "música das esferas".

É preciso não apenas "extinguir" o sentido da audição e estar profundamente interiorizado, mas também estar totalmente imóvel e no mais profundo silêncio interior. Quando se está totalmente silencioso (sem nenhum pensamento, o que exige um longuíssimo trabalho de controle dos pensamentos), é preciso manter a vigília; ou seja, reunir toda sua força interior para não adormecer. Pois a meta visada é alcançar um estado no qual você se encontra à beira do adormecimento mas permanece acordado. Quando transpomos essa etapa, entramos na Intuição e temos acesso ao "verbo interior".

Ao interiorizar o sentido do olfato, pode-se perceber o éter da vida.
Sentimos o movimento da própria vida. Percebemos uma espécie de onda harmoniosa que nos faz participar da manifestação do tempo, e simultaneamente nos permite existir como indivíduos únicos.

O ritmo da vida no corpo etérico faz circular o sangue, e essa circulação faz bater o coração; tornamo-nos conscientes desses ritmos e podemos mesmo agir conscientemente sobre eles.

A transformação da memória é outra etapa importante.
Ao longo da evolução espiritual, o aspirante perde a memória. Esse fenômeno se produz de modo mais ou menos progressivo, e de maneira mais ou menos radical. Não se trata aqui de amnésia, mas de uma transformação da memória. Na verdade, o aspirante perde aquela vaga lembrança que sobe à sua consciência, quando em seu lugar ele evoca e adquire uma memória do corpo etérico de grande precisão.

Aquilo que habitualmente chamamos de memória não passa de uma imprecisa lembrança cerebral; é uma memória física, morta. A verdadeira memória é a do corpo etérico, esse corpo que registra tudo o que vivemos: o corpo do tempo.

Diferentemente do corpo físico, que é espacial, o corpo etérico é temporal. Portanto, não está fixado como o corpo físico, mas é fluido, móvel, rítmico e contém todas as imagens do passado do indivíduo.

Ao cabo de alguns anos de trabalho espiritual, o aspirante vê sua memória mudar. Ele não pode mais evocar sua memória cerebral, ou só o faz à custa de incríveis esforços; mas ele pode se interiorizar e colocar sua consciência em seu corpo etérico e ter acesso à verdadeira memória.

Esta se apresenta como um filme, o filme do tempo no qual o aspirante pode entrar. Para entrar ali, ele precisa pensar — uma vez que está interiorizado em seu corpo etérico — em alguma coisa que faça parte da cena que ele quer relembrar de seu passado e que despertou seu interesse; essa é a melhor maneira de chamar as imagens do tempo.

Na verdade, uma coisa essencial que permite desenvolver essa memória **é o interesse que temos pela nossa vida.** Trabalhando sobre esse interesse, o aspirante torna-se cada vez mais vivo e atento. Ele desenvolve seu interesse pela vida e por tudo aquilo que faz. É esse interesse que lhe dá acesso à memória etérica. Você só pode recordar corretamente aquilo por que você se interessou. Precisamos ser capazes de nos ligar a tudo o que fazemos. É preciso que sua consciência, seu "Eu", esteja ligado a cada um dos seus atos para você poder lembrar-se deles. Se você está sempre atento a tudo o que faz, você lembrará facilmente seu passado e as imagens serão claras e exatas.

Há também uma segunda coisa que é importante: **a faculdade de você ver a si mesmo tal como realmente é, sem complacência.**

Ao transformar seu corpo etérico, o aspirante torna-se responsável por si mesmo e por seus atos, num sentido espiritual: ele aceita ver a si mesmo tal como realmente é, profundamente, com todo o seu karma não resolvido. É essa responsabilidade diante do seu karma que o faz lançar um olhar observador sobre si mesmo e ver o trabalho ainda por fazer, sem complacência e sem autocrítica excessiva.

Ele pode então ter acesso à memória etérica.

O que é a memória etérica? Ela representa a faculdade de alcançar seu passado a fim de extrair dele as lições e mudar seus comportamentos para compensar seu karma. Essa responsabilidade e essa maturidade permitem ao aspirante perceber, a partir desta encarnação, aquilo que, nas condições normais da existência, só se pode perceber no período "entre duas vidas".

Em resumo, **o acesso à memória etérica só é possível depois de uma transformação parcial do corpo etérico, e isso exige: a maturidade, a responsabilidade diante do seu karma, o interesse pela vida, a capacidade de observar a si mesmo sem complacência e a interiorização profunda.**

Se temos acesso à memória etérica, poderemos passear no tempo; obteremos imagens cada vez mais claras e exatas, com seqüências temporais que, tal como os filmes, permitirão que nos desloquemos como se apertássemos as teclas de um videocassete. Esse aprendizado da leitura no tempo representa uma das premissas da leitura dos registros akáshicos (que intervêm, é verdade, muito mais tarde sobre o caminho espiritual).

Ainda há muito a dizer sobre o corpo etérico, mas espero que estas noções façam você sentir que o ser humano contém dentro de si riquezas inacreditáveis e que vale a pena se esforçar para descobri-las.

É ousando tornar-se consciente de si mesmo, graças a um caminhar evolutivo, que você desenvolverá essa vontade livre que lhe permitirá transformar seu corpo etérico.

Capítulo 4

Os chakras: Ilusão e realidade

Chakra é uma palavra do sânscrito que significa *roda*. É a única coisa que eu posso lhe dizer que seja comum às descrições contidas nas inúmeras obras que tratam dos chakras. Por quê? Muito simplesmente porque quase todos esses livros são compilações. Neles encontramos sempre os mesmos enganos, revelando que os autores não foram muito felizes ao falar de suas experiências, e talvez não tenham praticado nenhum trabalho espiritual mais profundo.

Meu objetivo não é atacar quem quer que seja, nem provocar polêmica. Procuro simplesmente restabelecer a verdade, porque sou um ferrenho partidário dela.

Nos últimos anos vimos emergir uma nova espiritualidade na qual encontramos uma doce mistura de todas as formas de espiritualidade oriental, apresentadas por pessoas que não as vivenciaram realmente. Aí está o problema. Esses ditos terapeutas da Nova Era que prometem aos "crédulos" abrir seus chakras, mas nem sabem onde estão os seus próprios, são de fazer rir (ou chorar!).

Comecemos afirmando que ninguém pode abrir os chakras dos outros: aqueles que se pretendem capazes de fazê-lo são charlatães! Espero que o público acabe por fazer uma triagem e dê prova de bom senso diante de todo esse esoterismo oriental folclórico.

Acho necessário, para facilitar essa tomada de consciência, traçar um breve histórico da espiritualidade oriental, a fim de descobrirmos de onde vem o conhecimento dos chakras e, mais globalmente, o do corpo etérico.

A ANTIGA SABEDORIA ORIENTAL

Os conhecimentos esotéricos orientais são muito antigos. Eles se desenvolveram a partir da sabedoria primordial dos Atlantes, que nada têm a ver com as histórias delirantes que são contadas sobre eles em toda parte.

Os conhecimentos esotéricos orientais nasceram no início da Era de Câncer, ou seja, no nono milênio antes de Jesus Cristo. Naquela época — há mais de dez mil anos, portanto — o ser humano era bem diferente de nós, e a natureza também era bem diferente daquela que conhecemos hoje em dia.

Foi num lugar correspondente à Índia que essa sabedoria oriental se desenvolveu. Ela foi transmitida por sete Iniciados, conhecidos como "os sete Rishis", o que significa sábios-videntes. Aquela sabedoria era perfeitamente adaptada ao ser humano daqueles tempos longínquos.

Aquela Índia antiga, que tinha o nome mítico de Bharata, dominou o mundo conhecido naquele período da civilização, a primeira época pós-atlante.

Os Rishis, ou Iniciados de Bharata, transmitiram um conhecimento do corpo etérico, porque era sobre este que o ser humano daquela época baseava toda a sua evolução.

Lembre-se de que o indivíduo daquela época devia trabalhar para o desenvolvimento de seu corpo etérico. Globalmente, o objetivo visado consistia em formar o corpo etérico, que ainda não estava verdadeiramente individualizado; os iogues ensinavam a dominar todos os ritmos vitais (respiração, circulação, etc.).

Enfatizando esse trabalho espiritual sobre o corpo etérico, os Rishis da antiga Índia elaboraram todo tipo de exercícios relacionados com os chakras e a respiração; e todo esse conhecimento chegou até nós, embora de uma maneira mais ou menos alterada.

Para compreender melhor a marcha evolutiva dos primitivos hindus sob a orientação dos Rishis, você precisa saber que o ser humano daquela época era ainda clarividente, ou seja, dispunha de uma consciência onírica muito rica que lhe permitia ver o mundo espiritual. À noite ou de dia, ele sonhava com o mundo espiritual. Entretanto, seus sonhos correspondiam a realidades espirituais, ao contrário dos sonhos do indivíduo de hoje. Ele não sentia uma diferença assim tão clara entre o dia e a noite.

Durante o dia, ele percebia as entidades espirituais na natureza; à noite, ele sabia que retornava para o seu verdadeiro mundo em companhia das entidades espirituais. Ele sabia que estava separado do mundo espiritual, com o qual vivia somente durante a noite; mas mesmo durante o dia ele conseguia perceber a presença à sua volta e não se sentia assim tão cortado do mundo espiritual como sente o homem moderno.

Quando o indivíduo entrava em uma das sete escolas espirituais fundadas pelos sete Rishis, seu objetivo era ligar-se ainda mais ao mundo espiritual; pois ele sentia sua encarnação na Terra como uma punição, como um "pecado", e queria tornar a subir ao mundo espiritual para se fundir ao Todo. A Terra não tinha interesse para ele; ele queria retornar ao mundo de onde havia saído: o mundo espiritual.

O trabalho que ele realizava baseava-se sobretudo na respiração, com um conjunto de técnicas que chegaram até nós sob o nome de *prânayama*. Tratava-se de aumentar a energia contida no ar inspirado e se unir ao seu pensamento. *Prâna* era o nome dado ao ar inspirado, o qual estava carregado de energia vital e espiritual.

Mas, como era o *prâna* naquela época? O *prâna* era um "ar de fogo" ou um ar saturado de espírito. O ar que o indivíduo respirava então era muito diferente daquele que nós respiramos nos dias de hoje. Desde o fim da Atlântida até cerca de cinco mil anos atrás, o ser humano respirou um ar carregado de energia espiritual que, quando percebido por clarividência, assemelhava-se mais ao fogo do que àquilo que hoje chamamos de "ar". Pois o ser humano e a natureza não eram semelhantes aos que hoje conhecemos.

O hindu primitivo, que era clarividente, via o ar que respirava como um fogo sutil e vivo. (É difícil descrever esse tipo de visão, porque ela não se compara a nada do que existe hoje em dia.) Era esse "ar de fogo" que ele chamava de *prâna* e era no âmago do *prâna* que ele sentia a força da vida das entidades espirituais que o nutriam.

O *prâna* correspondia, para ele, ao elemento fogo; enquanto para nós, atualmente, a respiração corresponde ao elemento ar. O que correspondia ao elemento ar, para o hindu primitivo, estava muito próximo daquilo que chamamos hoje de luz. Na verdade, aquilo que o hindu primitivo chamava de fogo se liga hoje à respiração, que nós chamamos de elemento ar; e o que ele chamava de ar se liga àquilo que nós chamamos de fogo (em relação com o fogo da aspiração no coração).

O controle desse "ar de fogo" ou *prâna* lhe permitia se relacionar conscientemente com o mundo espiritual. Daí o trabalho sobre a respiração, o *prânayama*, porque era como uma ponte que o ligava ao mundo espiritual. Vivendo intensamente em sua respiração, o antigo aspirante hindu perdia a sensação de seu corpo físico e do mundo exterior. Ele entrava no processo psíquico-espiritual do *prâna*, da respiração permeada com a energia das entidades espirituais.

O aspirante daquela época longínqua utilizava sua respiração controlada para se comunicar com o mundo espiritual, misturando seu pensamento ao *prâna* que circulava dentro dele.

Temos aqui uma explicação para um erro que se repete sem cessar: atribuir o elemento fogo ao chakra solar e o elemento ar ao chakra do coração. Ora, quando uma pessoa desenvolve realmente seus chakras, ela percebe esse erro. Ela se dá conta que o elemento fogo que os hindus atribuem ao chakra solar não está em seu lugar, pois esse centro é o da energia fornecida pelo ar: deve estar, portanto, ligado ao elemento ar. Da mesma maneira, quando a pessoa trabalha sobre seu chakra do coração, percebe que ele é o centro do fogo: quando ele se abre, a pessoa sente muito calor, percebe seu fogo interior e pode mesmo determinar o que é bom ou mau para si mesma, graças a essa qualidade do calor. Não há dúvida, portanto, que o chakra do coração seja o centro ligado ao elemento fogo; ora, os antigos hindus o ligavam ao elemento ar.

As indicações dadas acima, que pertencem à ciência iniciática, explicam essa substituição de elemento. O que era válido no passado não é mais válido hoje em dia; aquilo que os hindus chamavam de "fogo" deixou de ter validade, enquanto tal, para o ocidental moderno. Somente os nossos "especialistas" ocidentais em chakras, que não experimentaram nada, não perceberam nada.

Assim, todo o trabalho espiritual sobre os chakras e o corpo etérico permitia aquela fusão do pensamento com o *prâna*, para a pessoa se sentir unida ao mundo espiritual. Era um método eficaz e plenamente adaptado ao ser humano daquela época. Mas eis o que aconteceu: há cerca de cinco mil anos, com o início do Kali-Yuga,[1] ou Idade das Trevas (ver *Chercheur d'Éternité*), a substância do ar, bem como seu teor, foi se transformando pouco a pouco em energia espiritual.

O trabalho espiritual teve de ser totalmente modificado. Ora, a maioria dos intelectuais esotéricos só faz referência àquilo que eles chamam de Tradição. Quanto mais antigos são os ensinamentos que eles estudam, mais têm valor aos seus olhos.

Isso significa ignorar uma regra importante (que você deve guardar na memória): **o que é válido para uma época não é necessariamente válido também para as épocas subseqüentes**.

Os ensinamentos dos antigos hindus não são mais adaptados ao ser humano atual. Falo com conhecimento de causa, porque os pratiquei.

Desde a vinda de Cristo, há quase dois mil anos, ocorreram reviravoltas na evolução do ser humano. Não levar isso em conta equivale a se expor a todo tipo de ilusões. Durante os últimos séculos, o ser humano vivenciou diversas transformações no nível de seus diferentes corpos e não pode mais evoluir como no passado.

Evolução antiga e moderna

Voltemos ao *prânayama*. Há dez mil anos, quando essa técnica evolutiva foi elaborada, o ser humano não dispunha de um pensamento individual semelhante àquele de que hoje se beneficia o indivíduo. Seu pensamento era coletivo e bem menos desenvolvido. Era relativamente fácil, para o aspirante hindu, unir seu pensamento à sua respiração e se sentir no mundo espiritual.

---

1. Na teoria hindu das *kalpas*, a "idade do ferro" em que estaríamos vivendo atualmente. (N.T.)

No presente, o indivíduo dispõe de um pensamento individual poderoso, que ele deve aprender a controlar. Ele não deve unir seu pensamento à sua respiração porque essa prática o enfraqueceria, de algum modo o sufocaria. Em vez disso, ele deve separar seu pensamento de sua respiração para torná-lo livre e vivo, a fim de poder aplicá-lo ao mundo exterior e lá perceber a realidade espiritual além da aparência material.

Há, portanto, uma oposição quase total entre a utilização do pensamento na Índia antiga e o uso em vigor no mundo moderno.

Num passado longínquo, o aspirante misturava seu pensamento à sua respiração — o que extinguia o fraco "Eu" de que ele dispunha — e se unia ao mundo espiritual.

Hoje em dia, a evolução consiste em separar seu pensamento de sua respiração a fim de interiorizá-lo e o tornar vivo no corpo etérico, unindo-o à luz espiritual. Na verdade, é a luz que contém, hoje, a substância do espírito que se encontrava outrora na respiração.

Nos nossos dias, o ar está poluído, o que nos mostra que nossa respiração está contaminada, morta; é preciso espiritualizá-la. Para isso, o aspirante moderno deve unir seu pensamento à luz. O trabalho sobre a respiração foi substituído, portanto, por um trabalho meditativo sobre a luz.

Desde a vinda de Cristo, o éter da luz foi espiritualizado (*"Eu sou a Luz do mundo"*) e é na luz, portanto, que podemos encontrar a substância do espírito que os antigos hindus outrora percebiam no ar.

Não existe mais nenhuma técnica de *prânayama* que possa ser utilizada daquele modo num caminho espiritual moderno. É verdade que se pode aplicar certos métodos hindus adaptando-os à evolução moderna, quando possível, mas trata-se de exceções.

Repito que me sinto no direito de falar desse assunto porque experimentei o *prânayama* e percebi que ele não era mais adaptado ao ser humano dos dias de hoje.

No que se refere mais diretamente aos chakras, é preciso saber que há todo tipo de técnicas hindus, ligadas seja ao *prânayama*, seja às posturas chamadas *ásanas*, para abrir os chakras ou para despertar seu potencial.

O ser humano de dez mil anos atrás era muito diferente de nós. Ele precisava, por exemplo, adquirir o senso do equilíbrio; entre nós, hoje, esse senso é inato. Para alcançá-lo, ele precisava dos exercícios e das posturas.

A menos que se reduza a ioga hindu a uma simples ginástica, o fato de as pessoas assumirem essas posturas não faz o menor sentido hoje em dia. Aquilo que o ser humano da época da antiga Índia devia trabalhar faz parte dos nossos conhecimentos adquiridos. Não precisamos, portanto, voltar a eles.

Todos os antigos ensinamentos espirituais da Índia, Pérsia ou Egito, por exemplo, são muito instrutivos. Eles nos permitem imaginar a evolução da humanidade em seu todo e avaliar justamente os progressos registrados pelo ser humano no decorrer dos milênios. Esses ensinamentos devem ser estudados enquanto cultura espiritual, mas não como técnicas de trabalho sobre o eu. Caso contrário, chegaremos a absurdos como aqueles proferidos pelos "fanáticos" do Vedanta[2] hindu (intelectualismo luciferiano) que ensinam que o inimigo do ser humano é o "Eu" (ou o mental), porque este é separatista.

Na verdade, num primeiro momento o indivíduo deve justamente separar-se do mundo exterior para se tornar consciente de si mesmo; depois, num segundo momento, ele deve se unir ao mundo, como co-criador, ao lado das entidades espirituais. Ora, a consciência de si resulta do desenvolvimento do "Eu" individual.

Lembre-se de que: **O que é bom para o ser humano de uma época pode tornar-se nocivo para o indivíduo de uma época futura**.

Para que você possa compreender melhor porque eu afirmo que os livros sobre os chakras estão repletos de erros, direi que: por um lado, o tradicional ensinamento hindu deixou de ser adequado ao indivíduo de hoje e, por outro lado, os autores desses livros não vivem seu ensinamento; o resultado é que são incapazes de perceber os erros que transmitem.

Quanto a mim, experimentei verdadeiramente e vivenciei os chakras (os meus e os de muitas centenas de pessoas), o que me permitiu tomar consciência do fato de que o ensinamento hindu sobre os chakras deixou de ser adequado à evolução do homem moderno.

Essa constatação não é um ataque à sabedoria dos Rishis da Índia antiga, porque o ensinamento deles estava de acordo com o indivíduo daquela época. Também não afeta a profunda veneração que sinto pela sabedoria oriental, que representa a fonte da nossa espiritualidade. Hoje em dia, porém, devemos aplicar a sabedoria ocidental que resulta dessa sabedoria antiga, porque ela está mais de acordo com as necessidades espirituais do homem atual.

Nos nossos dias, são os ocidentais que devem fazer progredir a espiritualidade. Mas não é copiando e compilando a tradição oriental que chegaremos lá.

Meu objetivo é dar a você uma informação de base sobre os chakras, sem levar em conta toda a literatura oriental a respeito do assunto; vou me referir unicamente às minhas pesquisas, àquilo que eu próprio experimentei. Você disporá, assim, de um conhecimento ocidental sobre os chakras, que é válido para o ser humano de hoje.

Houve precedentes? Que eu saiba, o único Iniciado que transmitiu um ensinamento ocidental sobre os chakras foi Rudolf Steiner (1861-1925). Ele

---

2. Ou "culminação dos *Vedas* (conhecimentos sagrados)", é uma das filosofias da salvação no hinduísmo clássico. Seu texto mais conhecido é o Bhagavad-Gita. (N.T.)

trata do assunto em duas de suas principais obras: *L'Initiation ou comment parvient-on à des connaissances des mondes supérieurs* e *La Science de l'Occulte* (Triades/Paris ou E.A.R./Genebra). Steiner chama os chakras de "flores de lótus" e explica o trabalho a ser realizado para abrir adequadamente essas flores.

Temos também Sri Aurobindo (1872-1950) que, embora oriental, propôs um ensinamento adaptado ao ser humano dos dias de hoje e que seria, de alguma maneira, a contrapartida oriental do ensinamento crístico do Ocidente. Aurobindo discute os chakras de uma maneira moderna, a partir de sua própria experimentação, que difere dos ensinamentos hindus antigos (ver principalmente o tomo II de suas *Lettres sur le Yoga*).

Não posso lhe aconselhar nenhum dos livros sobre os chakras provenientes do movimento Nova Era, porque não conheço nenhum que preencha as condições mencionadas acima. Mesmo aqueles que parecem modernos e fazem referência aos famosos mestres da sabedoria de Shambala estão longe de ser tão sábios quanto pretendem. Muitos dos "terapeutas" da Nova Era compilam os ensinamentos transmitidos pelos adeptos de Shambala (vastos ensinamentos dados na primeira metade deste século); mas, se eles conhecem esses ensinamentos, abstêm-se de utilizá-los como referência.

Em resumo, há poucas obras de consulta sobre os chakras. Melhor assim! Isso significa que ainda temos muito que aprender sobre o assunto.

É essencial que a pessoa ponha em prática o trabalho proposto sobre os chakras para que possa falar a respeito. Isso por certo exige muitos esforços, mas é unicamente pagando esse preço que você obterá conhecimentos sobre esses elementos.

De início, abandonemos outra pequena ilusão: **os chakras estão fechados numa pessoa comum.** O indivíduo médio não precisa que seus chakras funcionem, porque ele dispõe de um corpo etérico que lhe traz tudo aquilo de que necessita. Na realidade, seus chakras são quase inexistentes. Eles constituem apenas um potencial ainda não revelado. No indivíduo médio, há somente um fio de energia que atravessa os chakras para realizar certas funções de base.

Mas então, para que servem as leituras de chakras praticadas por certos terapeutas da Nova Era? O que eles podem ver se não há nada para ser visto?

CLARIVIDÊNCIA ONÍRICA E CLARIVIDÊNCIA CONSCIENTE

Um autêntico clarividente verá simplesmente o potencial dos chakras; constatará que, naquele momento, os chakras estão adormecidos ou funcionando de maneira reduzida. A prática de um caminho espiritual consiste justamente em abrir seus chakras; ora, se é preciso abri-los, é porque eles estão fechados!

A maioria das pessoas que se dizem clarividentes na verdade não o são. O fato é que vivemos numa época em que o indivíduo pode reencontrar a clarividência que ele perdeu há muitos séculos. Num passado distante, o ser humano era clarividente no sentido de que dispunha de uma consciência onírica que lhe dava acesso a imagens do mundo espiritual. Era uma clarividência instintiva ou inconsciente, própria de todos os indivíduos e que permanecia relativamente fluida, mais ou menos como os sonhos do homem atual; é daí que vem o nome "clarividência onírica" ou "clarividência de sonho".

Depois, pouco a pouco, o ser humano foi perdendo essa clarividência onírica durante o período do Kali-Yuga (de 3101 a.C. a 1899 d.C.). Até a Idade Média, ainda havia pessoas que dispunham de bocados de clarividência onírica; depois tudo se extinguiu definitivamente.

Desde há um século, mais ou menos, o ser humano já é capaz de reencontrar a clarividência. Entretanto, ele deve adquirir uma clarividência consciente, a qual é muito mais nítida e exata que a antiga clarividência onírica. O indivíduo só pode adquirir essa nova forma de clarividência através de um trabalho espiritual e de um treinamento que exige muito esforço de concentração, certa maturidade e boa dose de consciência moral.

Assim, de agora em diante será fácil para você distinguir um clarividente autêntico e consciente de uma pessoa que dispõe simplesmente de bocados de clarividência onírica, que todo mundo pode desenvolver com facilidade.

A grande diferença entre a antiga e a nova clarividência é que a primeira se adquire sem esforço, simplesmente entregando-se à consciência onírica, enquanto a segunda exige esforço contínuo e grande força interior.

Talvez você leia em algum lugar que certas pessoas se tornam clarividentes depois de um acidente ou ainda porque a avó delas tinha esse "dom". Trata-se, nesses casos, da consciência onírica e de um dom que é adquirido sem esforço, inconscientemente, fácil de utilizar e que costuma receber, no movimento Nova Era, o nome impróprio de "intuição".

A verdadeira clarividência, por outro lado, resulta de esforços de controle mental (concentração, meditação) feitos pelo aspirante no caminho espiritual.

A outra grande diferença é que **a clarividência onírica não mais cumpre seu papel, como fazia no passado. Ela não mais dá acesso ao mundo espiritual; ela submerge o indivíduo em seus fantasmas e ilusões (seus desejos egoístas), ou então o põe em contato com um falso mundo espiritual, dominado pelas forças negras.**

Mais uma vez você constata que uma coisa boa provinda de uma época desaparecida (a clarividência onírica que permitia aos indivíduos daquele passado distante ver o mundo espiritual) pode se tornar uma coisa nociva em nossa época, pois essa reminiscência da clarividência onírica conduz as pessoas a todo tipo de ilusão.

O que se pode realmente ver quanto aos chakras? **Os chakras estão adormecidos ou num estado de funcionamento reduzido em todas as pessoas que ainda não cultivaram a consciência interior.** Se você preferir, pode-se dizer que desenvolvemos uma consciência interior através do trabalho sobre nós mesmos e da meditação.

Possuir uma consciência interior significa que a pessoa se sente como um observador separado do mundo exterior e que ela cria para si mesma uma rica vida interior. É claro que não se trata do gênero de vida que costuma levar esse nome, a qual consiste apenas em sonhos, desejos e diversos tipos de atenção. Trata-se, isso sim, de uma verdadeira vida interior que se desdobra, graças a esforços de concentração, através da meditação — ou seja, através do controle de seu mundo interior — e através de uma total separação do mundo exterior.

Para isso, a pessoa precisa ser capaz (alguns minutos por dia, para começar) de fazer uma total abstração de sua vida exterior, absorver em si mesma toda a sua energia, interiorizar-se profundamente e concentrar seu pensamento sobre um único objeto. Ela se separa do seu corpo físico, não mais o sentindo, e assim seus sentidos deixam de perceber o mundo exterior. Ela deixa de lado suas lembranças e, nesse estado de profunda interiorização, medita sobre um tema espiritual. Isso exige muitos esforços e se situa, portanto, exatamente no oposto da consciência onírica, na qual caem as pessoas que se entregam àquela antiga clarividência.

Em resumo, por um lado você pode se entregar sem nenhum esforço e descer um grau de sua consciência na consciência onírica para "ver" seus chakras (assim você sonha com seus chakras ou os da pessoa para quem faz a "leitura"); por outro lado, você pode elevar sua consciência através do esforço meditativo, para ter acesso à realidade referente aos chakras. Vejamos isso mais de perto.

A LEITURA DOS CHAKRAS

O que chamo de "leitura dos chakras" é um exercício que consiste em perceber os chakras de uma pessoa, ou os seus próprios, através da clarividência.

O que percebe um clarividente que desce sua consciência até o nível da consciência onírica e pratica uma leitura dos chakras sobre outra pessoa? Ele percebe imagens que supostamente estariam relacionadas com os chakras daquela pessoa. Imagine agora que esse clarividente deseja obter informações sobre o chakra do coração da cliente. Ela está diante dele; o clarividente se entrega a uma espécie de sonho acordado e extingue parcialmente sua consciência. Ele pede para ver as imagens provenientes do chakra cardíaco de sua cliente.

- Ou o clarividente projeta seus próprios desejos e sentimentos sobre a cliente, sobrecarregando de projeções sua leitura e impedindo-o de ver as imagens da cliente. Na verdade, nesse caso o clarividente vê suas próprias projeções na cliente.
- Ou o clarividente é capaz de permanecer neutro diante da cliente e nesse caso vê as imagens que a cliente "carrega". Isso significa que ele realmente capta os desejos da cliente, os quais estão ligados ao chakra do coração dela. Ele não projeta; ele vê as imagens que pertencem à cliente. Mas de todo modo há um problema, porque o clarividente não consegue obter uma neutralidade real porque ele vê em estado de consciência onírica, ou seja, "mergulhado" no sentimento. Embora não projete suas próprias imagens sobre a cliente antes de começar a leitura, ele forma uma idéia impregnada de todo tipo de sentimentos diante daquela pessoa; isso o impede de vê-la tal como ela é. Portanto, ele só consegue perceber os aspectos da cliente que estão alterados por seu sentimento.

Um bom clarividente em estado de consciência onírica só consegue perceber o aspecto exterior de uma pessoa e, em nenhum caso, aquilo que essa pessoa realmente é. Ele perceberá a imagem exterior que essa pessoa quer dar de si mesma, mas não a realidade do ser interior dela. É por isso que esse tipo de leitura "fala ao coração" das pessoas. Porque essas pessoas não conhecem a si mesmas; no melhor dos casos, elas só percebem de si mesmas sua personalidade exterior. Se um clarividente em estado de consciência onírica percebe imagens da personalidade exterior das pessoas, elas se sentirão compreendidas e terão a impressão de ter lidado com um autêntico clarividente.

Porém, conhecer sua personalidade exterior, ou ego, é o mesmo que não se conhecer. Além disso, ninguém precisa ser clarividente para perceber o funcionamento da personalidade exterior dos outros; basta ter bom senso.

Resumindo: um clarividente em estado de consciência onírica quando muito só percebe — ou seja, sem projeções de sua parte — as imagens da personalidade exterior (ou ego) de seus clientes. Ele vê seus desejos e seus temores. Isso não chega a ser desinteressante, mas é apenas uma máscara da realidade; é, portanto, uma ilusão.

Vejamos agora o que pode obter um clarividente consciente, ou seja, um aspirante treinado em elevar sua consciência a um nível superior.

A vantagem aqui é que o clarividente consciente se situa além do sentimento de simpatia ou antipatia e, portanto, não faz projeções; obtém-se então uma verdadeira neutralidade.

Estar além do sentimento significa também que o clarividente consciente atravessa a máscara do ego e percebe o ser interior do cliente. Assim, ele captará informações relativas ao ser interior daquela pessoa e não o seu ego, e isso implica que ele tem acesso à realidade.

A priori, os resultados dessa forma de leitura dos chakras serão menos gratificantes que no caso precedente, porque as pessoas conhecem pouco o seu ser interior. Apesar de tudo, sempre haverá na informação transmitida alguma coisa que as tocará profundamente. É muito freqüente que as pessoas não compreendam a informação dada, mesmo quando ela "fala ao seu coração". É apenas depois de um trabalho espiritual mais ou menos prolongado que essa informação poderá se esclarecer. É lógico pensar que a informação relativa ao ser interior seja menos compreensível que aquelas relativas ao ego; porque o indivíduo funciona melhor sobre seu ego do que sobre seu ser interior. Porém, não se deve deduzir que tudo o que é incompreensível se refere necessariamente ao ser interior.

Uma outra questão merece ser estudada: o que representam as imagens percebidas numa leitura dos chakras se estes estão quase todos fechados?

Cada chakra está ligado a certos setores da vida. Pode-se, portanto, considerar os chakras como símbolos desses setores a fim de se obter a informação. Mesmo que os chakras, na realidade, tenham pouca influência sobre esses setores da vida, eles não deixam de representar as potencialidades ligadas a esses setores.

Para ser exato, eu diria que as energias desses setores da vida se concentram nos locais onde se situam os chakras dos quais elas dependem. Um exemplo permitirá que você compreenda melhor: a palavra e a expressão estão ligadas ao chakra laríngeo; concentrando-nos sobre este, podemos obter informações sobre a palavra e os meios de expressão de uma pessoa, porque a energia passa por ele. Mas não é preciso que o chakra laríngeo da pessoa esteja aberto para ela poder falar; caso contrário, ninguém falaria.

Lembre-se de que o funcionamento desacelerado dos chakras é suficiente para o uso que deles fazemos.

Mesmo que utilizemos muito pouco os chakras, eles contêm um imenso potencial do qual podemos obter informações através da clarividência consciente; isso nos permite saber como pô-los em movimento para desenvolver suas qualidades.

É claro que, desse ponto de vista, os chakras deixam de ser os universos maravilhosos apresentados em inúmeras obras pseudo-esotéricas. Eles são órgãos de percepção sutil que podemos despertar através de um treinamento que exige muito esforço.

O que acontece, então, em todos esses estágios Nova Era que propõem aos seus ávidos alunos maravilhosas leituras dos chakras?

Eles os fazem sonhar com os chakras. Explicam-lhes que devem ver o que os chakras contêm e lhes ensinam a abaixar sua consciência até o estado de sonho acordado.

Então, os alunos vêem necessariamente aquilo que foram ensinados — ou induzidos — a ver. Os otimistas percebem todos os dons extraordinários que possuem; os pessimistas se vêem confirmando até que ponto são "negros" por dentro. Tudo isso é ilusório.

A leitura dos chakras só deveria ser praticada com um objetivo de evolução espiritual, e depois de um trabalho de interiorização e elevação da consciência. A leitura dos chakras não permite percebê-los diretamente, porque eles ainda não estão abertos; mas permite determinar suas potencialidades e ver o trabalho que deve ser feito para abri-los.

A leitura dos chakras pode servir como técnica de meditação e treinamento para a clarividência consciente, ou para o controle dos pensamentos.

O PAPEL DOS CHAKRAS

Os chakras, portanto, funcionam de maneira desacelerada em todas as pessoas. Nada existe ali para ser visto, exceto seu potencial, enquanto o indivíduo não tiver realizado um trabalho espiritual. Afinal, o que são os chakras? São órgãos sutis do conhecimento. Estão situados no corpo etérico, mas também recebem as energias astrais e mentais. Isso significa que eles agem como pontes entre os diferentes corpos do indivíduo (etérico, astral e mental).

Da mesma maneira que dispomos de órgãos dos sentidos em nosso corpo físico, possuímos também órgãos dos sentidos psíquico-espirituais em nosso corpo etérico; mas estes últimos só existem no estado de potencialidades. Somente o desenvolvimento de uma consciência interior permite sua eclosão.

Podemos imaginar os chakras como flores em botão, no início da evolução do indivíduo. Trabalhando sobre si mesmo, segundo um caminho moderno de evolução, o aspirante começa por "acender" seus chakras. Uma pequenina luz aparece em cada chakra: é o primeiro sinal de sua atividade e indica que o aspirante é capaz de se interiorizar.

Em seguida, conforme seu avanço no caminho espiritual, o aspirante vê seus chakras tomarem a forma de espirais de energia que pouco a pouco vão se pondo em movimento e depois acabarão por se irradiar. É evidente que utilizei aqui um resumo, porque o processo na verdade se estenderá por muitos anos, para um aspirante bem dotado, e muitas vidas, para a maioria das pessoas.

Num Iniciado, os chakras são belas espirais de energia que se irradiam fortemente em sua aura, emitindo raios de luz por grande distância em toda a sua volta. O Iniciado controla seus chakras e seu corpo etérico, ou seja, ele põe em movimento suas espirais de energia conforme sua vontade, segundo o trabalho que efetua e os órgãos sutis de que necessita.

Os chakras são órgãos dos sentidos sutis que permitem ver e ouvir o mundo espiritual. Eles são como sentidos interiorizados.

Imagine que seus sentidos físicos dispõem de uma dimensão oculta, interior, e que você faz uma idéia dos chakras. Imagine que você é capaz de voltar seus órgãos sensoriais para dentro de si e ativá-los a fim de descobrir outras capacidades; agora você se aproximou da concepção dos chakras.

Na verdade, assim como os órgãos sensoriais físicos são passivos, assim os chakras são ativos. Assim como você não consegue agir sobre seus sentidos físicos, assim você deve desenvolver e controlar seus sentidos psíquico-espirituais, que são os seus chakras.

Quando você é capaz de "ir além" dos seus sentidos físicos, você descobre sentidos sutis, o que indica que seus chakras começam a se abrir e que seu corpo etérico se estrutura e se transforma (reveja, sobre este tema, o capítulo anterior que trata do corpo etérico e da transformação dos sentidos físicos em sentidos sutis).

Na nossa época, a abertura dos chakras exige um longo trabalho, porque o corpo etérico está aprisionado no corpo físico; os chakras, ou órgãos dos sentidos sutis, estão adormecidos porque o ser humano está demasiado preso aos sentidos físicos. Você pode deduzir daí que quanto mais uma pessoa está apegada aos sentidos físicos, menos chance ela tem de abrir seus chakras. Por exemplo, seria absurdo acreditar que uma pessoa pudesse abrir seus chakras perseguindo objetivos materiais. Ora, se ela está apegada aos objetivos materiais, isso significa que ainda é prisioneira de seus sentidos físicos e, portanto, não pode abrir seus chakras.

Você pode deduzir que os terapeutas que pretendem abrir seus chakras são necessariamente charlatães, quaisquer que sejam as técnicas "miraculosas" por eles utilizadas: **a abertura dos chakras é difícil e exige muito esforço individual; ninguém, a não ser você mesmo, pode abrir seus chakras.**

Quero ainda lhe transmitir algumas informações básicas sobre cada chakra, segundo minha própria experiência, e esse será o tema do próximo capítulo.

CAPÍTULO 5

AS ESPIRAIS DE ENERGIA: UM ESTUDO PRÁTICO

As espirais de energia — um outro nome para designar os chakras — são, portanto, os centros da consciência interior. Enquanto a sua consciência estiver unicamente no exterior, os seus chakras estarão fechados.

Para dispor de uma consciência interior, você precisa se interiorizar. Isso significa que você precisa ser capaz de soltar-se do mundo exterior e de seu corpo físico a fim de entrar no interior de si mesmo, em seu corpo etérico.

A INTERIORIZAÇÃO

Em que exatamente consiste a interiorização? O aspirante deve afastar-se do mundo exterior, pelo menos durante meia hora por dia, para dedicar-se ao exercício seguinte:

— Ele se senta num local onde não será perturbado e fecha os olhos;
— Acalma sua respiração o mais possível, e a desacelera;
— Distende todos os músculos do corpo (relaxamento profundo);
— Coloca sua consciência no nível do chakra cardíaco;
— Conduz a energia dos seus sentidos para o chakra cardíaco, como se quisesse esquecer o mundo exterior ou dele se separar, imaginando que penetra em si mesmo como se fosse um corredor luminoso; pouco a pouco, deixa de sentir seu corpo físico, que se tornará uma vestimenta exterior independente dele;
— Ele deve então meditar sobre um tema espiritual (uma palavra, uma frase ou um símbolo) sem a intervenção nem de suas lembranças nem de seus sentimentos de simpatia ou antipatia; assim, ele aprende a liberar seu pensamento;
— Ao cabo de alguns minutos e de muito esforço de concentração, o aspirante perde a consciência de seu corpo físico e do mundo exterior; ele "osci-

la" num outro "espaço" onde tem a impressão de não ter mais limites; sente seu pensamento mais fluido e leve; sente-se num "universo" sem forma precisa: ele está em seu corpo etérico.

Ninguém é naturalmente interiorizado, sobretudo em nossa época, nesta sociedade de consumo que nos atrai continuamente para o exterior. Nenhum método de interiorização é ensinado pelos "terapeutas" da Nova Era; nem o relaxamento, nem a visualização, nem o *rebirth*, nem o reiki, nem a ioga são métodos para a interiorização.

Interiorizar-se para meditar não consiste apenas em fechar os olhos e ver imagens que provocam sensações, agradáveis ou não: isso é visualização (batizada, injustamente, de "criadora"). Qualquer pessoa, ou quase todas elas, é capaz de fechar os olhos e visualizar imagens sob encomenda, as quais podem às vezes ser acompanhadas de sensações e emoções. De onde vêm essas imagens?

Quando a pessoa se contenta em fechar os olhos para visualizar, a consciência permanece no corpo físico; é com um pensamento cerebral, portanto físico, que ela visualiza. As emoções e sensações são provocadas pelos sentidos físicos e pelo sistema neuro-sensorial ao qual eles pertencem. De um ponto de vista esotérico, é a interação do corpo astral com o sistema neuro-sensorial que provoca as emoções e sensações. O aspirante sente uma infinidade de coisas que estão ligadas àquilo que ele vê, mas trata-se então do resultado de um pensamento físico (suscitado pela memória ou pelo mundo exterior). Mesmo que o aspirante tenha os olhos fechados, pode-se dizer que o fenômeno todo é exterior e físico.

Portanto, não há nenhuma "percepção" espiritual verdadeira e nenhuma forma de interiorização na prática da visualização dita "criadora". É impossível ter acesso ao mundo espiritual dessa maneira, porque o pensamento permanece preso ao corpo físico e, por conseguinte, ao mundo exterior ou material.

O que dá a ilusão de estar interiorizado ou de meditar é o fato de que o aspirante, depois de ter fechado os olhos, vê imagens que podem lhe parecer muito espirituais e que provocam nele sensações e emoções. Mas justamente a emoção (ou a sensação) é a prova irrefutável de que não se trata de interiorização. Na verdade, **o principal "sintoma" da interiorização é que não há mais emoção nem sensação**.

Quando o aspirante se interioriza, o que acontece? Sua consciência passa do seu corpo físico para o seu corpo etérico. Logo, seu pensamento não é mais cerebral nem físico, mas sim etérico e vivo. Além disso, como ele se desconecta dos seus sentidos físicos, não pode mais experimentar a emoção nem a sensação. No processo de interiorização, o aspirante se separa do seu corpo físico: seu corpo etérico, assim como seu corpo astral, se desprendem levemente do seu corpo físico.

A técnica da interiorização dá acesso à "percepção" espiritual que está além da emoção ou da sensação. O que é uma "percepção"?

Ela é produzida pela interação entre o corpo etérico e o corpo astral (sem nenhuma intervenção do corpo físico). O pensamento se libera do cérebro físico e produz livremente, com muita criatividade, imagens que são inspiradas pelo mundo espiritual. Essas imagens provocam reações no corpo etérico — onde se encontra agora a consciência; o corpo astral, interagindo com o corpo etérico, produz a "percepção", que não contém qualquer emoção.

O aspirante pode experimentar uma "percepção" de calor no nível do coração ou ainda uma "percepção" de energia na cabeça, nas mãos ou na coluna vertebral (não estou me referindo aqui às partes do corpo físico, mas aos seus correspondentes etéricos).

Saiba que são os órgãos perceptivos do corpo etérico (os chakras) que provocam um ou outro tipo de "percepção" (o calor é típico da abertura do chakra do coração, por exemplo).

A "percepção" é uma energia etérico-astral, enquanto a emoção é uma energia físico-astral.

Quando a "percepção" é bastante forte, o aspirante não chega a conter essa energia nem consegue fazê-la circular corretamente. Produz-se então uma espécie de "sobrecarga energética" e o aspirante deixa seu corpo etérico e volta para o seu corpo físico, a fim de exteriorizar esse excesso de energia sob a forma de emoções (choro, riso, cólera, etc.). Esse desperdício da energia da "percepção" não se produz quando o aspirante é capaz de obter, à sua vontade, certa paz interior.

Quando a emoção aparece, a "percepção" desaparece. E quando a "percepção" floresce, não há mais lugar para a emoção.

O ideal é permanecer interiorizado e em paz quando a "percepção" se produz, a fim de integrá-la, ou seja, para que ela se imprima profundamente no corpo etérico, dando-lhe forma, moldando-o e o fortalecendo.

Lembre-se de que a emoção ou a sensação nada acrescentam à evolução do indivíduo; elas são apenas exutórios [agentes que promovem a eliminação]. Por outro lado, a "percepção" é necessária para a evolução, porque ela representa a experimentação concreta de um caminho espiritual. Ter emoções ou sensações está ao alcance de todos; mas, experimentar as "percepções" espirituais é o resultado dos inúmeros esforços feitos por uma pessoa para chegar a se interiorizar corretamente.

Quando o aspirante começa a se interiorizar, ele perde sua capacidade de visualizar, de ver as auras ou qualquer outro fenômeno associado à visualização ou suscitados pela memória cerebral (a chamada "vidência"). Em seguida, ele não vê nem sente mais nada durante alguns meses. A maioria dos pseudovidentes sente medo, nesse estágio, e abandona o projeto de se interiorizar, porque tem a impressão de estar perdendo seus "poderes". Mas o aspirante corajoso, persistente, verá seus esforços recompensados. Ao fim de mais alguns meses, ele começará a perceber, em seu corpo etérico, imagens que serão muito mais nítidas e luminosas do que as que ele visualizava antes de saber se interiorizar. O mais importante nisso é que essas imagens serão realmente oriundas do mundo espiritual, o que não ocorre com a visualização.

Interiorizar-se não é fácil; exige muitos esforços. Em geral, é preciso de um a três anos de trabalho regular para uma pessoa começar a se interiorizar.

O treinamento para a interiorização é praticado através de certa forma de meditação (como indicado acima), a qual só é ensinada num caminho espiritual moderno adaptado ao ser humano dos dias de hoje.

Portanto, não é preciso sonhar: os chakras não se abrem sozinhos. A pessoa tem de ser capaz de se interiorizar e meditar para chegar lá. Por outro lado, conhecendo o método de interiorização meditativa, você poderá praticar sozinho, em sua casa, sem assistência de ninguém.

Para abrir seus chakras, portanto, você precisa:

— Conhecer o método de interiorização meditativa;
— Fazer muitos esforços;
— Ter paciência e perseverança;
— Desenvolver certas qualidades que estão relacionadas com os chakras, porque de outra maneira os chakras não se abrirão.

Para ajudar você em seu trabalho de abertura, elaborei uma série de meditações sobre os chakras, disponível em fita cassete e CD. Para cada chakra, você dispõe de duas meditações que permitem uma profunda interiorização.

Uma dessas meditações ajuda você a tomar consciência do potencial daquele chakra específico (como uma espécie de leitura psíquica guiada do chakra); a outra é um trabalho sobre uma qualidade essencial que facilita a abertura daquele chakra.

O conjunto desse método de interiorização meditativa sobre os sete chakras, em cassete ou CD, intitula-se *Spirales d'Énergie*. As músicas são de Pierre Lescaut, excelente compositor de Quebec, Canadá, com quem colaborei para que cada trecho expressasse exatamente a atmosfera de cada chakra.

Além disso, cada música ressoa sobre um tom fundamental ligado àquele chakra. O tom fundamental de cada chakra não é o que encontramos habitualmente na literatura sobre os chakras: a nota Dó para o chakra raiz, a nota Ré para o chakra sacral, a nota Mi para o chakra solar, etc.

Essa correspondência "tradicional" talvez tenha funcionado no passado, mas não é mais a que experimentamos hoje em dia quando meditamos sobre os chakras (uma prova disso é que as pessoas que utilizam essa correspondência não experimentaram realmente seus chakras).

O tom fundamental de cada chakra é o som que faz ressoar o chakra quando estamos em meditação, com nossa consciência naquele chakra. É preciso um certo treinamento para chegar à interiorização e à meditação nos chakras.

Eu gostaria de dizer que, em minha pesquisa, não levei em conta nenhuma tradição nem qualquer outra pesquisa referente aos chakras.

Eis aqui as notas musicais que, segundo minha experiência, correspondem aos chakras:

— Chakra raiz: Sol grave.
— Chakra sacral: Sol # grave;
— Chakra solar: Si grave;
— Chakra do coração: Do # (no centro do piano);
— Chakra laríngeo: Ré (no centro do piano);
— Chakra frontal: Mi agudo;
— Chakra coronal: Fá agudo.

As funções das espirais de energia

As espirais de energia — ou chakras — são órgãos de percepção espiritual situados no corpo etérico. É através de um trabalho meditativo que conseguimos não só abrir os chakras como também modelar as pétalas que constituem essas espirais de energia.

Você pode imaginar os chakras como flores em botão, que devem desabrochar, desenvolvendo suas pétalas graças à sua evolução espiritual, ao seu trabalho interior.

Saiba que cada chakra compreende certo número de pétalas que devem ser desenvolvidas:

— 4 pétalas, para o chakra raiz;
— 6 pétalas, para o chakra sacral;
— 10 pétalas, para o chakra solar;
— 12 pétalas, para o chakra do coração;
— 16 pétalas, para o chakra laríngeo;
— 2, para o chakra frontal;
— 12 pétalas principais e 960 pétalas secundárias, para o chakra coronal.

Depois do início de sua evolução nesta Terra, o ser humano adquiriu certas faculdades que representam, globalmente, a metade das pétalas dos chakras.

Tomemos, por exemplo, o chakra do coração, que dispõe de 12 pétalas. Pode-se dizer que seis dentre elas simbolizam os conhecimentos adquiridos, enquanto as outras seis representam aquilo que o ser humano deve desenvolver para abrir esse chakra e modelar corretamente suas pétalas.

QUALIDADES A DESENVOLVER PARA ABRIR OS CHAKRAS

Precisamos ainda conhecer as qualidades que devem ser trabalhadas, para cada chakra, a fim de abrir todos eles e modelar suas pétalas. É isso que vamos ver a seguir.

Primeiro chakra: Raiz (ou base)

— Situado no nível do períneo (no homem) ou do colo do útero (na mulher); ligado às glândulas supra-renais.
— Analogias astrológicas: signos de Capricórnio e Aquário, planeta Saturno.
— É o chakra existencial, ligado ao corpo físico.
— Suas principais funções são: a sexualidade, o enraizamento na terra, as limitações que dão a forma graças à interação do espaço e do tempo.
— É o chakra da força interior (a famosa *kundalini*).

Duas qualidades devem ser desenvolvidas para o chakra raiz:

1ª. A responsabilidade de sua encarnação

Trata-se, em primeiro lugar, de você se sentir totalmente responsável por seus atos, suas palavras e seus pensamentos. Isso não tem nada a ver com o fato de você cumprir suas obrigações ou seus deveres; trata-se, sobretudo, de aceitar tudo o que a vida lhe propõe porque você sabe que foi você mesmo quem criou os acontecimentos com os quais agora se defronta, através dos pensamentos e dos atos desta vida ou de vidas anteriores. Finalmente, você se torna responsável por sua evolução e por seu karma. O caminho da responsabilidade é longo e difícil; porque, nos nossos dias, as pessoas se acostumaram a funcionar de uma maneira completamente irresponsável, seja se culpando por todos os males, seja lançando a culpa deles sobre os outros.

A responsabilidade se desenvolve através de diversos exercícios meditativos de trabalho sobre si mesmo e colocando em prática, na vida cotidiana, aquilo que provoca notáveis mudanças de comportamentos.

2ª. A segurança interior

Não se trata aqui de uma segurança baseada nos elementos exteriores (dinheiro, diplomas, títulos, etc.), mas baseada numa "percepção" interior de força e proteção. Você sente uma força interior que lhe permite enfrentar todas as provações da vida, e ao mesmo tempo uma capacidade de irradiar sua energia, criando assim uma aura protetora à sua volta.

Esse é o resultado da aceitação de sua encarnação e da confiança em seu destino. Você só o alcançará através de um trabalho espiritual interior e de uma experimentação concreta na vida cotidiana.

Segundo chakra: Sacral (ou esplênico)

— Situado no nível do ventre, ligeiramente abaixo do umbigo; ligado às glândulas sexuais (os testículos no homem e os ovários na mulher).
— Analogias astrológicas: signos de Sagitário e Peixes, planeta Júpiter.
— É o chakra da atração e das relações, ligado ao corpo etérico.
— Suas principais funções são: a reprodução da espécie, a "percepção" do sagrado, o relacionamento com os outros, a assimilação, a cura.
— É o chakra do pertencer ao todo.

Três qualidades devem ser desenvolvidas para o chakra sacral:

1ª. A vontade do bem ou a bondade

Com a ajuda da fé e da compaixão, você se abre às entidades espirituais. Assim, consegue captar a Intuição, que lhe permite agir desinteressadamente pelo bem maior da humanidade. Isso não tem nada a ver com a canalização, porque esta não resulta de uma elevação, mas de um abaixamento da consciência.

2ª. O auto-sacrifício

Trata-se das múltiplas "ultrapassagens" de si mesmo, com as quais você se defronta no caminho espiritual. Toda vez que o aspirante aceita uma etapa transformadora, daí resulta uma pequena "morte". Uma parcela de "egoísmo" desaparece, e isso é sentido como um pequeno sacrifício de si mesmo, como um golpe à sua integridade "ego-ísta". Cada perdão concedido faz morrer um pouco mais o ego e abre este chakra. Para o aspirante, o sacrifício último é a morte do ego.

3ª. A percepção do sagrado

Graças à interiorização no corpo etérico, trata-se de ver além da aparência material das coisas e dos seres, a fim de perceber neles o sagrado. É um processo de morte-renascimento no nível do pensamento: conduz o aspirante à ressurreição etérica do pensamento, graças à meditação e ao desenvolvimento da Imaginação. Cada morte-renascimento no nível do pensamento representa um sacrifício (palavra que significa "tornar sagrado"). A passagem de um pensamento materialista ou morto para um pensamento vivo ou etérico permite a percepção do sagrado.

Terceiro chakra: Solar (umbilical ou do plexo solar)

— Situado no nível do plexo solar, na concavidade do estômago; ligado ao pâncreas.
— Analogias astrológicas: signos de Escorpião e Áries, planeta Marte.
— É o chakra da consciência social ou egotista, ligado ao corpo astral.
— Suas principais funções são: a auto-afirmação, a vontade, a energia, as relações sociais, os desejos.
— É o chakra do papel social.

Cinco qualidades devem ser desenvolvidas para o chakra solar:

1ª. O controle das impressões sensoriais

Trata-se de controlar as percepções provenientes do mundo exterior, de não se deixar arrastar pelo que quer que seja. Milhões de elementos de informação se infiltram constantemente no indivíduo sem que ele se aperceba disso, e prejudicam suas qualidades de consciência e livre-arbítrio. O indivíduo precisa se proteger contra essas influências exteriores, veiculadas nele através dos sentidos ou captadas pelos pés. Essa qualidade exige uma extrema vigilância e a atenção resultante de um poderoso "Eu" conectado à Alma.

2ª. Vigiar o curso de seus pensamentos

Trata-se de uma certa forma de controle dos pensamentos, que consiste em proibir a si mesmo a divagação ou o devaneio sobre coisas sem interesse, o que enfraquece o mental e o livre-arbítrio. É preciso que você não se deixe distrair por pensamentos que não escolheu livremente. Pergunte a si mesmo: De onde vêm esses pensamentos? Acostume-se a sempre conduzir seu pensamento sobre o tema que escolheu voluntariamente. Você precisa "aprender" a permanecer presente e conservar o mental concentrado naquilo que faz.

3ª. A relação consciente com o mundo exterior

Trata-se de estabelecer um contato consciente com o mundo exterior. Isso significa que você precisa permanecer em consciência de vigília e, em cada situação, não se deixar "cair" na consciência onírica. Isso exige que você combata a simpatia ou antipatia que experimenta, por exemplo, numa situação escolhida que pertence à esfera da consciência onírica. Quando escolhemos algo que nos agrada, estamos na consciência onírica. Para não fazermos uma escolha errada, precisamos permanecer na consciência de vigília e raciocinar com lógica e bom senso (com o nosso coração). Tudo o que acolhemos em nós deve ser claro, refletido, consciente. Você não deve aceitar nada com base unicamente no sentimento, se pretende permanecer consciente.

4ª. O controle da atenção

É preciso desenvolver a qualidade da atenção, da vigilância e da presença consciente a fim de determinar o que merece nosso interesse e o que não vale a pena. Você precisa deixar de lado o que não é importante, o que não pode monopolizar sua atenção, a fim de não desperdiçar sua energia inutilmente. Você precisa manter-se vigilante quanto àquilo que identificou como sendo essencial. Você não pode se dispersar.

5ª. Autodisciplina

Trata-se de livremente impor a si mesmo a forma de disciplina que você escolheu, e manter-se fiel a ela, a fim de se fortalecer interiormente. Essa qualidade sintetiza o conjunto das qualidades que devem ser desenvolvidas para o chakra solar. Sem autodisciplina, o progresso no caminho espiritual é impossível.

Quarto chakra: Do coração (ou cardíaco)

— Situado no centro do peito; ligado à glândula timo.
— Analogias astrológicas: signos de Balança e Touro, planeta Vênus.
— É o chakra da verdadeira identidade, ligado ao corpo mental e ao "Eu".
— Suas principais funções são: o amor incondicional, a beleza, a arte, a coragem, a consciência moral; portal de acesso à alma, a Cristo e a Miguel.
— É o chakra do dom.

Seis qualidades devem ser desenvolvidas para o chakra do coração. Como já tratei dessas qualidades em meu livro *Chercheur d'Éternité* (Capítulo 7), não entrarei aqui em detalhes:

1ª. Clareza do pensamento

Trata-se de desenvolver a concentração.

2ª. Escolha do ato

Trata-se de aprender a escolher um ato para desenvolver a liberdade de ação.

3ª. Controle das emoções

Trata-se de transmutar suas emoções negativas ou positivas, fazendo-as "queimar" em seu coração; daí resulta a paz interior.

4ª. Estado de espírito positivo

Trata-se de desenvolver a tolerância, ou seja, sempre e primeiro ver o bem nos outros. É preciso cultivar o perdão e a abertura aos pontos de vista dos outros.

5ª. Fé e novidade

Precisamos cultivar a fé no mundo espiritual para estarmos sempre prontos a aceitar a novidade, e para termos o espírito sempre aberto. Isso significa manter-se flexível de espírito, maleável, espiritualmente falando.

6ª. Harmonização do coração

Este é o resultado dos cinco exercícios anteriores. Eles trazem harmonia à vida — sempre na hora certa, no lugar certo —, paz interior e compaixão pela humanidade.

Quinto chakra: Laríngeo (ou da laringe)

— Situado no nível da garganta; ligado à glândula tireóide.
— Analogias astrológicas: signos de Virgem e Gêmeos, planeta Mercúrio.
— É o chakra da criatividade inspirada, ligado ao corpo espiritual e à Alma (aspecto Espírito Santo).
— Suas principais funções são: a comunicação, a auto-expressão, a purificação, a individualização, o mental exterior.
— É o chakra da palavra, do Verbo.

Oito qualidades devem ser desenvolvidas para o chakra laríngeo, as quais foram também apresentadas em meu livro *Chercheur d'Éternité* (Capítulo 7):

1ª. Imaginação justa

Produza representações justas, claras e exatas.

2ª. Decisão justa

É a reflexão desapegada, antes da ação, subtraindo-se a toda influência exterior.

3ª. Palavra justa

Seja autêntico em sua comunicação. Expresse apenas aquilo que sente. Fale somente quando tem algo a dizer.

4ª. Ação justa

Aja conforme o que sente, seguindo sua intuição, a fim de permanecer de acordo com a humanidade.

5ª. Organização justa

Mantenha-se no ritmo da natureza e do mundo espiritual. Saiba administrar seu tempo.

6ª. Esforço justo

Saiba administrar sua energia. Saiba avaliar as metas que pode alcançar e as metas inalcançáveis para você.

7ª. Experimentação justa

Aprenda a extrair lições de sua vida.

8ª. Compreensão justa

É o resultado da utilização correta dos sete exercícios anteriores. Faça um "balanço" regular para se situar quanto às suas metas e à sua compreensão.

Sexto chakra: Frontal (ou do terceiro olho)

— Situado entre as sobrancelhas; ligado à glândula pituitária ou hipófise.
— Analogias astrológicas: signos de Leão e Câncer, astros solar e lunar.
— É o chakra do pensamento, ligado ao corpo crístico e à Alma (aspecto Filho).
— Suas principais funções são: a imaginação, a clarividência consciente, a concentração, o discernimento, a síntese, o mental interiorizado e espiritualizado.
— É o chakra da união de *yin* e *yang*.

Duas qualidades devem ser desenvolvidas para o chakra frontal, as quais foram também apresentadas em meu livro *Chercheur d'Éternité* (Capítulo 7):

1ª. Discernimento espiritual

Trata-se de distinguir as coisas, colocá-las na luz, separá-las para ver claro nelas; de saber diferenciar o bem do mal, o essencial do acessório, etc.

2ª. Apreciação justa

Trata-se de medir cada coisa que distinguimos na etapa do discernimento, a fim de avaliarmos a importância que ela tem para nós. Enquanto que com o discernimento separávamos no espaço, com a apreciação medimos no tempo para julgar a importância de cada coisa. O controle dessas duas qualidades nos confere o espírito de síntese.

Sétimo chakra: Coronal (ou da coroa)

— Situado no topo da cabeça; ligado à glândula pineal ou epífise.
— Este chakra não tem analogias astrológicas porque há apenas doze signos, associados aos seis primeiros chakras.
— É o chakra da vontade divina, ligado ao corpo divino e à Alma (aspecto Pai).
— Suas principais funções são: a espiritualidade, a intuição, a liberdade, a receptividade, a vida, o mental superior.
— É o chakra da transmutação da matéria em luz.

Duas qualidades devem ser desenvolvidas para o chakra coronal:

1ª. A fé

É o aspecto *yang* do chakra da coroa. A fé em Cristo e nas entidades do mundo espiritual é uma força que transborda o "Eu" e permite ao indivíduo elevar-se acima dos obstáculos da vida. A verdadeira fé resulta da experimentação e não da crença. Ela é uma qualidade que se cultiva através de um trabalho espiritual.

2ª. A receptividade

É o aspecto *yin* do chakra da coroa. A receptividade ao divino é uma qualidade de imobilidade interior, de escuta, de gratidão e de abertura do espírito às entidades do mundo espiritual. O indivíduo se oferece e assim cria o contato.

As indicações dadas sobre os chakras são deliberadamente sucintas, porque o essencial é o trabalho interior que deve ser efetuado para despertar essas espirais de luz, para fazer desabrochar essas flores do corpo etérico.

Em geral, os livros sobre os chakras dão centenas de ensinamentos, abstratos na maior parte, que fazem o leitor devanear. Quanto a mim, prefiro apresentar as qualidades que devem ser desenvolvidas para os chakras, propondo um treinamento esotérico e prático, passo esse que você não encontrará naqueles livros.

Estou bem consciente de que o treinamento proposto acima para a abertura dos chakras exige algumas explicações. Estas são transmitidas aos aspirantes que se envolvem com um caminho espiritual, para que possam pôr em prática esses exercícios na sua vida cotidiana.

Você pode, se assim o desejar, ver meu livro *Chercheur d'Éternité*, que explica mais detalhadamente alguns desses exercícios (você terá com que se ocupar por vários anos!).

Reconheço também que essas qualidades não são fáceis de adquirir. O treinamento exige muitos esforços e muita disciplina. É preciso anos para chegar a desenvolver corretamente as flores dos chakras, com a condição de praticar regularmente todos os dias.

Mas de nada serve sonhar com as qualidades maravilhosas dos chakras. Prefiro ficar ancorado na realidade.

Podemos atribuir uma cor a cada chakra, e essa cor terá analogia com o principal tipo de energia que o chakra representa. Cada energia, em analogia com um chakra, é uma entidade espiritual com a qual podemos nos ligar através da meditação e do trabalho sobre nosso eu.

Assim, temos:

- Chakra raiz: espírito da vida — cor vermelha;
- Chakra sacral: espírito da santidade e espírito da cura — cor laranja;
- Chakra solar: espírito da sabedoria — cor amarelo-ouro;
- Chakra do coração: espírito da esperança e espírito da paz — cor verde;
- Chakra do coração: espírito do amor e espírito da eternidade — cor rosa;
- Chakra laríngeo: espírito da verdade e espírito da liberdade — cor azul;
- Chakra frontal: espírito do sacrifício e espírito da graça — cor violeta;
- Chakra frontal: espírito da força — cor índigo;
- Chakra coronal: espírito da pureza e espírito da fé — cor branca.

No que se refere às cores, acho importante assinalar o erro científico que consiste em acreditar que a luz branca contém em si todas as outras cores. Na verdade, a luz branca está além das cores. Precisamos imaginar as cores como sendo uma gama de nuanças que se estendem entre o preto e o branco. A natureza pode facilmente demonstrar isso. As cores mais próximas do preto são as que pertencem à gama do azul e o azul-violeta; as cores mais próximas do branco são as que fazem parte da gama amarelo-alaranjado-vermelho.

Quando a luz ilumina as trevas, vemos aparecer o azul (o que explica o azul do céu). Quando há pouca luz atravessando as trevas, percebemos o vermelho-alaranjado, como ao anoitecer, no pôr-do-sol. Se a luz é mais intensa, ela parece amarela, como o sol ao longo do dia.

Na verdade, a luz é branca, mas nunca podemos vê-la assim, porque ela precisa atravessar as trevas do cosmos para chegar até nós e, desse modo, ela perde parte de sua intensidade luminosa.

Além disso, os cientistas acreditam que a luz resulta da eletricidade, quando o que ocorre é o contrário. Na verdade, a eletricidade é uma espécie de "vestimenta" para a luz ou ainda um tipo de luz adensada, como o corpo físico em relação ao corpo etérico.

No dia em que os cientistas aceitarem a realidade da luz, tal como é ensinada pela ciência iniciática, novas fontes de energia serão descobertas; elas não representarão nenhum perigo para o ser humano, porque serão de natureza etérica.

Algumas analogias:
Chakras, Astrologia e Cabala

Vamos trabalhar um pouco com algumas analogias.

Observe o Quadro 2, logo a seguir, que mostra as analogias existentes entre os chakras e os éteres, os elementos e as esferas de consciência do mundo astral. Observe a analogia entre o chakra do coração e a esfera solar. Observe também que se pode estabelecer analogias entre os chakras e as três partes do corpo humano e da personalidade.

O pensamento e o sistema nervoso cérebro-espinhal estão ligados aos três chakras superiores; o sentimento e o sistema rítmico (a respiração e a circulação sangüínea) estão ligados ao chakra do coração; a vontade, o sistema metabólico (os órgãos) e os membros estão ligados aos três chakras inferiores.

Astrologia

Temos também as correspondências com a astrologia, conforme segue:

6º Chakra frontal: Câncer ♋ e Leão ♌ — a Lua ☽ e o Sol ☉
5º Chakra laríngeo: Gêmeos ♊ e Virgem ♍ — Mercúrio ☿
4º Chakra do coração: Touro ♉ e Balança ♎ — Vênus ♀
3º Chakra solar: Áries ♈ e Escorpião ♏ — Marte ♂
2º Chakra sacral: Peixes ♓ e Sagitário ♐ — Júpiter ♃
1º Chakra raiz: Aquário ♒ e Capricórnio ♑ — Saturno ♄

O seu signo solar e o seu signo ascendente[1] lhe indicam os chakras sobre os quais há um importante trabalho a ser realizado nesta vida. A astrologia dos

---

1. O signo solar é indicado pelo dia e mês do nascimento; o ascendente, *grosso modo*, é definido pela hora do nascimento. (N.T.)

Iniciados é um conhecimento que repousa sobre essas correspondências, bem como sobre a capacidade de controlar essas energias, percebendo que o ser humano representa um microcosmo criado à imagem do Universo.

Esse não é um conhecimento intelectual, mas real, e pode ser percebido com ajuda da meditação e de um trabalho profundo sobre o eu.

7º Chakra coronal ➡ éter da vida ➡ esfera de Saturno ♄
6º Chakra frontal ➡ éter do som (ou químico) ➡ esfera de Júpiter ♃
5º Chakra laríngeo ➡ éter da luz ➡ esfera de Marte ♂
4º Chakra do coração ➡ éter do calor (fogo) ➡ esfera do Sol ☉
3º Chakra solar ➡ ar ➡ esfera de Vênus ♀
2º Chakra sacral ➡ água ➡ esfera de Mercúrio ☿
1º Chakra raiz ➡ terra ➡ esfera da Lua ☾

7º ➡ ♄ ⎤
6º ➡ ♃ ⎬ Sistema cabeça ou cérebro-espinhal ➡ PENSAMENTO
5º ➡ ♂ ⎦

4º ➡ ☉ ➡ Sistema rítmico ou coração/pulmões ➡ SENTIMENTO

3º ➡ ♀ ⎤
2º ➡ ☿ ⎬ Sistema metabólico e dos membros ➡ VONTADE
1º ➡ ☾ ⎦

Quadro 2: Os chakras — Diversas analogias

A árvore da vida da Cabala

Vejamos agora as relações que existem entre os chakras e a Árvore da Vida da tradição cabalística.

Para começar, eu gostaria de assinalar que a Árvore original da Cabala continha apenas oito esferas, e não dez. Na Idade Média, um cabalista judeu modificou a Árvore da Vida, complicando sua compreensão.

Eu lhe apresento agora as correspondências entre os chakras, as esferas de consciência e as esferas da Cabala sufi original. Essas correspondências se referem às esferas de consciência do mundo espiritual, as quais atravessamos durante o sono ou durante o período "entre duas vidas". Também podemos experimentá-las através da meditação, ao longo da evolução espiritual.

Os chakras frontal, laríngeo e cardíaco

A evolução espiritual moderna é praticada sobretudo no nível dos chakras frontal, laríngeo e cardíaco. Esses três chakras formam uma trindade e se completam. Eles representam os três aspectos da personalidade que devem ser transformados:

— O chakra frontal é o pensamento e a faculdade espiritual da Imaginação (clarividência consciente — ou sonho consciente — e pensamento vivo e puro);
— O chakra laríngeo é a palavra, o verbo interior, o sentimento e a faculdade espiritual da Inspiração (clariaudiência consciente — ou sono consciente — e sentimento transformado);
— O chakra do coração é a coragem, a força interior, a vontade do bem, a consciência moral e a faculdade espiritual da Intuição (fusão espiritual com as entidades espirituais e a vontade divina que agem através de nós).

Num caminho crístico moderno, esses três chakras são trabalhados conjuntamente.

— É necessário associar a cabeça e o coração (chakras frontal e cardíaco) e depois expressar criativamente o resultado dessa associação (chakra laríngeo).
— Embora possamos desenvolver bem o chakra frontal (o pensamento, o conhecimento), é preciso acrescentar a ele o coração; caso contrário, o aspirante se torna intelectual e não vive seu ensinamento. Portanto, ele não progride e permanece na ilusão.
— Também podemos desenvolver bem o chakra do coração (a vontade, o livre-arbítrio, a consciência moral, a "percepção"), mas é preciso acrescentar a ele a cabeça (o conhecimento); caso contrário, o aspirante não compreende o que vivencia e corre o risco de se perder ou de tornar-se um materialista pseudo-espiritual.
— Por fim, é absolutamente necessário acrescentar-lhes o chakra laríngeo, que é o da expressão e da criatividade. O aspirante deve manifestar aquilo que vivencia interiormente.

A evolução espiritual consiste em você se interiorizar para se libertar da influência do pensamento materialista (as pessoas que têm certeza de não serem materialistas são, com muita freqüência, as mais materialistas de todas!). Depois, você precisa se ligar ao mundo espiritual (à sua Alma e ao Cristo que vive dentro de você) para criar uma rica vida interior e, por fim, voltar-se para o mundo exterior a fim de manifestar sua vida espiritual, ou seja, a fim de criar.

Os três chakras — cardíaco, laríngeo e frontal — estão fortemente envolvidos nesse processo. Quando eles começam a se abrir, torna-se possível trabalhar o desenvolvimento da Imaginação, depois o da Inspiração e finalmente o da Intuição. Mas também é possível, graças à evolução grupal, começar a trabalhar diretamente sobre a Intuição e o chakra do coração.

Quanto mais caminhamos rumo ao futuro, mais será possível aos aspirantes trabalhar e evoluir em grupo e, graças à abertura de seu chakra do coração, ter um acesso direto à Intuição, como um Iniciado.

6º Chakra frontal — Saturno ➡	○ BINAH, a Inteligência	
5º Chakra laríngeo — Marte e Júpiter ➡	○ GEBURAH, a Força	○ CHESSED, a Graça
4º Chakra do coração — Sol ➡	○ TIFERET, a Beleza	
3º Chakra solar — Mercúrio e Vênus ➡	○ HOD, a Glória	○ NETZACH, a Vitória
2º Chakra sacral — Lua ➡	○ YESOD, o Fundamento	
1º Chakra raiz — Terra ➡	○ MALKUTH, o Reino	

Quadro 3: Os chakras e a Cabala

A Árvore da Vida interior

O trabalho sobre esses três chakras cria uma espécie de nova Árvore da Vida interior (ver Quadro 4), cujas raízes se situam no chakra do coração (a fonte da vida espiritual e, ao mesmo tempo, o órgão da transformação). Primeiro, o tronco se eleva e fortalece, graças à coragem de que dá prova o aspirante no caminho espiritual; depois os ramos se desenvolvem (o livre-arbítrio), carregados de incontáveis folhas (os pensamentos vivos e individuais), e enfim aparecem os frutos maravilhosos (a criatividade e as virtudes).

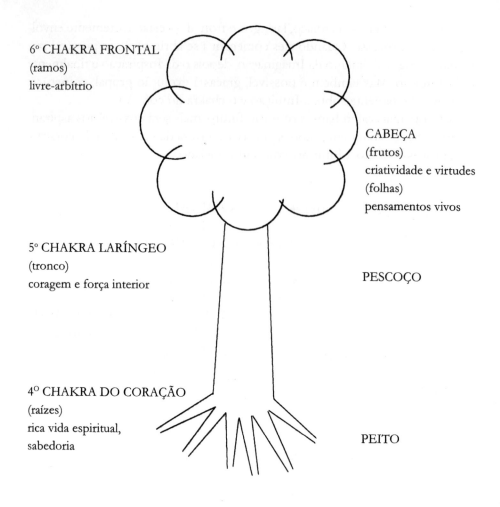

Quadro 4: A nova Árvore da Vida

CAPÍTULO 6

A "ESPIRITOFOBIA"

Antes de tirarmos o véu dos mistérios relativos à segunda vinda de Cristo e aos papéis desempenhados pelas entidades espirituais, vamos abordar os obstáculos à compreensão do mundo espiritual.

Desde a mais longínqua Antigüidade, o ser humano nunca duvidou da existência de um mundo espiritual. Antes do período do Kali-Yuga (a era sombria que vai de 3101 a.C. até 1899 d.C.), o ser humano era clarividente; ele percebia as entidades do mundo espiritual. Durante o Kali-Yuga, o Homem foi perdendo pouco a pouco aquela clarividência onírica que lhe permitia ver o mundo espiritual; isso se acentuou durante os séculos que precederam a primeira vinda de Cristo.

Os grandes filósofos gregos eram Iniciados e ainda possuíam a clarividência. Nós só conseguiremos compreender realmente seus ensinamentos levando em conta essa capacidade deles. No entanto, a clarividência tornava-se cada vez mais rara naquela época.

Alguns séculos mais tarde, quando da Encarnação de Cristo, a percepção do mundo espiritual só era possível com um treinamento específico e um estilo de vida severo. Assim, João Batista foi especialmente treinado na clarividência para poder reconhecer Cristo quando este encarnasse. João Batista não era um essênio[1] e não vivia como eles, mas havia adotado a disciplina de um grupo aparentado aos essênios, chamado de nazarenos.

Os nazarenos eram reconhecidos principalmente por seus cabelos longos, símbolos da antiga clarividência onírica, e por seu estilo de vida draconiano.

---

1. Cerca de 150 anos antes do nascimento de Cristo, os essênios formavam uma espécie de fraternidade monástica judaica. Eram homens piedosos, justos e humildes, que praticavam a castidade e juravam servir sempre à Verdade (fonte da Luz). Acredita-se que tiveram grande influência sobre o cristianismo nascente. Desapareceram, enquanto fraternidade organizada, 68 depois da morte de Cristo, com a ocupação da Palestina pelas tropas romanas. A maioria das fontes iniciáticas sustenta que João Batista foi um essênio e que Jesus teria vivido alguns anos entre eles, na sua adolescência. (N.T.)

Os Evangelhos mencionam esse fato quando dizem que João Batista se alimentava de "gafanhotos e mel silvestre" (Mateus 3:4).

Depois da vinda de Cristo, os últimos vestígios da antiga clarividência continuaram a desaparecer. Na Idade Média, ainda encontramos pessoas que dispunham de alguns restos de clarividência e percebiam cores específicas quando a luz do dia não estava muito forte. Essas pessoas viam, assim, a aura astral das flores ou dos animais. Mas essa aptidão também se perdeu no final da Idade Média.

Apesar de tudo, ainda há pessoas hoje em dia que dispõem de uma clarividência onírica. Elas a obtêm depois de um acidente ou também através dos laços sangüíneos.

Lembre-se de que, em termos globais, o ser humano está cortado do mundo espiritual desde a Renascença (séculos XV e XVI). A partir daí, desenvolveu-se a sociedade materialista.

Enquanto o indivíduo sabia estar ligado ao mundo espiritual e podia experimentá-lo por si mesmo, ele se sentia em segurança nesta Terra, porque sabia de onde vinha e como retornar para lá.

Porém, quanto mais a clarividência desaparecia, mais o indivíduo tinha de aprender a se desenredar por si mesmo, sem poder ligar-se a um mundo espiritual para pedir conselhos.

As narrativas mitológicas, nas quais você lê que os heróis estão sempre se dirigindo aos deuses e deusas para lhes pedir conselhos, correspondiam a uma realidade no Mundo Antigo. Os deuses e deusas da Grécia antiga eram anjos que entravam em contato com seres humanos clarividentes, para guiá-los.

Nas escolas dos mistérios,[2] os Iniciados estavam em contato com os Anjos e Arcanjos que lhes serviam de guias. Mas a clarividência desapareceu, e com ela também as escolas dos mistérios. Nasceu uma nova maneira de evoluir, na qual o ser humano devia tornar-se inteiramente responsável por sua encarnação, sem a orientação de entidades espirituais.

A vinda de Cristo acentuou esse processo, porque tornou-se necessário ao ser humano se individualizar, separar-se do mundo espiritual para aprender a se tornar um criador. Antes de deixar-se conduzir por entidades espirituais, o ser humano devia tornar-se um colaborador delas. Para isso, precisava crescer, tornar-se responsável, consciente de si mesmo e capaz de ser um criador. Nós retornamos justamente a essa época.

---

2. As antigas "religiões dos mistérios" existiram principalmente no Egito e na Grécia (Osíris, Elêusis, Dioniso, Orfeu, etc.). Embora haja diferenças significativas entre elas, todas se constroem a partir do angustiante problema da vida após a morte. A principal característica de todas essas escolas é o caminho iniciático. (N.T.)

O MATERIALISMO

No começo da era materialista, que se instalou a partir dos séculos XVI e XVII, sob o impulso de pessoas como Francis Bacon (que não era um Iniciado crístico, mas trabalhou contra o cristianismo), o ser humano foi apartado do mundo espiritual.

Compreenda bem a situação. O indivíduo se sente apartado do mundo espiritual. Ele se sente abandonado, rejeitado por quem cuidara dele durante milênios. O ser humano vai então reagir como uma criança rebelde: rejeitará seu Pai (o mundo espiritual), numa espécie de vingança.

Quando se estuda a ciência materialista ou a psicologia ahrimaniana (ou demoníaca) e a psicanálise, é admirável ver até que ponto esses "sábios" rejeitam o mundo espiritual numa espécie de vingança. Através de um comportamento auto-suficiente e orgulhoso até o limite da caricatura, eles excluem todos os conhecimentos esotéricos, classificando-os como superstições dos homens da Antigüidade que ainda não tinham acesso à "ciência".

A psicologia de Jung — que alguns consideram o maior dos psicólogos — e de seus sucessores propõe esquemas de comportamento humano que são um pouco infantis, um pouco ingênuos. Infelizmente, o ser humano apartado do mundo espiritual e mergulhado em imenso torpor acha tudo isso inusitado.

Segundo Jung, que era ateu,[3] o ser humano tem um inconsciente pessoal, que é o resultado das lembranças desta sua vida, e um inconsciente coletivo, ao qual ele pode ter acesso e que resulta da memória da humanidade (tudo o que todos os seres humanos fizeram desde a aurora dos tempos).

No entender de Jung, se o indivíduo é neurótico, é porque um "demônio" do inconsciente coletivo entrou nele; o indivíduo deve então "integrar" esse "demônio", ou seja, pactuar com o mal em vez de combater esse mal. Enquanto que, na nossa época, o indivíduo só pode progredir se aceitar confrontar o mal que existe dentro de si mesmo, resistindo a ele e transformando-o em bem, Jung propõe que vivamos com o mal. Como a maioria dos psicólogos, Jung deixa a porta aberta para a manipulação pelas forças das trevas.

Temos portanto um sistema, o de Jung e seus sucessores, que propõe aos neuróticos uma orientação (dada por um terapeuta que desempenha um papel de "contra-iniciador") para que se submetam ao mal que está dentro deles (integrando esse mal!). Aprende-se aí que a raiz do mal não está verdadeira-

---

3. A bem da verdade, não se pode dizer que Carl G. Jung fosse "ateu", como afirma o Autor. Jung não seguia nenhuma religião estabelecida, mas tinha intensa religiosidade e profundo respeito por Deus e por toda a natureza, como se pode comprovar através de seus escritos, especialmente sua autobiografia *Memórias, Sonhos, Reflexões*, e da entrevista filmada *Jung Speaking: Interviews and Encounters*. (N.T.)

mente no indivíduo. O mal proviria de um inconsciente coletivo; o indivíduo não seria responsável pelo mal. Logo, não haveria nem combate nem responsabilidade.

O indivíduo permanece infantil diante do mal. Estamos, aqui, diante de um processo de "contra-iniciação" que não chega a ser magia negra (os psicólogos são suficientemente evoluídos para isso) mas que é, mesmo assim, francamente cinzento.

Quem lucra com essa situação? Claro que são as forças das trevas que existem realmente, mas que Jung nunca teve necessidade de enfrentar. É verdade que, para enfrentá-las, a pessoa precisa ter fé. Ora, como Jung era um "pseudo-ateu", supostamente ele não podia ter fé.

Em resumo, os junguianos sugerem aos seus pacientes que a covardia, a preguiça, a dependência (diante do terapeuta, que se toma por um guia espiritual, como também ocorre com muitas pessoas que trabalham na área do crescimento ou desenvolvimento pessoal), a fuga e a irresponsabilidade são algo natural.

As forças das trevas

Antes de irmos mais longe, acho necessário explicar o que entendo por "forças das trevas", "forças negras" ou ainda "o mal".

O que é o mal? Em toda forma de criatividade, há resíduos, dejetos: esse é o mal. Se você quer esculpir aquela estátua que visualizou, sem dúvida você a verá "perfeita", tal como deseja executá-la. Esse é o bem em estado puro. Depois, você faz a sua escultura. Produzem-se necessariamente dejetos: esse é o mal.

Você pode imaginar que existe um mundo espiritual constituído unicamente do bem em estado puro; mas, quando ele se manifesta no mundo material, o próprio ato da manifestação produz resíduos: o mal. Pode-se deduzir daí que o mal é inevitável em toda obra de criação. **Desde quando foi criado o bem, surgiu o mal**.

Podemos considerar o mal a partir de outro ponto de vista: um obstáculo. O mal é um obstáculo necessário para a evolução do ser humano. Nesse sentido, é preciso imaginar o mal da mesma maneira pela qual imaginamos todos os desafios, todas as provações e todos os obstáculos que se levantam diante de nós ao longo da nossa evolução.

Se o ser humano nunca se defrontasse com o mal, sua existência logo se tornaria monótona — porque nada aconteceria — e sua evolução seria muito lenta. É o mal que dá tempero à vida, que lhe permite ser aventurosa, cheia de surpresas; é o mal que dá a você a oportunidade de se ultrapassar, de se transcender.

O mal cria o herói. O mal permite que o indivíduo experimente a coragem, a força do coração da qual ele tem necessidade para vencer todos os desafios.

Na nossa época, o indivíduo não pode evoluir a menos que enfrente o mal. E isso ocorrerá cada vez mais no futuro, porque o mal é o motor da evolução. Esse mal não deve ser "integrado", mas sim transformado; caso contrário, ele detém a evolução do indivíduo e até mesmo a da humanidade.

Podemos ainda considerar o mal sob outro aspecto: o de um bem que se torna mal. Já expliquei esse aspecto quando falei de uma coisa boa, numa época passada, que se torna uma coisa ruim nas épocas posteriores.

Se você aceita o fato de que o indivíduo e a humanidade como um todo progridem de época em época, você admitirá então que uma maneira de viver ou de evoluir associada a uma época passada pode não ser adequada ao ser humano dos dias de hoje. Nessa óptica, pode-se dizer que um mal é um bem agora deslocado.

Procure exemplos desses diferentes pontos de vista sobre o mal, para se familiarizar com eles.

Para o indivíduo do nosso tempo, é imensamente importante conhecer o mal: tornou-se vital conhecê-lo. Ora, todos os conhecimentos materialistas o ignoram. Acho que nunca houve uma civilização tão mergulhada na ignorância e no torpor como a nossa. Já é hora de o ser humano formar uma idéia clara do mal, para poder combatê-lo (explicarei como deve ser esse combate no final deste capítulo).

Relembro os três grandes aspectos do mal:

- O mal representa os dejetos de toda criação;
- O mal é um obstáculo necessário à evolução;
- O mal é um bem agora deslocado.

O mal, portanto, é uma energia ao mesmo tempo inevitável e necessária para o ser humano; este deve aprender a administrar o mal, sob pena de ser engolido por ele.

Como essa energia do mal se manifesta? O mal se manifesta na dualidade. Cada vez que estamos na dualidade, estamos no mal. **O bem é a trindade.**

Veja como funciona a sociedade. Por todo lado existe dualidade: a religião fala do paraíso e do inferno; a política fala de direita e esquerda (ou de outras dualidades); a economia fala de oferta e demanda, etc. Em todas as áreas da atividade humana, vemos apenas coisas sob a forma de dualidade: essa é a manifestação do mal.

Nosso mundo terrestre tem três dimensões: ele é um mundo trinitário. Para viver corretamente neste mundo, de acordo com o bem, é preciso sempre partir de um ponto de vista trinitário.

O mal, portanto, é dual. Vamos tentar demonstrá-lo. Há duas forças do mal que se expressam na Terra: a força luciferiana e a força ahrimaniana. Você pode dar a elas outros nomes, isso não importa. O essencial é que você as defina claramente e as identifique em todos os setores da sua vida.

1) A **força luciferiana** é de natureza lunar (uma Lua "negativa", para os astrólogos). Ela se expressa impelindo o indivíduo a "planar", a fugir da realidade, a se exaltar, a satisfazer todos os seus desejos egoístas, a permanecer criança (infantilismo, irresponsabilidade, necessidade de ser carregado, dependências de todo tipo), a desenvolver uma afetividade imatura, a fugir no sonho (toda espécie de drogas, mediunidade, canalização, queda de paraísos artificiais); ela o impele à tendência a ser perder nos outros (egoísmo: ele invade os outros ou se deixa invadir; falso altruísmo). Tudo isso representa o mal luciferiano.

2) A **força ahrimaniana** é de natureza saturnina (um Saturno "negativo", para os astrólogos). Ela se expressa impelindo o indivíduo a se interessar exclusivamente pela matéria, pelo mundo exterior. Ela o "corta" do mundo espiritual, ela divide tudo, analisa tudo, compartimenta tudo, especializa tudo (basta ver o desenvolvimento moderno de todas as ciências). Ela tende a enrijecer, paralisar e fixar a forma (recusa da mudança e da maleabilidade); ela faz o indivíduo "rastejar" em suas obrigações materiais, ela o "robotiza", o "mecaniza"; ela desenvolve um intelecto frio; fortalece a parte instintiva ou animal (sob o pretexto de retorno à natureza); torna o indivíduo egocêntrico (rejeitando os outros e buscando ser o "chefe" de algum grupo), asceta e misantropo; ela impele o indivíduo à manipulação. Tudo isso representa o mal ahrimaniano.

Essas forças das trevas foram constituídas pelas entidades espirituais que "caíram", nas diversas épocas da história da humanidade. Seria fastidioso indicar todas as etapas (mencionei algumas delas em meus livros anteriores, *Chercheur d'Éternité* e *L'Animal Intérieur*).

O chefe das entidades luciferianas é aquele a quem chamamos de Lúcifer, ou Diabo; sua arma principal é o desejo egoísta. O chefe das entidades ahrimanianas é o chamado Ahriman, ou Satã; sua arma principal é a mentira (ou a ilusão — isto é, "pensar ao inverso" — ou ainda o pensamento materialista ou morto).

Essas entidades espirituais "caíram" por orgulho e estão "fora" do plano divino. Seu erro as condenou a nunca poder evoluir, o que lhes criou muito sofrimento. Não podendo mais evoluir, elas procuram agir através dos seres humanos, o que talvez lhes dê a ilusão de estarem evoluindo apesar de tudo.

Portanto, o objetivo dessas entidades é manipular os seres humanos para se realizar através deles. Elas são extremamente inteligentes, muito mais que o ser humano. A única arma do ser humano é a autoconsciência, que lhe permite transformar o mal em bem. E essa é também a única chance verdadeira das entidades negras: alcançar a redenção graças aos seres humanos.

Cada vez que o indivíduo aceita confrontar-se com o mal, ver o mal face a face e lutar para transformá-lo em bem, ele salva uma entidade negra, que se redime graças a ele. É aí que reside a grandeza do ser humano, capaz de libertar entidades espirituais que são mais evoluídas do que ele próprio.

3) Quanto à **força crística**, ela é de natureza solar. Ela é a terceira força que experimentamos nesta Terra: a força do Bem. Essa designação, no entanto, não tem nada a ver com a da religião católica. A energia crística é universal; ela não leva em conta crenças e raças. A energia de Cristo está disponível para todos aqueles que anseiam ligar-se a ela, quaisquer que sejam suas religiões e suas crenças. O cristianismo autêntico não é uma religião: é a Luz que brilha para todos; é o conhecimento espiritual ao qual cada um de nós pode ter acesso através da ciência iniciática.

A energia crística está no meio das duas outras energias: entre as duas forças do mal está o bem, ponto de equilíbrio precário mas também ponto de consciência, de auto-revelação e criatividade.

Ligar-se a Cristo é envolver-se no confronto com o mal permanecendo nesse ponto de equilíbrio que é o coração, para se tornar autoconsciente, transformar o mal em bem e ser um criador.

A EVOLUÇÃO DA INTELIGÊNCIA

Apesar dos terríveis erros cometidos pela ciência materialista e pela psicologia, o indivíduo desenvolveu uma inteligência própria. Essa é certamente a única grande vitória desses últimos séculos, quando o ser humano foi se afundando em pântanos extremamente viscosos, em nome do chamado progresso, da civilização do lucro (do crédito e do endividamento) e da felicidade materialista, uma civilização que foi calcada, no século XX, sobre os ideais nazistas.

Contudo, ergue-se dessa civilização — que fez de tudo para tornar o indivíduo irresponsável, dependente, preguiçoso e irrealista — uma inteligência humana que não depende mais das entidades espirituais.

Antes da vinda de Cristo, o ser humano não dispunha de um pensamento individual. Os pensamentos lhe eram inspirados pelas entidades espirituais. Foi somente a partir da época da vinda de Cristo que as entidades espirituais começaram a se libertar dessa tarefa de administrar o pensamento humano.

Nos séculos seguintes, o ser humano desenvolveu um pensamento individual (a partir dos séculos VIII e IX). Depois, a partir dos séculos XV e XVI, quando estava totalmente apartado do mundo espiritual, ele pôde começar a tomar consciência de si mesmo. Desenvolveu uma inteligência própria, sem laços com o mundo espiritual. Seus frutos são as ciências materialistas que conhecemos, as quais acabaram levando à nossa atual sociedade do progresso e do lucro.

Apesar de tudo, era necessário que o ser humano desenvolvesse uma inteligência humana e individual. Agora que isso está feito, é chegada a hora de o ser humano se reconectar ao mundo espiritual para que sua inteligência seja preenchida de sabedoria graças a uma colaboração criadora com as entidades espirituais.

A questão, agora, é saber se o ser humano terá maturidade suficiente para voltar-se humildemente para o mundo espiritual e pedir ajuda. Se ele não o fizer, a humanidade deixará de evoluir, porque estará nas mãos das forças das trevas.

O drama é que o Homem não controla essa inteligência; se o Homem não remediar essa situação, sua inteligência desprovida de sabedoria espiritual o levará diretamente para o abismo.

A "ESPIRITOFOBIA" OU MEDO DO MUNDO ESPIRITUAL

O que é "espiritofobia"? É o medo do mundo espiritual. Hoje em dia, a maioria das pessoas vive deprimida por causa desse medo. Você pode perceber isso com ajuda do que apresentei acima.

Se o ser humano foi apartado do mundo espiritual há vários séculos, podemos compreender que ele não o conhece mais e nem mesmo está seguro de sua existência. Contudo, é lá que ele passa todas as suas noites, sem contar os seus "entre duas vidas".

Mas o indivíduo baseia seus conhecimentos naquilo que aprendeu nas escolas e universidades, onde professores corrompidos pelo materialismo e rebelados contra Deus Pai lhe falam de tudo, exceto do mundo espiritual.

O Homem não tem mais uma resposta concreta para os grandes mistérios da existência. De onde vem? Por que está aqui? Para onde vai? Ninguém é capaz de lhe dar uma resposta: nem os cientistas, nem os psicólogos, nem os filósofos modernos. E então o ser humano tem medo do desconhecido; ele sofre de insegurança. Sem conhecer mais o mundo espiritual, ele lhe tem medo. O Homem tem uma tendência a rejeitar tudo o que seja espiritual, porque representa para ele o desconhecido. Para se proteger desse medo, ele tenta se convencer de que tudo isso não passa de superstição, de que o Homem é muito mais inteligente hoje do que no passado, de que ele conhece tudo ou quase tudo. Mas, lá no fundo de si mesmo, o indivíduo sabe muito bem que isso soa falso. Ele mente para si mesmo porque, no seu foro íntimo, ele sabe muito bem que é desenraizado; seu verdadeiro mundo é o mundo espiritual, mesmo que ele tente esquecer de todas as maneiras essa realidade.

Isso provoca um conflito interior. Na verdade, como a vida provém do mundo espiritual, se o ser humano se aparta dele, está ao mesmo tempo se apartando da vida. Não tem mais gosto para nada, vive como um robô, como um zumbi mergulhado num torpor inominável. Ele não vive, ele sobrevive.

O ser humano dos dias de hoje não tem mais um ideal espiritual pelo qual aspirar a fim de se elevar acima de sua cinzenta paisagem cotidiana. Não causa surpresa que haja tantos suicídios e depressões. É a conexão com o mundo espiritual e com sua alma que permite ao indivíduo perseguir um ideal, uma meta de vida, perceber o que lhe cabe fazer nesta Terra. As pessoas não sabem o que têm a fazer nesta Terra — eis aí uma coisa que sempre me espantou. Acho muito triste ver pessoas que não conhecem a razão de sua estada na Terra e acreditam que estar aqui é fruto do acaso. É verdade que nossa sociedade, cientistas e psicólogos à frente, lhes ensina que a humanidade nasceu por um acidente e que cada indivíduo vive apenas uma vez. Programinha medíocre! É realmente caso de suicídio! A realidade é bem outra, e está na hora de o ser humano redescobri-la.

Se você estudar o funcionamento global da sociedade ocidental, constatará certamente que tudo é feito para que o ser humano viva com medo. Temos aí um paradoxo: dizem-nos que a meta a ser alcançada é a felicidade e, ao mesmo tempo, fazem-nos viver com medo.

Observe a manipulação que se oculta por trás das informações dadas pelos jornais e pela televisão: somos constantemente bombardeados com notícias catastróficas. É preciso realmente ser inconsciente ou masoquista para continuar confiando nos meios de comunicação!

É como se quisessem programar nossos genes com o medo. Deixe-se contaminar, se é isso que você quer, mas eu lhe digo que isso conduz diretamente àquela doença que chamo de "espiritofobia".

Quando acrescentamos as guerras, as revoluções, o terrorismo, o medo sectário, o racismo, as profecias catastróficas (fim do mundo, etc.), a violência urbana, percebemos que vivemos num mundo que procura manter as pessoas num estado de medo.

Qualquer pessoa poderá fazer essa constatação se for honesta consigo mesma e tiver um mínimo de discernimento. Essa constatação levanta ao menos duas questões: Quem se beneficia disso? Por que manter as pessoas num estado de medo?

Responder a essas duas perguntas nos permite frustrar os planos das forças das trevas e compreender um pouco melhor porque nossa sociedade funciona assim.

Cada indivíduo tem a escolha, em sua alma e consciência, de continuar sofrendo essa manipulação, por covardia, preguiça ou irresponsabilidade, ou de decidir livremente combater pela luz, pela evolução da humanidade.

Amigo leitor, eu desejo aqui tirar você da equivocada consciência da ignorância. A boa-fé não é desculpa para a ignorância. Conhecer a verdade faz com que seja indesculpável a não utilização do seu livre-arbítrio.

Vejamos de início a primeira pergunta: Quem se beneficia com esse estado de coisas? Eu sempre digo aos meus alunos para fazerem a si mesmos esta pergunta: Quem lucra com o crime? Quando a pessoa se sente impelida a cometer esse ou aquele ato, ela deve se interrogar, nesse sentido, para identificar o culpado. Esse culpado pode ser o nosso ego, alguma entidade "negra" que tenta nos influenciar ou ainda outra pessoa influente em nossa vida e a quem queremos agradar, etc.

Agir sem saber as razões de seus atos revela o torpor em que a pessoa vive. É um infantilismo. Mas, o que é infantilismo? É o fato de rejeitar toda forma de responsabilidade, recusar fazer escolhas ou tomar decisões (a pessoa sempre se arranja para que alguém faça a escolha por ela, para que alguém a aconselhe, alguém a aprove; dessa maneira, ela nunca é responsável pelo que lhe acontece); é a necessidade de ser escorado pela família, pelo parceiro ou pela sociedade (seguro-desemprego, previdência social); é recusar a autonomia e a individualização; é sempre proclamar: "Não fui eu, foi ele!" Em resumo, é recusar a evolução e fazer o mal. O oposto dessa atitude — ou seja, o bem — é a responsabilidade e o serviço à humanidade.

Quem lucra com esse medo? As forças negras, nocivas a Cristo e ao Seu retorno, que tentam impedir a humanidade de prosseguir em sua evolução. Para melhor compreendermos esse fenômeno, devo assinalar duas coisas:

— Primeiro, quando o ser humano desenvolveu um pensamento individual, a partir da Idade Média, as entidades negras foram autorizadas a utilizar esse pensamento humano. Assim, quando uma pessoa deixa seu pensamento à deriva, sem dirigi-lo, ele é recuperado por uma entidade negra que manipula essa pessoa e pensa em seu lugar. Você nunca teve a impressão de fazer coisas que se sentia impelido a fazer sem realmente desejar?

— Em segundo lugar, quando o ser humano se tornou autoconsciente, a partir dos séculos XV e XVI, ele dispôs de uma energia suplementar que foi se amplificando gradativamente no decorrer dos séculos, no nível da sua vontade; essa energia ele devia utilizar para a criatividade, graças à sua evolução espiritual. Infelizmente, o tempo passou e os seres humanos não utilizaram essa energia adicional outorgada pelas entidades espirituais; o resultado foi que essa energia adicional foi desperdiçada em todo tipo de invenções, servindo ao conforto egoísta e a objetivos exclusivamente materialistas.

Em muitas pessoas, essa energia adicional se dispersou numa corrida louca atrás de todos os desejos. Podemos facilmente observar esse fato na nossa sociedade, com pessoas que passam seu tempo correndo e dilapidando suas energias de todos os modos (o "mercado" do lazer, as férias, as viagens, etc.). Também aí, evidentemente, as entidades negras recuperam parte dessa energia e se servem dela para manipular o ser humano.

Essas entidades negras procuram manter o ser humano num estado de medo, para enfraquecê-lo. Quando o indivíduo está enfraquecido, ele não consegue utilizar seu livre-arbítrio e tomar decisões. Tampouco está apto a seguir uma evolução espiritual que exige muita coragem. Então o indivíduo se abandona a um doce torpor e se entrega nas mãos das entidades negras que "sugam" sua energia (temos aí o mito do vampiro, que corresponde a uma trágica realidade).

Vejamos agora a segunda pergunta: Por que manter as pessoas num estado de medo? Aparentemente já respondi a essa pergunta. Mas há um fator espiritual que nos permite ser mais exatos quanto a este assunto.

O Kali-Yuga, ou Idade das Trevas, terminou em 1899, depois de ter durado cinco mil anos. Seu objetivo era fazer o ser humano perder sua capacidade de clarividência, de sonho, e levá-lo a obter um pensamento individual e a capacidade de tomar consciência de si mesmo. Assim, de dependente que era — para seu próprio bem — das entidades espirituais antes do Kali-Yuga, o ser humano tornou-se autônomo depois do Kali-Yuga. Esse, em todo caso, era o plano divino.

A dificuldade para seu êxito residia em dois pontos:

- Será que o ser humano aceitaria tornar-se autônomo e responsável por sua evolução? Será que ele quer tomar conta de si mesmo? Por ora, esse ainda não é o caso.

- As entidades negras se atravessam nesse plano e tentam tomar o lugar das entidades luminosas. De fato, elas se apoderam dos seres humanos que não querem se tornar autônomos e responsáveis por sua própria evolução. Isso, infelizmente, é o que ocorre com a maioria das pessoas hoje em dia; elas recusam a evolução espiritual e são manipuladas, como marionetes, pelas entidades negras. Esses indivíduos pertencem a todas as camadas da sociedade. Eles vivem numa profunda inconsciência, numa espécie de torpor. De tempos em tempos, são invadidos por uma entidade negra que age através deles. (Temos aí o mito dos extraterrestres que "invadem" o corpo de seres humanos; isso também corresponde a uma realidade, como a dos vampiros, mas não é a mesma realidade em que acreditam esses extravagantes fãs de OVNIs!)

Mesmo que, de um ponto de vista espiritual, a era materialista tenha sido necessária para que o indivíduo tome consciência de si mesmo e desenvolva uma inteligência humana própria, hoje é preciso que nos dissociemos dela. Se o ser humano continuar dominado pela civilização materialista, ele continuará preguiçoso e irresponsável e será manipulado pelas entidades negras. É hora, portanto, de ligar-se livremente ao mundo espiritual e às entidades espirituais que trabalham pelo retorno de Cristo. É aí que está a única salvação da humanidade.

Mas por que é fundamental, hoje em dia, que o indivíduo se ligue ao mundo espiritual? É isso que nos permitirá responder com exatidão à segunda pergunta: Por que manter as pessoas num estado de medo?

O Kali-Yuga terminou em 1899 e a humanidade entrou, no ano de 1900, na Era da Luz ou era da consciência iluminada, a qual durará dois mil e quinhentos anos. Esse novo período terminará no início da Era de Capricórnio, com a vinda do grande Iniciado que os orientais denominam Maitréia, o futuro Buda.

Na verdade, a cada cinco mil anos, um buda vem plantar a semente de uma virtude na humanidade. O último, e o único que é conhecido do público em geral, o Buda Gautama, encarnou como grande Iniciado no ano de 623 a.C.; ele alcançou o estado de *buda*[4] aos 29 anos de idade (portanto, em 594 a.C.). O Buda Gautama deu à humanidade a qualidade da compaixão (a capacidade de se deixar tocar pelo sofrimento dos outros, a ponto de querer ajudá-los). Desde então, um outro Iniciado se prepara para tornar-se um buda, mas isso só será possível cinco mil anos depois da passagem do Buda Gautama. Portanto, ainda teremos de esperar dois mil e quinhentos anos para vê-lo aparecer na qualidade de Buda Maitréia. Ele trará à humanidade a qualidade da "expressão do bem através da palavra".[5]

Esse grande Iniciado encarnou mais ou menos um século antes da Era Cristã, numa comunidade essênia, sob o nome de Jeshua Ben Pandira, para ali anunciar a vinda de Cristo e de um grande profeta (João Batista). Ele também reencarnou bem no início do século XX, para preparar o retorno de Cristo. Atualmente, ele está no mundo espiritual já há alguns anos, onde prepara sua tarefa futura. Ele provavelmente reencarnará dentro de alguns séculos, no final de Era de Aquário, quando a sociedade materialista já terá desaparecido.

Portanto, estamos na Era da Luz desde 1900 e nela permaneceremos ainda por dois mil e quinhentos anos.

---

4. A palavra "Buda" não é um nome próprio: denota um estado de ser. Na linguagem clássica da Índia, significa "o Iluminado" ou "o Despertado", o estado de quem tem conhecimento direto da verdadeira natureza das coisas. (N.T.)
5. Maitréia significa "amistoso" ou "bondoso". (N.T.)

O que caracterizará esse novo período da história da evolução humana é o retorno de Cristo no mundo etérico. (Falarei mais detalhadamente sobre a segunda vinda de Cristo nos próximos capítulos.) Eu gostaria agora de apresentar, para a questão aqui tratada, um dos aspectos desse retorno de Cristo: a separação do corpo etérico do corpo físico.

O materialismo contribuiu para aprisionar o corpo etérico no corpo físico. Nos últimos quatro séculos, o ser humano desenvolveu um pensamento voltado exclusivamente para a matéria. Esse pensamento dependente da matéria é um pensamento morto, porque a matéria está condenada a morrer.

Usemos o corpo físico como apoio para uma melhor compreensão desse ponto. O corpo físico representa a matéria. Ora, ele está fadado à morte e à destruição. Se o indivíduo pensa apenas no seu corpo físico, também seus pensamentos estarão condenados à morte.

Por definição, todo pensamento "colado" a alguma coisa perecível, como o corpo físico, é um pensamento morto. Ora, toda a ciência moderna estuda somente o que é perecível ou morto. Portanto, ela só gera pensamentos mortos.

Os pensamentos do ser humano provêm do seu próprio interior (corpo mental); eles atravessam seus corpos astral e etérico para chegar até a matéria, até aquilo que é perecível (ver Ilustração 11).

Esse pensamento, que sempre se dirige para o exterior do indivíduo, impele os corpos astral e etérico para o corpo físico e, além de enfraquecê-los, torna os corpos astral e etérico dependentes do corpo físico.

- O pensamento morto, impelindo o corpo astral para o corpo físico, produz uma acentuação da importância dos sentidos, o que leva, por exemplo, à exaltação, ao fato de a pessoa estar fora de si mesma. Quanto mais ela pensa de uma maneira materialista, tanto mais ela excita seus sentidos, tanto mais ela sai de si mesma e tanto mais ela perde a consciência de si numa agitação desenfreada e egoísta.
- O pensamento morto, impelindo o corpo etérico para o corpo físico, produz um enfraquecimento da vontade e da consciência, bem como um enrijecimento e estreiteza de espírito aos quais se juntam a inércia, o medo e a irresponsabilidade.

Por fim, a pessoa chega a essa doença do corpo etérico que eu chamo de "espiritofobia" — o medo do mundo espiritual e de tudo aquilo que está ligado a ele (pode-se também qualificar essa doença como medo da transformação).

Um dos aspectos do retorno de Cristo é o fato de que, pouco a pouco, o corpo etérico vai se desligando do corpo físico, tornando-se menos prisioneiro dele.

O pensamento morto (voltado para o exterior) impele o corpo etérico contra o corpo físico:

O pensamento vivo (voltado para o interior) ajuda o corpo etérico a se descolar do corpo físico:

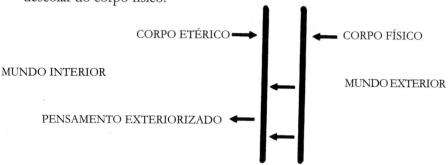

Ilustração 11: Do pensamento morto ao pensamento vivo

Se o indivíduo desenvolve um pensamento voltado para o mundo espiritual, ou seja, para aquilo que é vivo, eterno, divino, ele vai ajudar esse processo porque seu pensamento lançará os diferentes corpos no outro sentido: para o interior e não para o exterior, no caso do pensamento materialista.

Um pensamento ligado ao mundo espiritual ajuda a interiorizar e imobilizar o corpo astral, que se desliga dos sentidos. Também ajuda o corpo etérico a se desligar do corpo físico e reencontrar toda a sua força. Daí resulta uma "percepção" de coragem ou força interior, de amor no coração, de segurança interior e o senso de responsabilidade.

Normalmente, sob o impulso do retorno de Cristo no mundo etérico desde os anos 30 deste século, o corpo etérico deveria ter começado a se desligar. Contudo, isso não aconteceu. É preciso trabalhar muito sobre o eu para alcançarmos esse resultado. Por que ele não ocorreu? Muito simplesmente porque as entidades negras fizeram de tudo, durante os últimos sessenta anos, para manter a humanidade no medo. Olhando o que vem acontecendo desde os anos 30 deste século, ficamos espantados com a engenhosidade dessas entidades. Nenhuma civilização viveu tantas guerras, revoluções e manifestações de violência como a nossa, durante o século XX. Nada melhor para conservar o medo.

Qual é o principal sintoma produzido pelo medo? O indivíduo mostra uma tendência para se fechar em si mesmo, contrair-se. O corpo físico endurece, enrijece e, assim fazendo, aprisiona o corpo etérico que perde toda chance de se libertar.

Eis como as forças negras agem para retardar, ou mesmo tentar deter a evolução da humanidade sem que ninguém (ou quase ninguém!) o perceba.

À pergunta *Por que manter as pessoas no medo?*, eu respondo: para manter o corpo etérico aprisionado no corpo físico. Isso compromete as chances da humanidade de seguir para a próxima etapa de sua evolução: a eterização do corpo físico.

A TRANSFORMAÇÃO DO MAL EM BEM

Como curar a "espiritofobia"? Primeiro, é preciso identificar essa doença moderna. Os médicos não a conhecem, mas ela apresenta sintomas que o mundo todo conhece, dos quais o principal é o ateísmo ou a negação de Deus (o Pai).

O ateísmo é uma doença da vontade, que toca o corpo etérico e interage com o corpo físico. Daí resultam a irresponsabilidade, a separação, a divisão, a indecisão e o materialismo, levando à preguiça e à inércia. No fim da linha, temos o medo e a insegurança.

Se à negação do Pai acrescentamos a negação do Filho, Cristo, o resultado é uma doença do sentimento que se traduz pela fraqueza moral (covardia ou traição, por exemplo) e pela manipulação (de si pelos outros ou de si sobre os outros). Se acrescentamos também a negação do Espírito Santo, o resultado é a ignorância, a apatia intelectual, o torpor e a incompreensão.

A "espiritofobia" tende a enrijecer os corpos físico e etérico, provocando problemas de circulação sangüínea e distúrbios cardiovasculares. Ela traz um grande nervosismo e provoca o *stress*, que deteriora e fragiliza o sistema nervoso. Acaba desencadeando a neurose, por intermédio do corpo astral.

Nos casos extremos, a "espiritofobia" produz todos os tipos de degenerações precoces, paralisias e escleroses. A "espiritofobia" é certamente uma das mais graves doenças que existem, tanto mais grave porque a medicina não a reconhece. O problema mais grave é sempre a ignorância.

Como remediar a situação? **Como a "espiritofobia" é o medo do mundo espiritual, pode-se dizer que a cura direta passa pelo conhecimento do mundo espiritual.** A cura verdadeira, portanto, só será alcançada quando a pessoa se dedicar ao caminho espiritual.

De uma maneira mais geral, saiba que o que cria o medo é a ignorância. Se você é capaz de identificar um medo, a energia negativa dele desaparece; no lugar do medo, você sente a força interior que lhe permitirá fazer frente ao mal.

A primeira escolha que você precisa fazer, portanto, é a de identificar seus medos, conhecê-los de maneira exata. O pior, nesse caso, é você não querer ver seus medos, ou seja, o mal dentro de si mesmo: é isso que provoca o medo! Não querer ver o mal dentro de si é uma reação infantil, mantida, é verdade, pela educação e pelo funcionamento da nossa sociedade.

Se você aceita ver o mal dentro de si, o medo desaparecerá; você se sentirá responsável por esse mal e se dedicará a combatê-lo. Enquanto a pessoa não quer ver o mal dentro de si, ela se conduz de modo irresponsável e infantil, esperando por um salvador externo que venha consertar o problema para ela, sem que ela precise fazer qualquer esforço nesse sentido. A humanidade sofre dessa covardia.

Para vencer a "espiritofobia", é preciso começar aceitando ver o mal dentro de si e no exterior (no mundo). As pessoas que só querem ver o bem (os adeptos do pensamento positivo, por exemplo) são os maiores irresponsáveis que existem. Elas contribuem, embora inconscientemente, para a destruição de toda dignidade em si mesmas e na humanidade. Esse processo acaba por torná-las infra-humanas.

Vejamos o caminho a seguir para transformar o mal em bem.

A interiorização:

A primeira etapa consiste, como acabamos de ver, em aceitar ver o mal face a face. É preciso identificá-lo, defini-lo. Essa primeira etapa esvazia a energia do medo.

Para ter sucesso nessa primeira fase, é preciso ter tomado prévia consciência do mal, o que exige um mínimo de autoconsciência. Isso equivale a dizer que um indivíduo que nunca empreendeu uma busca espiritual de autoconhecimento não passará sequer desse primeiro degrau que conduz à transformação do mal em bem.

Praticamente, para ter sucesso nessa primeira etapa, você **precisa se interiorizar em seu corpo etérico** (a técnica a ser utilizada foi explicada no capítulo anterior), colocando sua consciência no chakra do coração, que é o órgão da transformação.

No final dessa primeira fase, você está interiorizado em seu coração etérico. Você tem a firme intenção de transformar o mal em bem, e tem consciência desse mal que deseja transformar. O medo o abandonou, graças à interiorização em seu corpo etérico, que lhe permitiu dar um passo atrás, afastar-se do medo.

A concentração:

A segunda etapa consiste em concentrar toda a sua energia em seu coração, para sentir que você se afasta do mal, separa-se dele a fim de melhor vê-lo, melhor o discernir e melhor o avaliar. Você pode pedir auxílio ao Cristo dentro de si. No final dessa fase, **você deverá sentir sua força interior de transformação**. Quanto mais você identifica o mal com precisão tanto mais você sente sua força interior, sua coragem no coração. E então você se dedica a transformar esse mal em bem, aconteça o que acontecer.

A imobilização:

A terceira etapa consiste em se imobilizar interiormente (silêncio interior) e **decidir livremente combater esse mal**, resistir a ele por todos os meios possíveis e dele se libertar. Você pode pedir auxílio a Miguel, a entidade espiritual que encarna a liberdade e a vitória sobre o mal. A imobilização interior permite que você se desembarace da forma desse mal, passe além dele, o transforme (você compreenderá melhor o fenômeno quando eu der os exemplos, logo adiante).

A transformação:

A quarta etapa consiste em determinar o bem que está oposto ao mal que você quer transformar. Peça então auxílio à divina Sofia, que representa a Sabedoria do mundo espiritual, para ser inspirado e para **determinar qual bem você deve criar** em troca do mal que será transformado. Desse modo, associa-se a inteligência humana à sabedoria do mundo espiritual para fazer a obra criativa: transformar o mal em bem. Pois trata-se da energia do mal que é transformada e utilizada para criar o bem: é uma transferência de energia, sentida como uma "pequena morte". Definimos com a maior exatidão possível como a criação do bem deve se realizar (tanto interior como exteriormente). Dedicamo-nos a manifestar as mudanças exteriores e resistimos aos antigos comportamentos que correspondem ao mal.

> **Resumindo**: Você deve se interiorizar em seu corpo etérico, depois dar prova de discernimento para ver o mal face a face (estudar seus comportamentos quando o mal se manifesta, o que exige coragem). Em seguida, você deve avaliar o mal, examiná-lo atentamente, medir sua importância,

> sua gravidade, o que lhe dará vontade de resistir a ele, combatê-lo (você sente então a força do seu "Eu" em seu coração). Enfim, você toma consciência de que esse mal o impede de fazer esse ou aquele tipo de bem. Você então se dedica a criar esse bem, utilizando a energia que antes punha no mal. Desvitalizar o mal permite que você se reunifique (recupere a energia que antes punha no mal) e crie o bem. É a força de transformação do chakra do coração que permite esse trabalho de alquimia.

A autoconsciência, a individualização e a coragem do coração permitem transformar o mal em bem. Quando você não está consciente de si mesmo, não pode sequer ver o mal (nem dentro de si nem no mundo exterior) porque você se confunde com o mal. Se alguém, mais consciente do que nós, nos indica um mal que está dentro de nós, tentaremos combater esse mal, mas tudo o que faremos será fortalecer esse mal, porque estaremos identificados com ele. Nesse caso, o que se deve fazer não é combater o mal, mas tentar não pensar mais nele e elevar-se acima dele através de pensamentos luminosos.

Quando a pessoa está bem consciente de si mesma, quando ela pôde fortalecer seu "Eu" através do trabalho espiritual e o "Eu" tornou-se suficientemente forte para permanecer concentrado e imóvel no coração, ela pode ver o mal e afastar-se dele, separar-se dele, graças à interiorização. É a força interior, a coragem do coração, que lhe permite permanecer desligada do mal. É somente a partir daí que se poderá definir precisamente o mal e, em contrapartida, ver o bem a ser criado. **É importante você tomar consciência de que o mal o impede de desenvolver o bem dentro de si. Todo mal bloqueia a revelação de um bem.** Que esta seja a sua motivação para combater o mal e transformá-lo em bem.

A consciência de si (força interior, conexão com o mundo espiritual e com sua Alma, separação construtiva do mundo exterior para se individualizar) desemboca na criatividade (transformar o mal em bem). Essa criatividade é o resultado da colaboração entre o pensamento individual do ser humano e a sabedoria do mundo espiritual (por intermédio de sua conexão consciente com sua Alma). A conseqüência é uma manifestação dessa criatividade no mundo exterior, o que nos permite um olhar diferente sobre este, um olhar mais espiritual, marcado pela bondade e compaixão.

Para encerrar este capítulo, eu gostaria de apresentar uma versão simplificada e prática da luta contra o mal. Estou bem ciente de que este capítulo apresenta conhecimentos de difícil assimilação. Mais uma vez, peço que o leitor dê prova de um pouco de coragem. Estes conhecimentos não são adquiridos sem esforço. A coragem, a paciência e a perseverança são qualidades necessárias para a evolução espiritual.

Mesmo que, nos nossos dias, o confronto com o mal seja o único meio de evoluirmos num caminho espiritual, esse fato ainda é pouco conhecido (adivinhe quem lucra com isso), mas é nele que está o ensinamento do cristianismo autêntico. É o ensinamento que eu vivo e que eu transmito. É o ensinamento que recebo diretamente de Cristo e de Seus discípulos.

Nos próximos capítulos, você vai ler sobre o papel desempenhado por Miguel e Sofia na evolução da humanidade. E isso ajudará você a compreender melhor a necessidade de combater o mal.

O COMBATE CONTRA O MAL: EXEMPLOS

Eu lhe apresento agora três exemplos de combates contra o mal. Eles são uma versão simplificada do que apresentei acima. Desse modo, você terá uma idéia da maneira pela qual meus alunos se confrontam com o mal a fim de evoluir.

O mal a ser combatido: a dependência

1) A interiorização:

O aspirante se interioriza em seu corpo etérico e pede auxílio ao Cristo em seu coração para se libertar da dependência. Reconstitui interiormente seu processo de dependência, para tornar-se plenamente consciente dele enquanto se mantém dele apartado. Vê todos os seus desejos de tomar as rédeas e sua necessidade de controlar e de ser controlado, sua recusa da responsabilidade.

2) O combate:

O aspirante mede e avalia a importância e a gravidade de sua dependência, e pede auxílio a Miguel para resistir a ela. Decide combater esse mal que o incita a buscar uma autoridade para tomar suas decisões em seu lugar, o que o impede de se tornar autônomo. Ele sente sua força interior e se dedica a transformar esse mal chamado dependência. Decide quais esforços serão realizados.

3) A transformação:

O aspirante se imobiliza profundamente dentro de si mesmo e depois pede para perceber o bem que é o oposto da dependência: ou seja, a independência ou a autonomia. Pede auxílio a Sofia para obter uma visão que lhe indicará a maneira pela qual deve criar o bem (com a energia do mal desvitalizada e transformada). Pede para ser inspirado. Contempla a luz (interiormente) para se abrir à intuição. Quando descobre como criar o bem, ele se dedica a manifestá-lo.

Lembre-se de que a fonte de toda dependência é o pensamento cerebral, esse pensamento prisioneiro da matéria e dos sentimentos.

O mal a ser combatido: a relação exclusivista e possessiva

1) A interiorização:

O aspirante se interioriza em seu corpo etérico e pede auxílio ao Cristo em seu coração para se libertar da relação exclusivista ou possessiva. Reconstitui interiormente seu funcionamento nas relações, para tornar-se plenamente consciente dele enquanto se mantém dele apartado. Vê então todas as suas expectativas nos relacionamentos, as quais geram o desejo de exclusividade e as conseqüências daí resultantes.

2) O combate:

O aspirante mede e avalia a importância e a gravidade de seu comportamento egoísta e possessivo nos relacionamentos, e pede auxílio a Miguel para resistir a ele. Decide combater esse mal, que reside nas expectativas que o incitam a estar sempre "tomando para si" e o impedem de dar e compartilhar. Ele sente sua força interior e se dedica a transformar esse mal que é o relacionamento exclusivista. Decide quais esforços serão realizados.

3) A transformação:

O aspirante se imobiliza profundamente dentro de si mesmo e depois pede para perceber o bem que é o oposto do relacionamento exclusivista ou possessivo: ou seja, a relação inclusiva ou o compartilhar. Pede auxílio a Sofia para obter uma visão que lhe indicará a maneira pela qual deve criar o bem (com a energia do mal desvitalizada e transformada) e as etapas que conduzem ao bem. Pede para ser inspirado. Contempla a luz (interiormente) para se abrir à intuição. Quando descobre como criar o bem, ele se dedica a manifestá-lo.

O mal a ser combatido: os laços de sangue

1) A interiorização:

O aspirante se interioriza em seu corpo etérico e pede auxílio ao Cristo em seu coração para se libertar dos laços de sangue. Reconstitui interiormente as circunstâncias de seu apego aos laços consangüíneos, para tornar-se plenamente consciente dele enquanto se mantém dele apartado. Vê todos os comportamentos infantis e irresponsáveis induzidos pelos laços de sangue e todas as expectativas nutridas em presença de sua família.

2) O combate:

O aspirante mede e avalia a importância e a gravidade de seus comportamentos infantis e irresponsáveis, e pede auxílio a Miguel para resistir a eles. Decide combater esse mal do apego à família e da irresponsabilidade, que o impedem de desenvolver a compaixão pela humanidade e cumprir seu papel nesta Terra. Ele sente sua força interior e se dedica a transformar esse mal representado pelos laços consangüíneos. Decide quais esforços serão realizados.

3) A transformação:

O aspirante se imobiliza profundamente dentro de si mesmo e depois pede para perceber o bem que é o oposto dos laços de sangue: ou seja, a fraternidade (os laços no Espírito Santo). Pede auxílio a Sofia para obter uma visão do caminho que parte dos laços consangüíneos e conduz à fraternidade, para criar o bem (com a energia do mal desvitalizada e transformada). Pede para ser inspirado. Contempla a luz (interiormente) para se abrir à intuição. Quando descobre como criar o bem, ele se dedica a manifestá-lo.

Nunca esqueça que a dignidade do ser humano repousa sobre sua coragem diante das provações da vida e sobre o fato de que ele utiliza seu livre-arbítrio e a capacidade transformativa de seu coração.

Capítulo 7

A consciência de si

Mencionei diversas vezes nos capítulos anteriores a noção da "consciência de si". Desejo agora aprofundá-la, porque ela representa o ponto essencial da evolução moderna.

Nos dias de hoje, todo o trabalho do aspirante num caminho espiritual consiste em tornar-se consciente de si mesmo. Qual poderia ser a definição dessa autoconsciência?

Ela é o encontro, no chakra do coração, do "Eu" e da Alma. É a conexão entre o "Eu" do indivíduo e sua Alma, produzindo a consciência de si por intermédio do chakra do coração.

Não se deve confundir a consciência de vigília e a consciência de si. Toda manhã, quando acorda, você recupera sua consciência de vigília. Isso significa que você volta a pensar e a perceber todo tipo de impressões sensoriais. Mas não quer dizer que você está consciente de si mesmo. Estar consciente de si mesmo significa perceber-se interiormente não só enquanto "Eu" único e separado do resto do mundo, mas também como ser espiritual. Significa conhecer-se e sentir sua identidade. Significa compreender a si mesmo enquanto "Eu" e enquanto ser espiritual.

A consciência de si gera uma "percepção" da força interior (o "Eu" que concentra sua energia para perceber sua existência) bem como o sentimento de pertencer a esse Todo que é a humanidade e, além dele, à totalidade do universo dos seres espirituais. A consciência de si também é sentida como uma profunda solidão interior, percebida de maneira positiva. Essa solidão resulta de aceitarmos nossa total responsabilidade ante nosso destino; ela nos permite revelar nossa riqueza interior através da criatividade. A consciência de si nos permite, portanto, ser co-criadores do Universo, ao lado das entidades espirituais com as quais nos ligamos livremente.

Histórico da autoconsciência

Há cerca de cento e cinqüenta milhões de anos, durante a era lemuriana, o ser humano recebeu dos Elohim a dádiva de um "Eu" ou "eu inferior".

Mas foi somente no final da era atlante, há cerca de um milhão e meio de anos, que o ser humano pôde dizer "Eu" ao falar de si mesmo, como o faz hoje em dia qualquer criança de dois anos e meio.

Se isso pôde acontecer foi porque o corpo etérico integrou-se totalmente ao corpo físico: o chakra frontal alinhou-se sobre a glândula pituitária e o chakra da coroa sobre a glândula pineal, o que antes não ocorria. Outrora, a cabeça etérica do indivíduo ultrapassava em muito as dimensões de sua cabeça física. Depois, no final da era atlante, a cabeça etérica ajustou-se à cabeça física; daí resultou que o indivíduo pôde dizer "Eu" ao falar de si mesmo e tomou consciência de si enquanto ser distinto dos outros, como a criança de dois anos e meio nos dias de hoje.

Naquela época longínqua, o "Eu" era ainda pouco individualizado e flutuava em volta da pessoa. Os povos e raças não se misturavam, porque o "Eu" ainda não era suficientemente forte para tanto. Desse modo, durante muito tempo o ser humano ainda se identificou com o povo em cujo seio havia nascido.

O espírito da raça ou do povo era muito poderoso. Foi assim com o povo que preparou a vinda de Cristo e que desejava Lhe proporcionar o corpo físico mais perfeito possível: o povo hebreu.

A preparação para a vinda de Cristo foi, assim, uma preparação para a futura individualização do "Eu", da qual apresento aqui as linhas principais.

Essa preparação começa por volta de vinte e um séculos antes da vinda de Cristo, o que naquela época equivalia a quarenta e duas gerações. O início dessa preparação coincide mais ou menos com os balbucios da Era de Áries. Naquela época, encarnou o grande instrutor da humanidade: Melquisedeque, que era a reencarnação de Noé e mais tarde se tornaria Mani[1] (216-277 d.C.).

Melquisedeque encarnou num corpo etérico específico, que seria o modelo adotado pelo povo hebreu. Depois, todos os corpos etéricos dos hebreus serão calcados sobre o de Melquisedeque. Este irá instruir e iniciar Abraão para que se torne o primeiro condutor do povo hebreu.

Durante toda a Era de Áries, o povo hebreu irá preparar a vinda de Cristo. O Arcanjo do povo hebreu, encarregado de ajudar Cristo a cumprir Sua missão, será ninguém menos que Miguel.

Paralelamente a esses fatos, um grande Iniciado da Loja Solar adota esse povo e, de algum modo, torna-se sua "alma-grupal": é o futuro João Batista, que encarna primeiro sob o nome de Elias (o maior dos profetas hebraicos). Elias/João é o representante da força interior do povo hebreu. É o primeiro ser humano a desenvolver um "Eu" forte e individualizado, e isso constitui

---

[1]. Profeta nascido de nobre família parta e criado numa seita gnóstica da Babilônia. Na época de sua morte, seus ensinamentos já haviam se difundido pelo Império Romano. (N.T.)

uma ação que exige força e habilidade, porque Elias encarnou cerca de nove séculos antes da vinda de Cristo.

Naquela época, o "Eu" era bem pouco individualizado. O ser humano, antes de tudo, reconhecia a si mesmo como fazendo parte de um povo ou de uma comunidade, mas ainda não enquanto indivíduo separado e íntegro, como ocorre hoje em dia.

Chega o momento da Encarnação de Cristo. A vinda à Terra do "Eu" macrocósmico (podemos imaginar Cristo como o "Eu" do nosso sistema evolucionário) agirá sobre o pequeno "Eu" humano. Pouco a pouco, este último vai se interiorizar e se individualizar sob o impulso e o exemplo de seu "grande irmão", Cristo.

Assim, todo o período que cerca a primeira vinda de Cristo representa uma revolução para o funcionamento do ser humano. Eis aqui alguns dos seus principais elementos:

- Seu pensamento se individualiza; entre os quatro ou cinco séculos que precedem a vinda de Cristo e os oito ou nove séculos seguintes, as entidades espirituais — ou Elohim — que geram o pensamento humano ("preenchendo" o ser humano com pensamentos cósmicos), com ajuda dos arcanjos (e principalmente do Arcanjo solar Miguel), pouco a pouco o abandonarão aos seres humanos. Estes últimos deverão aprender a se esforçar para pensar de uma maneira individual; até então, eram as entidades espirituais que lhes inspiravam os pensamentos, também gerando a inteligência, que então não era humana e sim cósmica.
- A partir do século IX, o indivíduo dispõe de um pensamento individual e começa a adquirir uma inteligência humana (que só explodirá realmente muitos séculos mais tarde). São os Principados, entidades espirituais de um nível inferior ao dos Elohim, que se encarregarão de ajudar os seres humanos a pensar por si mesmos. A partir dos séculos XV e XVI, todos os seres humanos serão capazes de pensar individualmente, o que constitui um grande progresso na história da humanidade.
- Seu "Eu" se interioriza e se individualiza: o "Eu" do indivíduo, que antes "flutuava" ao redor dele, agora se interioriza profundamente em seu coração. A interiorização do "Eu" é sentida como um ferimento, sendo simbolizada pelo golpe de lança dado pelo soldado romano Longinus no flanco do Cristo crucificado. São Paulo foi o primeiro a sentir esse ferimento devido à encarnação profunda do "Eu". O que acontece em termos esotéricos?

A vinda de Cristo provoca a interiorização do "Eu" (cuja vestimenta é o mental) na parte superior do corpo astral. Essa parte então diminui para permitir o crescimento do mental e do "Eu". Foi por isso que João Batista disse, falando de Cristo: "É preciso que ele cresça e eu diminua."

Logo, você pode imaginar que o mental e o "Eu" entram poderosamente no corpo astral; este último "abre espaço" para o "Eu" na sua parte superior, enquanto sua parte inferior aumenta, em compensação. Antes da vinda de Cristo, o corpo astral era informe; depois da Encarnação do Verbo, ele assumiu uma forma mais próxima da forma humana: menor em cima e mais volumosa em baixo. Ora, é da maior importância observar que o ferimento causado pela interiorização do "Eu" ficou no inconsciente (na parte inferior do corpo astral, relacionada com o ventre: o golpe de lança no flanco) a fim de poder ser suportado pelo indivíduo. Paulo foi o primeiro a falar dele (como de um dardo que o ferira), mas foi preciso esperar alguns séculos até que cada indivíduo encarnado pudesse sentir verdadeiramente esse ferimento na sua infância (entre o nascimento e os três anos, ou seja, antes de dizer "Eu" pela primeira vez). É a partir do século VII que todos os seres humanos começam a senti-lo. (Para melhor compreensão da infância e do ferimento causado pela encarnação do "Eu", aconselho a leitura do livro de Marie-Pascal Rémy, *Enfance et Spiritualité*, Éditions de Mortagne.)

- Sua maneira de evoluir se transforma: antes da vinda de Cristo, o indivíduo dispõe de um "Eu" que ainda é apenas parcialmente individualizado; o suficiente para dizer "Eu" ao falar de si mesmo, mas não o bastante para se distinguir de seu povo e perceber algo fora deste. Todos os grandes homens que marcaram as épocas precedentes à vinda de Cristo alçaram-se a altos níveis evolucionários graças ao espírito de seus povos. Eles se beneficiaram da alma-grupal de seus povos, que os ajudou a se elevar; não chegaram lá através de um trabalho individual. Eles foram escolhidos, de algum modo, pela alma-grupal do povo no seio do qual encarnaram, para servir de modelos para as massas. Aqueles "super-homens" dispunham, é verdade, das qualidades necessárias para cumprir sua missão, mas foram "levados" pela alma-grupal de seu povo.

Depois da vinda de Cristo, tudo mudou. O "Eu" se interiorizou e o indivíduo, qualquer que fosse o povo no qual havia encarnado, precisava sozinho mostrar o seu valor. Assim, as individualidades que tinham se elevado a altos níveis sociais e espirituais antes de Cristo (entre os hindus, egípcios ou gregos) se encontravam anônimas na massa quando reencarnavam depois da vinda de Cristo. Elas precisavam aprender uma nova maneira de evoluir, mais individual. Alguns se adaptaram mais depressa que outros.

A influência da alma-grupal do povo diminui cada vez mais depois da vinda de Cristo. Cada povo, cada raça dispõe, no mundo espiritual, de um espírito do povo da classe dos Arcanjos, que impregna os corpos etéricos das individualidades encarnadas no seio daquele povo.

É por isso que as pessoas nascidas no seio de um mesmo povo têm certas características em comum, tanto no plano físico como no temperamento.

Com a vinda de Cristo, essa influência foi diminuindo cada vez mais à medida que o ser humano se individualizava. A Virgem Maria foi a primeira a simbolizar essa transformação. Com efeito, diz-se que Maria concebeu do Espírito Santo. Isso significa que seu filho, o menino Jesus, não sofreu a influência do povo hebreu, mas a do Espírito Santo (ou seja, a alma da humanidade). É por essa razão que está escrito nos Evangelhos que José pretendia repudiar Maria porque ela poria no mundo uma criança sem as características do povo hebreu.

Maria pôde libertar-se completamente do espírito do povo hebreu e ligar-se à alma da humanidade, ao Espírito Santo, para dar à luz uma criança solar que não possuía nenhuma das características físicas da raça dos hebreus, nem de nenhuma outra raça.

Deduz-se daí que Jesus Cristo tinha um físico solar e não se parecia com os hebreus. As imagens tradicionais que nos mostram Dele são falsas. Ele não tinha um rosto oriental, e era imberbe. Sua figura era de tipo solar: um rosto triangular com a testa ampla, olhos azul-esverdeados muito luminosos, nariz longo e fino, a parte inferior do rosto bastante feminina e cabelos semilongos. É assim que eu O vejo na Palestina há dois mil anos.

Maria é a primeira mãe solar, porque conseguiu se libertar dos laços do sangue e também dos laços do povo, que são elementos lunares. Ela forma, com João Batista, uma espécie de "casal ideal", porque ambos permitiram a Cristo cumprir Sua Encarnação: Maria sendo a mãe de Jesus e João reconhecendo a divindade de Cristo.

> João Batista, a reencarnação de Elias, foi o primeiro ser humano a desenvolver a consciência de si. Por essa razão foi ele o primeiro a reconhecer Cristo quando do batismo no Jordão.

Enquanto Elias, João tinha desenvolvido um "Eu" forte e individualizado (ele é, portanto, o símbolo vivo da força interior e da individualização); e, enquanto João, tornou-se plenamente consciente de si mesmo, o que lhe permitiu reconhecer Cristo. Já naquela época, ele dispunha de uma consciência plenamente despertada, ou mesmo iluminada, que lhe oferecia a possibilidade de encontrar Cristo e percebê-Lo em toda Sua grandeza cósmica.

Lembre-se de que João Batista é o precursor das testemunhas de Cristo, de todos aqueles que se tornaram suficientemente conscientes de si mesmos para encontrá-Lo. **João Batista é o representante, para a humanidade, da cons-**

ciência de si, a qual pode conduzir o aspirante dos dias de hoje ao encontro de Cristo no mundo etérico.

João, portanto, é o modelo do ser humano que desenvolveu as qualidades que levam à autoconsciência: a força interior, a individualização, a solidão interior, a fraternidade, a colaboração criadora com as entidades espirituais e o conhecimento de seu papel (de sua meta na vida). É por isso que Cristo lhe rende uma vibrante homenagem nestes termos: "Em verdade vos digo, dentre os nascidos de mulher nenhum foi maior do que João Batista" (Mateus 11:11).

Essa autoconsciência, que João tinha plenamente despertada há cerca de dois mil anos, os seres humanos puderam começar a desenvolver há três ou quatro séculos; e essa capacidade se acentuou desde a Era da Luz, ou era da consciência, que começou em 1900 e ainda vai durar dois mil e quinhentos anos. Espero que você possa, como João, tornar-se autoconsciente para ser capaz de encontrar Cristo no mundo etérico.

O DESAFIO DOS EXTREMOS

Apresento agora alguns elementos de psicologia iniciática para que você possa compreender o que é a consciência de si. O psiquismo humano, que é constituído por três níveis, revela-se ao longo das etapas seguintes:

1) A **Sensibilidade**, que nasce na puberdade e se desenvolve entre os 14 e os 21 anos, em média. É o funcionamento do "Eu" através do corpo astral. O ser humano deve aprender a dominar sua sensibilidade se individualizando, o que fará entre os 21 e os 28 anos.

2) O **Bom Senso**, que nasce quando da mudança de dentição e se desenvolve entre os 7 e os 14 anos, em média. É a ação do "Eu" nos corpos astral e mental, comportando duas facetas: por um lado, a escuta do coração, da "percepção" e, por outro, uma razão justa e sadia. O ser humano deve aprender a dominar o bom senso se individualizando, o que fará entre os 28 e os 35 anos.

3) A **Consciência de Si**, que nasce durante o terceiro ano de vida e se desenvolve, num primeiro momento, até os 7 anos. É a expressão do "Eu" através do mental interiorizado. O ser humano deve aprender a dominar a consciência de si entre os 35 e os 42 anos.

Você pode ver, na Ilustração 12, que o psiquismo humano desabrocha em três frases e ao longo de um período de vinte e um anos. O indivíduo deve aprender a dominar seu psiquismo durante os três setenários seguintes, ou seja, entre os 21 e os 42 anos de idade. É durante esse último período, chamado "período solar", que o ser humano deve transformar sua vida psíquica, cheia de crenças e condicionamentos herdados dos outros, em um psiquismo individualizado. É também durante esse período que ele vai alcançar ou não sua plena maturidade e tornar-se um adulto responsável por seu próprio destino.

As três fases do desabrochar do psiquismo

- A consciência de si nasce entre 0 e 7 anos, durante o desenvolvimento do corpo físico; está, portanto, associada a ele. Isso significa que, uma vez adulto, o indivíduo deverá ligar o mundo espiritual ao mundo material a fim de tornar-se consciente de si mesmo.

De que precisa a criança entre 0 e 7 anos para ter as melhores chances de tornar-se consciente de si mesma quando for adulta? Ela precisa de alegria e de amor; ela precisa que a deixem em seu mundo imaginário. Ela acabou de encarnar e ainda está muito ligada ao mundo espiritual; ainda consegue ver as entidades espirituais. Não é preciso lhe ensinar nada, de maneira intelectual, até a idade de 6 ou 7 anos. O melhor meio de impedir que uma criança se torne um adulto autoconsciente é ensinar-lhe conhecimentos intelectuais antes que ela chegue aos 4 anos de idades (línguas estrangeiras, etc.). Forma-se, nesse caso, um ser fraco, inseguro, dependente e incapaz de fazer escolhas com toda a liberdade.

Nunca se deve impor regras morais a uma criança pequena, dizendo-lhe: "Isso é mau." Pois assim a criança nunca saberá determinar por si mesma o que é bom e o que é mau; ela sempre precisará que alguém lhe diga.

Durante seus primeiros anos de existência, a criança só aprende por imitação. É da maior importância não impedi-la de imaginar tudo o que ela quer. Ela precisa viver no seu imaginário. É fácil matar o imaginário de uma criança: coloque diante dela um computador com jogos eletrônicos. Em suma, se você quer destruir toda possibilidade de evolução para o seu filho, ensine-lhe uma língua estrangeira com ajuda do computador.

Se a criancinha recebeu amor, podendo imitá-lo e sonhar à vontade, seu corpo físico desabrochará e constituirá a base necessária para o despertar da consciência de si quando ela chegar à idade adulta.

- O bom senso nasce entre os 7 e os 14 anos; ele associa coração e razão. De que precisa uma criança dessa idade para adquirir bom senso? Durante esse período, é o corpo etérico que se desenvolve. A criança, portanto, precisa encontrar pessoas que exerçam certa autoridade sobre ela, mas que sejam benevolentes, pessoas que saibam cativá-la e fazê-la apreciar certos conhecimentos. O amor pela verdade e a veneração pelas pessoas que cultivam esse amor pela verdade ajudarão a criança a associar, dentro de si, o estudo e a "percepção", ou o coração e a razão.

Durante essa etapa da vida, a criança aprende a integrar os conhecimentos, a fazê-los viver dentro de si: ela enriquece sua dimensão interior. Se o ensinamento que ela recebe é frio e desprovido de paixão, tudo o que ela aprender, quando adulta, entrará por uma orelha e sairá pela outra; ela não integrará nada e esquecerá tudo.

- A sensibilidade nasce entre os 14 e os 21 anos. Durante esse período, é o corpo astral que se desenvolve; ele detona a puberdade, que é um verdadeiro maremoto emocional.

De que precisa um adolescente para se preparar para ter uma sensibilidade adequada?
Ele precisa encontrar um significado para a sua vida. Deve ser capaz de se inflamar por um ideal. Deve cultivar o entusiasmo para perseguir metas elevadas. Se ele não chega a se ligar a um ideal, a vida corre o risco de lhe parecer bem insípida. A educação, tal como funciona hoje em dia, tem uma tendência a matar todos os ideais do adolescente. Faça-o viver num mundo frio, num universo tecnológico onde tudo funciona de maneira automática e sem ideais, e você o verá perder todo o gosto pela vida. Nos casos mais graves, isso pode levar o adolescente ao suicídio.
Durante essa fase, o adolescente descobre o sentimento, a sensibilidade, as emoções, e deve aprender a administrar tudo isso. Trata-se aqui de um ideal, de uma meta que dará a ele o meio de dominar suas emoções, seus sentimentos ou sua sensualidade. Sem meta e sem ideal, o adolescente está perdido; ele se torna um adulto que estará sempre afogado em suas emoções e nas sensações que experimentar.
Saiba que durante esse período, produz-se uma relação natural entre o "Eu" e a Alma. Uma conexão natural se realiza, com efeito, na idade de dezoito anos, sete meses e alguns dias. Na astrologia, essa conexão entre o "Eu" e a Alma é conhecida pelo nome de "retorno dos nodos lunares". Trata-se de um ciclo de 18,61 anos, que parte do nascimento e está ligado, por sua vez, à Lua e ao Sol. Num período de três ou quatro meses antes e depois desse "retorno dos nodos lunares", o adolescente tem a ocasião de perceber o que lhe cabe fazer nesta Terra, descobrir uma vocação, um ideal, encontrar um sentido para sua vida, uma motivação que faça valer a pena continuar existindo.
Durante esse "retorno dos nodos lunares", a Alma e o "Eu" do adolescente se ligam naturalmente, fazendo-o também recordar, de modo mais ou me-

nos consciente, qual é sua meta na vida. Essa conexão natural lhe dá uma motivação para aceitar crescer nesta Terra, mas isso não quer dizer que o adolescente esteja necessariamente bem consciente desse contato com sua Alma. Ele poderá então sentir-se atraído por uma atividade que o apaixone ou descobrir um ideal que irá perseguir durante alguns anos. O que a Alma deseja é experimentar, acreditar, expandir-se, aumentar seus conhecimentos; e é ela quem sempre impele o indivíduo para o futuro e a descoberta. Durante esse 19º ano, a Alma tenta a todo custo fazer contato com o "Eu" para insuflar no adolescente alguma motivação que será o motor da sua vida. Há, portanto, o encontro entre o "Eu" e a Alma; o aspecto solar tira partido da sensibilidade. Na Ilustração 13, você percebe que se pode relacionar os três níveis do psiquismo com as esferas planetárias de consciência.

Ao redor do Sol encontram-se Vênus e Marte, que representam a sensibilidade e mostram a expansão mínima; depois, você vê Mercúrio e Júpiter, que simbolizam o bom senso e estão um pouco mais distanciados em relação ao Sol; por fim, você tem a Lua e Saturno, que representam a consciência de si e mostram o distanciamento máximo em relação ao Sol, os dois extremos.

Durante o 19º ano de vida (dezenove é o número do Sol), a Alma que está ligada à esfera do Sol tenta entrar em contato com o "Eu" encarnado. Se a tentativa de contato fracassa por causa da maneira pela qual o adolescente foi educado (falta de amor nos primeiros anos de vida, estudos intelectuais muito precoces, ensinamento "frio", lições aprendidas de cor, etc.), ele se sentirá desprovido de ideal e não terá nenhuma razão para viver. Nos casos extremos, isso pode levá-lo ao suicídio.

As três fases do domínio do psiquismo

- Entre os 21 e os 28 anos, o indivíduo deve aprender a dominar sua sensibilidade perseguindo um ideal ao qual deseja se consagrar.

Ele deve ser capaz de responder a esta pergunta: Como posso aproveitar plenamente esta vida? Ele deve aprender a dominar sua raiva e seus desejos egoístas. A raiva enfraquece o "Eu"; por outro lado, o fato de dominar a raiva fortalece o "Eu".

O indivíduo deve desenvolver a faculdade do maravilhamento, a devoção, a espontaneidade, a receptividade, o entusiasmo, a compaixão e o serviço desinteressado.

- Entre os 28 e os 35 anos, o indivíduo deve aprender a desenvolver seu bom senso cultivando o amor pela verdade. Deve voltar-se mais para seu interior (interiorizar-se). Deve criar para si uma rica vida interior; dar pro-

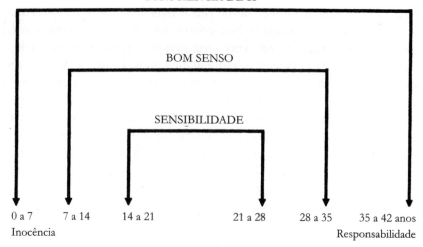

Ilustração 12: O desenvolvimento do psiquismo através dos setenários

va de coragem e iniciativa. E deve ser capaz de responder a esta pergunta: Como devo organizar minha vida respeitando a vida dos outros? Ele deve encontrar sua própria verdade.

A busca da verdade conduzirá o indivíduo até a porta do mundo espiritual. Ele aprenderá a se libertar de si mesmo, de seus pontos de vista estreitos e fragmentados. Essa busca da verdade enriquecerá seu "Eu" e fará a pessoa abandonar seu egoísmo. Para ter sucesso em sua busca da verdade, é imperativo que o indivíduo consiga dominar sua raiva e seus desejos; caso contrário, ele permanecerá em seus pontos de vista estreitos e não saberá se elevar ao mundo espiritual. Quanto mais tempo defende seus pontos de vista, tanto mais tempo ele permanece aprisionado, sem nunca chegar à verdade. O acesso à verdade é obtido através do amor desinteressado que manifestamos por ela; podemos então realmente partilhar com os outros e compreendê-los ("compreender" significa perceber o outro, aceitá-lo tal como ele é).

O indivíduo deve refletir sobre seus sentimentos e suas paixões; deve tornar-se imparcial e cultivar diferentes pontos de vista sobre um mesmo assunto.

- Entre os 35 e os 42 anos, o indivíduo deve aprender a tornar-se consciente de si mesmo alimentando uma profunda aspiração pelo mundo espiritual e por sua alma.

A interiorização do período precedente fez o indivíduo descobrir o mundo espiritual. Agora, ele deve aprender a ligar-se conscientemente ao mundo espiritual e receber suas informações; depois, a manifestar no mundo exterior o resultado de sua pesquisa espiritual. Deve colaborar conscientemente com as entidades espirituais, permanecendo sempre em um estado de respeito pelo sagrado. Ao preencher sua mente com esse senso do sagrado pelo mundo espiritual, o indivíduo poderá ser como a taça do Graal, capaz de recolher a substância espiritual das entidades do mundo divino. Deve desenvolver um pensamento criador e clarividente, e compreender o mundo exterior segundo essa visão espiritual e criadora. Deve ser capaz de responder a esta pergunta: Como posso manifestar o que Eu Sou neste mundo? Deve também desenvolver um pensamento antecipado e sintético e, por fim, deve viver livre e de acordo com seu próprio código moral, resultado de sua fé em Cristo. É então que sentirá a palavra de São Paulo: "Não eu, mas Cristo em mim."

A ser lembrado: A sensibilidade depende do sentimento e principalmente do corpo astral; o bom senso depende do pensamento e da interação dos corpos astral e mental; e a consciência de si depende da vontade e da interação dos corpos mental e etérico.

Os problemas do psiquismo

- Quando a sensibilidade é incorretamente desenvolvida, produz-se o infantilismo, que vem acompanhado de fraco discernimento (em seu lugar entram os preconceitos e condicionamentos), angústia e medo fundamental (medo de viver ou de morrer, que em última análise levam ao medo original de ser abandonado pelo Pai), raiva, um sentimento de vazio interior (resultante da ruptura com a Alma e com o mundo espiritual: a falta de ideal e de vida interior) e o tédio (também uma falta de vida interior e de interesse pela vida, em conseqüência dos quais a pessoa não sabe se nutrir de seus pensamentos).

No contexto de um caminho espiritual, pode-se curar a sensibilidade através do autoconhecimento e da meditação, que permitem o cultivo de uma rica vida interior. O desenvolvimento da coragem e da "percepção" também é fundamental. Além disso, é preciso cultivar o entusiasmo, a espontaneidade e o frescor. O aspirante aprende a sentir de uma maneira muito sutil, enriquecendo sua gama de "percepção". A abertura do coração e o trabalho sobre as pétalas desse chakra representam a base da cura da sensibilidade.

- Um desenvolvimento incorreto do bom senso provoca a superficialidade, uma exteriorização extrema (a pessoa se perde no mundo exterior), a agitação, a não-integração da experiência vivida, condicionamentos no plano do pensamento, a incapacidade de refletir e escolher na ausência de referenciais ou de aprovação, a rotina, o automatismo, a dispersão, a nostalgia da juventude, o conformismo.

No contexto de um caminho espiritual, pode-se curar o bom senso através do autoconhecimento e da abertura do coração, associados a um trabalho concreto sobre o pensamento. O aspirante aprende a utilizar seu pensamento de uma maneira prática, ligando-o às suas "percepções" do coração — ele cultiva um pensamento vivo — em seu corpo etérico. Ele enriquece sua escuta, sua capacidade de apreciação e sua faculdade de fazer escolhas. Aprende a se interiorizar, a meditar e a aprofundar, através do pensamento, os assuntos que estuda. Abre-se a diferentes pontos de vista sobre um mesmo tema, para assim adquirir um espírito de síntese.

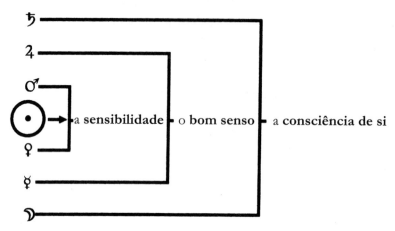

Ilustração 13: Os três níveis do psiquismo

- Quando a consciência de si está incorretamente desenvolvida, é como se o indivíduo se extinguisse: ele perde o gosto pela vida, é depressivo, vive com o medo da desgraça e o medo de envelhecer. Ele sente muita insegurança e é inautêntico, com um ego muito desenvolvido (que lhe dá uma identidade ilusória). Não sabe ligar-se ao mundo exterior, é constantemente vítima de ilusões, porque pensa "ao inverso". Perde o senso da realidade, é irresponsável; perde-se nos outros ou se secciona deles.

No contexto de um caminho espiritual, o aspirante aprende a tornar-se consciente de si mesmo ligando-se à sua Alma e ao mundo espiritual. Ele desenvolve uma rica vida interior, uma vida repleta de imagens inspiradas pelo mundo espiritual. O aspirante assume plena e total responsabilidade por seu destino e o associa à inocência, ao maravilhamento e à bondade (o continente e o conteúdo).

A EVOLUÇÃO MODERNA E A CONSCIÊNCIA DE SI

— Durante o primeiro terço da Era de Peixes (da vinda de Cristo até os séculos VIII-IX), o ser humano trabalhou sobretudo a sensibilidade. Esta se transformava por causa da interiorização do "Eu" e do pensamento que se tornava individual.
— Em seguida, durante o segundo terço da Era de Peixes (dos séculos VIII-IX aos séculos XV-XVI), o ser humano enriqueceu seu bom senso e afeiçoou-se à busca da verdade.

A maneira de evoluir na Idade Média baseava-se no amor pela verdade. Se você ler os filósofos ou teólogos daquele tempo, como São Tomás de Aquino, perceberá que para eles o fundamental era defender a verdade.

Esse é o grande desafio dos extremos onde, simbolicamente, o ser humano deve ser capaz de englobar as sete esferas de consciência do mundo astral, da Lua a Saturno.

— Lembre-se de que o aspecto "saturnino" representa a responsabilidade, bem como a ressurreição da sabedoria (a inteligência humana associada ao conhecimento das entidades espirituais); é o pensamento libertado da matéria e livremente voltado para o mundo espiritual.
— O aspecto "lunar" representa a inocência consciente (enquanto que na infância, ela é vivenciada inconscientemente), ou seja, as forças da infância metamorfoseadas nas faculdades do maravilhamento, da receptividade e da fé.
— Enfim, o aspecto "solar" equilibrador, que permite associar os dois extremos, representa a consciência de si, a compaixão, a fraternidade, o reconhecimento da divindade em todos os seres e a visão etérica que conduz ao encontro de Cristo no mundo etérico.

O fato de responder a esse desafio dos extremos mantendo-se em equilíbrio, graças ao aspecto solar, permite ao ser humano tornar-se consciente de si mesmo e derramar uma criatividade individual sobre a humanidade, com amor e toda liberdade. Ora, o único meio do qual ele dispõe para tornar-se consciente de si mesmo é a confrontação com o mal. É ousando confrontar as forças do mal que existem dentro dele, bem como o reflexo delas no mundo exterior, que ele se tornará um ser humano digno desse nome. Ele deve, portanto, posicionar-se entre o mundo espiritual, de um lado, e o mundo exterior, de outro, no centro de um imenso campo de experiências onde desempenhará seu papel. Se se recusar a fazê-lo, ele corre o risco de se encontrar, na virada do século XXI, prisioneiro de sua natureza animal e manipulado pelas forças negras. Perderia então sua dignidade humana e sua liberdade. E se tornaria um infra-humano fraco, covarde, preguiçoso e sem amanhã. Isso seria muito grave para o futuro da humanidade.

Se o ser humano aceita responder ao desafio da consciência de si e da confrontação com o mal, seu "Eu" irá crescer, se fortalecer e se individualizar. Esse indivíduo se tornará criador e preencherá sua inteligência com a sabedoria das entidades do mundo espiritual. Colaborará com elas para a edificação do futuro da humanidade e da Terra. Sua rica vida interior, nascida dessa colaboração com o mundo espiritual, poderá derramar-se sobre o mundo exterior para espiritualizá-lo. Assim, a ciência, a arte e a religião serão pouco a pouco transformadas e espiritualizadas num todo sintético, em nome do Cristo que retorna no mundo etérico.

CAPÍTULO *8*

O MUNDO ESPIRITUAL

O ser humano é uma entidade espiritual. Sua verdadeira pátria é o mundo espiritual, o lugar de onde ele vem ao encarnar e para onde retorna depois da sua morte. Em todos os tempos, o ser humano teve conhecimento de um mundo espiritual situado além dos seus sentidos e que, em certas condições, ele podia mesmo ver e sentir. Foi preciso chegarmos à nossa sociedade materialista, há quase quatro séculos, para que o indivíduo rejeitasse o mundo espiritual e decretasse que ele não existe.

Mas não é porque o homem moderno afirma que o mundo espiritual não existe que isso passa a se tornar uma realidade; além disso, essa afirmação não resolve nada. Com efeito, é perigoso cortar o indivíduo da realidade espiritual quando se é incapaz de responder às perguntas existenciais que ele levanta (já expus esse fato no capítulo sobre a "espiritofobia", bem como em meu livro *Chercheur d'Éternité*). Não me deterei, portanto, nesse aspecto. Mas considero que você aceita, pelo menos como hipótese, a existência do mundo espiritual.

Para ajudá-lo a compreender o mundo espiritual, eu me proponho a responder a três perguntas essenciais: De que é constituído esse mundo espiritual? Quem vive nesse mundo espiritual? Quais são os meios de termos acesso a ele?

A CONSTITUIÇÃO DO MUNDO ESPIRITUAL

As indicações dadas aqui são provenientes do cristianismo esotérico. As bases deste ensinamento foram essencialmente estabelecidas por São Paulo e por um de seus principais discípulos, Dioniso, o Areopagita, que dirigiu a primeira escola esotérica crística de Atenas.

O mundo espiritual é constituído por numerosas esferas de consciência que estão "embutidas" umas nas outras, segundo o mesmo princípio pelo qual se sobrepõem os diferentes corpos do ser humano. Essas esferas apresentam o aspecto de galáxias em espiral, com um bojo no centro (como uma bola) e braços que se afinam nas extremidades. Observe na Ilustração 14:

— No centro do desenho encontra-se a Terra. Ela é o mundo físico no qual encarnamos.

— Ao redor dela, situa-se a esfera elementar ou etérica. É desse mundo que foi extraído o nosso corpo etérico; e esse mundo etérico é o tema principal deste livro.

Observe que o mundo etérico puro cobre a região que se vê no desenho; mas, na verdade, ele é muito mais vasto, porque é a matéria básica das outras esferas, até o zodíaco. A substância etérica é a matriz, a água da vida do mundo espiritual, através da qual circulam as forças formadoras que permitem a criação de tudo o que existe na nossa Terra.

— Além do mundo etérico situa-se a esfera da Lua, depois as esferas dos outros astros tradicionais: estas são as esferas planetárias.

Entretanto, isso que chamo de esferas planetárias não corresponde, de modo algum, aos planetas da astronomia. Quando indico a Lua enquanto esfera de consciência, não estou pensando naquele astro morto que podemos ver no céu, mas sim num mundo sutil, imaterial e invisível que tem o tamanho da órbita lunar (ou seja, uma esfera com cerca de 380.000 quilômetros de raio).

— Em seguida, encontramos a esfera de Mercúrio, cujo tamanho corresponde à distância entre Mercúrio e a Terra.

Na verdade, os planetas materiais indicam quais são, no espaço, os limites da esfera de consciência imaterial e invisível a eles correspondente.

Portanto, as esferas de consciência são imensas em relação aos planetas da astronomia, os quais não apresentam nenhum interesse em relação ao mundo espiritual. Os astrólogos tradicionalistas que acreditam que os planetas físicos exercem influência sobre o ser humano estão presos a uma ilusão materialista baseada apenas na aparência. Na verdade, são as esferas de consciência que podem influenciar o ser humano, na medida em que este se encontra ligado a elas por seu karma.

É preciso também imaginar que quanto mais a pessoa se eleva no mundo espiritual, mais ela penetra nas esferas sutis ou num nível de consciência mais elevado.

Todas as esferas, da Lua a Saturno, representam o mundo de onde provém o nosso corpo astral. Podemos, portanto, chamar de "mundo astral" ou "mundo dos astros" esse conjunto de sete esferas. Apesar de tudo, é preciso distinguir duas regiões nesse mundo: a primeira, que se estende da Lua a Vênus; e a segunda, do Sol a Saturno. A essas duas regiões eu denomino respectivamente "mundo astral" e "mundo astro-mental".

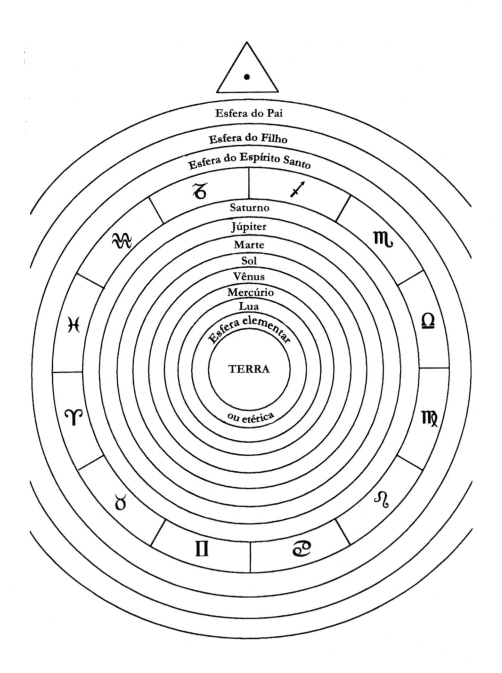

Ilustração 14: As esferas de consciência

As esferas da Lua, Mercúrio e Vênus correspondem a uma região de purificação ou de trânsito, por onde passamos antes de penetrar no mundo espiritual, que começa no Sol. Como você sabe, o Sol não é um planeta, mas uma estrela. Talvez você ache estranho que ele seja colocado, no desenho, entre as sete esferas planetárias.

Na verdade, há duas esferas solares: uma é planetária e a outra, estelar. Isso porque o Sol nem sempre foi uma estrela. Num passado muito distante, o Sol era um planeta, da mesma maneira que num futuro muito distante a Terra se tornará uma estrela.

Imagine uma esfera solar que esteja no nível do zodíaco, para completar o desenho. Isso explicaria porque os esotéricos às vezes falam do "sol triplo": o sol físico, o sol planetário e o sol estelar ou espiritual.

A última esfera planetária, e a mais importante por seu tamanho, é Saturno. Também aqui você poderia se espantar por não encontrar no desenho os planetas transaturninos. Isso se deve ao fato de que nem Urano, nem Netuno ou Plutão são esferas pertencentes ao nosso sistema evolucionário — o que não exclui a existência de esferas de consciência a eles correspondentes; mas eles não exercem influência direta sobre o ser humano.

Vejamos agora o zodíaco. Ele é constituído por doze constelações ou grupos de estrelas. Pode-se falar de esferas estelares por constelações ou signos do zodíaco. Na verdade, deveríamos dizer que cada estrela é uma esfera de consciência.

Lembre-se de que, mesmo se é mais simples falar da esfera estelar de Áries ou da de Virgem, há numerosas esferas de consciência tanto em Áries quanto em Virgem. As esferas estelares do zodíaco estão num nível mais sutil, espiritualmente mais elevado que as esferas planetárias. É dessas esferas zodiacais que provém o nosso corpo mental. O "Eu" e a Alma provêm do Sol. Os limites do zodíaco estabelecem as fronteiras do nosso sistema evolucionário.

Três esferas extra-sistêmicas (não pertencentes ao nosso sistema evolucionário) também aparecem no desenho: as esferas da Trindade. Você pode imaginar que essas três esferas não estão ligadas somente ao nosso sistema evolucionário, mas também a todos os sistemas que possam existir no vasto Universo.

O triângulo que aparece no alto da Trindade simboliza o "nada" de onde saiu a Trindade, composta de Pai, Filho e Espírito Santo. Cristo, o Verbo ou Logos, vem da esfera do Filho.

Os habitantes do mundo espiritual

Cada esfera de consciência é habitada. Mas, por quem? Podemos classificar em três categorias os seres que vivem nas esferas de consciência do mundo espiritual:

— os seres humanos desencarnados;
— os seres espirituais que vivem numa esfera específica;
— as entidades das hierarquias espirituais.

- Os seres humanos desencarnados são aqueles que viveram na Terra, morreram e retornaram ao mundo espiritual. Eles fazem certo périplo no mundo espiritual (voltarei ao assunto mais adiante) e depois reencarnam.
- Os seres espirituais que vivem numa esfera de consciência específica são entidades que nunca encarnam na Terra. Elas evoluem de maneira diferente do que faz o ser humano e desenvolvem certas qualidades e capacidades que estão ligadas à esfera na qual vivem. Ocasionalmente, passam por um período de transformação que corresponde à nossa morte, mas que está mais próximo do sono. Abandonam, então, sua esfera de consciência para percorrer todas as outras. Depois retornam à sua esfera predileta para iniciar um novo ciclo de existência (como uma nova encarnação para um ser humano).

Essas entidades nunca encarnam na Terra, salvo em casos excepcionais, quando se trata de contribuir para a evolução do gênero humano trazendo-lhe uma "energia" específica (a que está em analogia com sua esfera de consciência original). Nesse caso, chamamos esse ser de Avatar, que significa "um ser descido do mundo espiritual".

- As entidades das hierarquias espirituais são os seres encarregados de aplicar o Plano divino. São encontradas em todas as esferas de consciência.

Há três grandes hierarquias espirituais, e cada uma delas compreende três tipos de entidades espirituais.

A primeira grande hierarquia espiritual, que está mais particularmente ligada às esferas estelares do zodíaco, é formada pelos Serafins, Querubins e Tronos.

A segunda dessas hierarquias está ligada ao mesmo tempo ao zodíaco, ao Sol e às esferas do mundo astro-mental. Ela se compõe das Dominações (ou Espíritos da Sabedoria), Virtudes (ou Espíritos do Movimento) e Potestades (ou Espíritos da Forma — os Elohim da Bíblia).

A terceira grande hierarquia espiritual está ligada principalmente às esferas do mundo astral. Ela é composta pelos Principados (ou Espíritos do Tempo), Arcanjos e Anjos.

- A primeira grande hierarquia é formada pelos Serafins, Querubins e Tronos:

— Os **Serafins**, Espíritos do Amor Universal ou Senhores da Chama, são as entidades espirituais mais elevadas do nosso sistema evolucionário. Sua natureza ígnea faz dos Serafins entidades de pureza perfeita, porque o fogo consome toda impureza. Sua etimologia hebraica significa "os que queimam" com grande ardor espiritual ou amor divino. Eles "protegem" as fronteiras do nosso sistema evolucionário e se relacionam com outros sistemas evolucionários (as esferas extrazodiacais) e com a Trindade. Têm uma visão direta da Trindade, de quem recolhem as instruções espirituais e a Luz pura. Visam a plena realização do Plano divino, que transmitem às hierarquias inferiores. São estas entidades espirituais que trazem o amor divino para o nosso cosmos espiritual. Globalmente, as entidades espirituais da primeira grande hierarquia são ditas contemplativas, pois recebem em toda plenitude a luz divina. Têm também a tarefa de elaborar o karma humano. As entidades espirituais da primeira grande hierarquia são diretamente iluminadas pela Trindade, e os Serafins estão simbolicamente ligados ao aspecto "Espírito Santo".

— Os **Querubins**, ou Espíritos da Harmonia, são as entidades coordenadoras do zodíaco e dos movimentos planetários. São eles a origem do zodíaco, que foi criado em doze partes ou doze grupos de Querubins. Os astrólogos deveriam cultuá-los, pois representam a serenidade perfeita e a verdade. Sua etimologia hebraica significa "plenitude ou efusão de sabedoria", a qual é diretamente recebida da Trindade. As entidades espirituais da primeira grande hierarquia são quem molda o karma dos seres humanos enquanto estes se encontram no mundo espiritual entre a morte e um novo nascimento. Os Querubins têm um papel importante a desempenhar na moldagem desse karma humano. Estas entidades simbolizam a famosa "roda da reencarnação",[1] podem aparecer como "rodas" aladas (ver a Bíblia) ou bochechudos bebês com asas. Os Querubins estão simbolicamente ligados ao aspecto "Filho" ou "Verbo".

— Os **Tronos**, ou Espíritos da Vontade, são as entidades espirituais que criaram o "antigo Saturno" e o germe do corpo físico humano. Representam, assim, o "apoio", o alicerce sobre o qual repousa nosso sistema evolucionário. Os Tronos são os "agentes" da vontade do Pai e os guardiães das leis cósmicas. Eles representam o poder de receptividade absoluta, a capacidade de ser um receptáculo perfeito para o divino. Estas entidades trabalham principalmente no nível do zodíaco, mas também estão ligadas à esfera de Saturno. Desempenham um papel fundamental no estabelecimento do karma humano, na questão das lições que precisamos aprender

---

1. *Samsâra*, o processo contínuo de nascimento e morte das religiões de origem indiana. (N.T.)

a partir das experiências (do nosso passado). Os Tronos estão simbolicamente ligados ao aspecto "Pai".

- A segunda grande hierarquia é composta pelas Dominações, Virtudes e Potestades:

— As **Dominações**, *Kyriotetes*, Espíritos da Sabedoria ou ainda Regentes do Universo, são as entidades espirituais que recebem a Sabedoria da Trindade por intermédio das hierarquias superiores a elas. Têm por missão trazer ordem e harmonia ao nosso sistema evolucionário. Estas entidades espirituais vivem o princípio da liberdade por "imitação de Cristo", dando significado ao mundo espiritual. Sua líder é a divina Sofia, que era chamada de Ísis pelos egípcios, Perséfone/Koré pelos gregos e Prosérpina pelos romanos; ela representa a Virgem cósmica. (Voltarei ao tema mais adiante.) As Dominações estão intimamente ligadas aos seres que se encontram na esfera planetária de Júpiter, cuja principal qualidade é a sabedoria.

— As **Virtudes**, *Dýnamis*, Espíritos do Movimento ou ainda Forças Universais, são as entidades que põem em movimento a sabedoria recebida das Dominações, para transmiti-la às Potestades, que a concretizam. São entidades ativas; fazem circular a sabedoria e estão ligadas à esfera marciana. Seu próprio nome [dínamos] expressa a força que elas transmitem e a coragem (bem como o valor) que é sua principal virtude. Trazem consigo as forças criadoras e formadoras que geram o molde do nosso mundo.

— As **Potestades**, *Exousiai*, Espíritos da Forma, Espíritos Reveladores ou ainda Elohim (no singular Eloha), completam a segunda grande hierarquia. Esta é constituída por entidades espirituais criadoras que manejam as forças formadoras (energias estelares e planetárias revestidas de substância etérica) para criar tudo o que existe, formar o mundo no qual vivemos. Os Elohim são os "deuses[2] que fizeram o céu e a terra", conforme indicado no início do Antigo Testamento. Esses Espíritos Reveladores outorgam uma forma específica a cada ser terrestre, permitindo-lhe assim revelar plenamente aquilo que ele é em essência (a forma, ou continente, revela o conteúdo ou essência).

Os Elohim aparecem sob o aspecto de um grande relâmpago ou de uma poderosa manifestação de energia. Estão ligados à esfera solar e somente um deles, Javé (ou Jeová), está associado à esfera lunar.

---

2. A língua hebraica refere-se a Deus também no plural, Elohim, mas conservando a noção do Deus Único. (N.T.)

- A terceira grande hierarquia é composta dos Principados, Arcanjos e Anjos:

— Os **Principados**, Espíritos do Tempo, Espíritos da Personalidade, Arcanos ou ainda Espíritos das Origens, participam da terceira grande hierarquia, que se ocupa diretamente da humanidade. As entidades espirituais que a compõem são os mensageiros das hierarquias superiores. Os Principados administram o desenvolvimento das civilizações e das culturas no contexto das eras zodiacais. Estas entidades espirituais possuem um poder de comando divino. Atualmente, o principal Espírito do Tempo é Miguel, que foi o Arcanjo do Sol até 1879 (depois dessa data ele vem inspirando a humanidade em todos os domínios). Os Principados aparecem sob o aspecto de um jovem de 18 a 20 anos, pois representam o ímpeto juvenil, sempre pronto a empreender algo novo, a dar novo impulso. Os Principados ajudam o ser humano encarnado a se sentir enraizado em sua região natal. Estão ligados ao aspecto "Pai" e à esfera venusiana.

— Os **Arcanjos**, Espíritos dos Povos, Espíritos da Língua ou ainda Espíritos do Fogo, são as entidades que influenciam a linguagem e a auto-expressão. Impregnam o corpo etérico com as características do povo em cujo seio o ser humano encarna. Os Arcanjos estão cada vez mais soltando seus laços com os povos e as raças, para se ocuparem sobretudo com grupos de indivíduos reunidos em "famílias espirituais". Quatro Arcanjos são considerados como as "faces de Cristo" (seus embaixadores): Miguel — transformado em Principado desde o século passado; seu substituto como Arcanjo solar é Widar, que representa o aspecto "liberdade" (o pensamento livre e vivo); Uriel, que simboliza o aspecto "luz" (a iniciação e a transformação do mal em bem); Rafael, que representa o caminho espiritual e a cura; e Gabriel, que simboliza a receptividade e o princípio da encarnação (o interesse pela vida terrestre). O Arcanjo aparece como um ser de idade madura, com aparência sobretudo masculina. Os Arcanjos estão ligados ao aspecto "Filho" ou "Verbo" e à esfera mercuriana.

— Os **Anjos**, Filhos da Vida ou ainda Mensageiros Divinos, são as entidades espirituais mais próximas do ser humano. Transmitem a este as mensagens provenientes das hierarquias superiores. Cada ser humano dispõe de um anjo da guarda que cuida de sua evolução espiritual (desde que esse ser humano aceite a realidade do mundo espiritual). O Anjo é o "iniciador" do ser humano. Tal como o iniciador humano, ele é ao mesmo tempo um mensageiro (do mundo espiritual), um intérprete (das Escrituras sagradas) e um revelador (dos Mistérios). O Anjo cria imagens no corpo astral do ser humano para ajudá-lo a desenvolver certas qualidades, como a fraternidade (no próximo capítulo falaremos sobre as atividades do Anjo-guia). O Anjo aparece sob a forma de um adulto com aparência sobretudo feminina ou andrógina. Ele é o grande protetor da Alma humana. É também o mensageiro do karma no contexto de sua missão referente ao retorno de Cristo no mundo etérico (ver os próximos capítulos). Os Anjos estão ligados ao aspecto "Espírito Santo" e à esfera lunar.

OS TRÊS MEIOS DE ACESSO AO MUNDO ESPIRITUAL

Há três meios de acesso ao mundo espiritual:

— o sono;
— a morte;
— a meditação (no contexto da evolução espiritual).

Proponho examinarmos detalhadamente esses três meios, para que você possa compreender o interesse apropriado de cada um deles.

O sono

Quando o indivíduo adormece, seus corpos físico e etérico permanecem na cama, enquanto seus corpos astral e mental (contendo o "Eu") partem para fazer um périplo pelo mundo espiritual.

O "Eu", em companhia dos corpos astral e mental, geralmente percorre o mundo espiritual até o zodíaco e volta alguns instantes antes do despertar. Durante o sono, você atravessa todas as esferas de consciência até o zodíaco e volta aos seus corpos etérico e físico para despertar na manhã seguinte.

É o corpo astral que "programa" a duração do sono, conforme suas necessidades. No momento que você adormece, seu corpo astral sabe quanto tempo você vai dormir. Aliás, é possível influenciar conscientemente o corpo astral; você pode fazê-lo a cada noite, antes de dormir, para despertar na manhã seguinte à hora escolhida sem necessidade de um despertador. Todo mundo, portanto, se dirige ao mundo espiritual durante o sono. O único inconveniente é que as pessoas o percorrem de maneira inconsciente. De manhã, quando despertam, não se lembram de nada.

Se você faz uma sesta de hora e meia à tarde, você percorre o mundo espiritual da mesma maneira, só que muito mais rapidamente.

O que acontece durante o sono? Sem entrar nos detalhes de casos particulares (o que me levaria a uma longa dissertação sobre o sono), saiba que à noite você entra em contato com as lições das suas experiências diurnas. Com efeito, você recapitula o que vivenciou durante o dia; revê seu dia ao inverso e o integra.

Em seguida, você recorda seus compromissos nesta vida e também seu karma. Recorda ainda as capacidades ou qualidades que deseja desenvolver. Enfim, você se reabastece no mundo espiritual, sua verdadeira pátria, em companhia de sua Alma e das entidades espirituais. Você recebe ali um novo ímpeto, uma nova motivação, para enfrentar as provações da vida encarnada.

Qual é o lugar dos sonhos nesse processo? Os sonhos nada mais são que interpretações aproximadas das experiências que você vive no mundo espiritual durante o sono. Na verdade, os sonhos não são as experiências que você vive durante o sono (seria uma ilusão acreditar nisso), mas sua tradução imperfeita, devido à ausência do corpo físico.

Durante o sono, você está desligado do seu corpo físico e mesmo do seu corpo etérico, o que explica sua inconsciência. Como não está acostumado a viver sem o corpo físico durante o dia, você é incapaz de se orientar no mundo espiritual. O fato é que você não está consciente de seus sonhos; portanto, submete-se a eles, porque não se sente existir fora do seu corpo físico.

Se você, através do trabalho espiritual, chega a se sentir existir fora do seu corpo físico e permanecer consciente nesse estado (o que não ocorre na viagem astral, pois nesta o indivíduo permanece semiconsciente), então será capaz de agir em seus sonhos. Isso significa que você estará consciente no momento mesmo em que vive seus sonhos, compreenderá o significado deles e até poderá modificá-los se eles não lhe agradarem. Também lhe será possível pedir auxílio a uma entidade espiritual.

Assim, de nebulosos que pareciam no início, seus sonhos se tornarão o reflexo exato das suas experiências no mundo espiritual. Você terá dado um grande passo no caminho da evolução espiritual. Todos os aspirantes, mais cedo ou mais tarde, dão esse passo do sonho consciente, qualquer que seja seu método de evolução espiritual. É o primeiro sinal indicando que o aspirante pode ter acesso consciente ao mundo espiritual. Antes, ele ainda não tinha cruzado o limiar do mundo espiritual e era incapaz de estar consciente durante seus sonhos.

O sonho consciente, é claro, não tem nada a ver com a faculdade de recordar os sonhos, nem com o devaneio (sonhar acordado), nem com quaisquer dos métodos de trabalho sobre os sonhos propostos pela psicologia ou novas terapias.

O aspirante não precisa se preocupar com seus sonhos para ter consciência deles. É um trabalho global de meditação que leva, um dia, ao sonho consciente.

A próxima etapa da evolução é ter consciência do sono. Esse passo consiste em ser capaz de recordar, na meditação, as lições recebidas durante a noite, durante as fases de sono profundo. Quando chega a essa etapa, o aspirante não tem quaisquer sonhos (salvo às vezes, de manhã, no momento de despertar, quando reintegra suavemente seu corpo físico). Ele pode tirar pleno partido da passagem noturna pelo mundo espiritual, recordando as lições aprendidas. Nesse estágio, geralmente o aspirante adormece suavemente. Ele "escorrega" progressivamente para o sono, controlando sua entrada no mundo espiritual, e adormece em cima de imagens do mundo espiritual.

A noite passa sem sonhos e, de manhã, quando acorda, ele pouco a pouco retoma a consciência de sua volta ao corpo físico, com imagens do mundo espiritual (que podem ser chamadas de "sonhos", de certo ponto de vista, mas que não o são na realidade). Ele já pode recordar o resultado de seu périplo noturno no mundo espiritual, e o ideal é que disponha de material para escrever, na mesinha-de-cabeceira, porque a manhã é um momento privilegiado de inspiração.

Para o indivíduo médio, o percurso realizado no mundo espiritual durante o sono ocorre na inconsciência, com encontros agradáveis ou desagradáveis conforme seu nível de consciência, suas crenças, seu modo de viver e aquilo que vivenciou durante o dia.

Quanto a este primeiro meio de chegarmos até as esferas de consciência do mundo espiritual, cada um de nós dispõe das mesmas possibilidades. Mesmo o indivíduo mais ateu ou materialista pode se beneficiar da possibilidade de ir se reabastecer no mundo espiritual durante o sono. **Esta é a lei cósmica da igualdade**.

A morte

O segundo meio de chegarmos até o mundo espiritual é a morte. Na verdade, graças à morte, o indivíduo pode entrar no mundo espiritual e ali realizar o mesmo périplo que durante o sono, mas por um período bem mais longo.

Podemos chegar a uma primeira conclusão: a morte é um longo sono, ou o sono é uma pequena morte. Também aqui, vou me contentar com noções básicas sobre o périplo do "entre duas vidas".

Depois da morte física, o indivíduo abandona seu corpo e passa para o seu corpo etérico. Se ele se acostumou a entrar no corpo etérico durante sua vida física, através da meditação, essa passagem será uma simples formalidade, porque já fará muito tempo que ele não teme a morte.

Na verdade, a principal causa do medo da morte é a identificação com o corpo físico. O ser humano moderno só se concebe enquanto criatura física:

sem seu corpo físico, ele está perdido. Na nossa sociedade, todo mundo tem medo da morte (sobretudo aqueles que afirmam o contrário).

Para deixar de ter medo da morte, a pessoa precisa sentir sua imortalidade, isto é, ser capaz de se conceber sem um corpo físico; mas isso não está ao alcance de qualquer um, nem mesmo do aspirante já iniciado. Para se conceber fora de seu corpo físico, a pessoa precisa atingir o estágio no qual é capaz de estar consciente nos sonhos (ver acima). É necessário, então, que ela esteja tão à vontade em seu corpo etérico quanto em seu corpo físico.

Quando você alcança o estágio no qual a interiorização em seu corpo etérico tornou-se um brinquedo de criança e você ali trabalha tão bem quanto no seu corpo físico, então você sente sua imortalidade. No dia de sua morte, você deixará seu corpo físico conscientemente, como se tirasse uma roupa usada, e passará para o seu corpo etérico a fim de enfrentar a seqüência de acontecimentos.

Com seu corpo etérico, você passa para o mundo etérico. Durante essa passagem, você revê sua vida de trás para a frente, em ritmo acelerado. Essa recapitulação dura no máximo três dias e depois o corpo etérico se dissolve no mundo etérico. (Somente um Iniciado é capaz de manter intacto seu corpo etérico e reutilizá-lo numa encarnação seguinte.)

Em seguida, você passa para o corpo astral e para o mundo astral. Primeiro, chegando à esfera lunar, você irá mais uma vez recapitular sua vida de trás para a frente (no mundo astral, o tempo escoa ao contrário), porém agora mais lentamente. Você irá, portanto, rever toda a sua vida; ou antes, tudo aquilo que viu durante seu sono nesta encarnação (lembre-se de que durante o sono recapitulamos nosso dia para aprender suas lições). Durante seu estágio na esfera lunar, você revê todas as suas noites em seqüência, o que equivale mais ou menos a um terço da sua vida encarnada (os grandes dorminhocos passarão ali mais tempo!). Você assiste a tudo o que vivenciou, para perceber o impacto que exerceu sobre os outros. Por exemplo, se você fez mal a alguém, irá se encontrar no lugar dessa pessoa e sentirá seu sofrimento. Se você considerar que não terá mais um corpo físico para atenuar ou reprimir seu "mal-estar", poderá fazer uma vaga idéia do que está à sua espera na esfera lunar conforme tiver sido sua maneira de se comportar com os outros. Compreenderá então por que os primeiros cristãos chamavam essa esfera lunar de "purgatório". Trata-se, na verdade, de um grande purificador ao qual você está convidado.

Simplificando, pode-se dizer que essa purificação tem dois objetivos:

— Por um lado, fazer com que tomemos consciência, de maneira aguda, do mal que possamos ter feito na Terra;
— Por outro lado, purificar nosso corpo astral da nossa negatividade, porque nos é impossível entrar no verdadeiro mundo espiritual, a partir da esfera

lunar, com o nosso karma: devemos deixá-lo no mundo astral inferior (Lua, Mercúrio e Vênus) e nos tornar "como uma criancinha, para entrarmos no Reino dos céus", como sugeriu Cristo. Ora, tornar-se puro não é coisa fácil!

Refletindo um pouco, você compreenderá a vantagem de praticar o perdão, desatando os laços dos relacionamentos conflituosos para dar mais leveza ao seu corpo astral.

Assim, você entra no verdadeiro mundo espiritual a partir da esfera solar e sem a bagagem kármica. E também deixa para trás seu corpo astral.

Isso significa que cada um de nós entra na esfera solar somente com o bem que traz em si. Imagine um indivíduo que, quando estava na Terra, foi 60% mau e 40% bom; ele deixará no mundo astral seus 60% de karma negativo, para entrar na esfera do Sol. Ele estará, portanto, consideravelmente "diminuído".

Em seguida, os indivíduos passam muito tempo na esfera solar, que é a sede do amor incondicional, da tolerância absoluta e do perdão.

O périplo no mundo espiritual prossegue nas esferas de Marte, Júpiter e Saturno (mundo astro-mental), que são respectivamente o mundo da palavra, o do pensamento e o da memória.

É nessas esferas que o indivíduo vai deixar seu corpo mental, depois de ter revisto as cenas de sua vida passada em seus aspectos positivos (o bem que ele fez na Terra). Se esse indivíduo, durante a encarnação terrestre, soube se ligar ao seu Anjo e, globalmente, ao mundo espiritual, ele saberá encontrar as entidades do mundo espiritual. Estas lhe darão "presentes", sob a forma de qualidades ou dons que ele poderá integrar antes de descer novamente, para manifestá-los na sua próxima existência.

Depois ele alcançará o zodíaco e viajará pelas esferas estelares, os mundos mais elevados do nosso sistema evolucionário.

Desse modo, o indivíduo se regenerará no mundo espiritual, fazendo contato com as entidades mais evoluídas do nosso sistema evolucionário.

Depois, ele chegará ao meio do seu percurso no "entre duas vidas", que se chama "a meia-noite dos mundos": pela primeira vez em muito tempo, ele sentirá vontade de retornar à Terra para uma nova encarnação. Começará então a descida, que na verdade corresponde ao processo de reencarnação.

Se é feito corretamente, o percurso nas esferas de consciência do mundo espiritual durará alguns séculos, contados em tempo terrestre. Se bem que não haja nenhuma regra geral sobre a freqüência das reencarnações, pode-se contar uma encarnação a cada três ou quatro séculos; mas, durante certos períodos da história da humanidade, essa duração pode ser multiplicada ou dividida por três ou por quatro, devido a razões particulares.

Eu não aprofundarei aqui este tema, porque espero desenvolvê-lo detalhadamente num próximo livro que se chamará *Istoria ou la réincarnation et le karma du point de vue occidental*.

Quanto ao percurso realizado no "entre duas vidas", é preciso notar que nem todos os indivíduos alcançam o zodíaco. Nesse sentido, pode-se considerar que há três grupos de seres humanos:

— Os mais receptivos ao mundo espiritual, aqueles que contribuíram, com sua criatividade e evolução espiritual, para o progresso da Terra e da humanidade, chegam até o zodíaco;
— A grande massa que, sem se esforçar nem para criar nem para evoluir, mesmo assim acredita num mundo espiritual e faz dele uma imagem correspondente à sua fé religiosa ou às suas próprias crenças; são pessoas que chegam até a esfera de Saturno, mas não têm acesso ao zodíaco;
— Os ateus e os materialistas, que refutam toda concepção do mundo espiritual (os irredutíveis, apesar de tudo, são bastante raros) e só chegam até a esfera solar ou eventualmente até a de Marte.

Uma última nota importante: quando entra no mundo astral depois da sua morte, você começa a se expandir; e quanto mais "sobe" nas esferas de consciência, mais essa expansão aumenta. Essa experiência levanta uma dificuldade, porque ao mesmo tempo que você se expande, você se dilui no mundo espiritual: sua consciência se funde com o mundo espiritual. Necessariamente, chega um momento em que você perde a consciência, porque está demasiado expandido para permanecer consciente.

Temos aí uma espécie de paradoxo: embora sua consciência se expanda cada vez mais, chega um estágio em que você perde essa consciência.

É da maior importância, portanto, que você desenvolva a consciência de si enquanto está encarnado, para permanecer consciente o mais longo tempo possível durante o périplo do "entre duas vidas".

O princípio que permite à sua consciência permanecer lúcida é a concentração.

> Sua consciência, ou seu "Eu", é como uma centelha de luz. Estar consciente de si significa que você reuniu toda a sua energia naquela centelha de luz, a qual está então muito poderosa e concentrada.

Se você dispersa sua energia em todo tipo de atividades exteriores, sua consciência diminui e acaba por se extinguir quase por completo; então você funciona numa espécie de torpor, quase totalmente inconsciente.

Se você fortaleceu o "Eu" através de um trabalho espiritual, saberá manter sua consciência concentrada e não a perderá enquanto passa para o mundo espiritual após a morte, mesmo que se expanda. Poderá assim subir até muito alto nas esferas de consciência e sempre participando plenamente dessa jornada, porque permanecerá consciente. (Reveja o capítulo anterior, "A consciência de si", porque esse é o grande desafio da nossa época.)

Quando encarnou em nossa Terra, Cristo — o Grande "Eu" macrocósmico — outorgou uma força suplementar ao "Eu" microcósmico do ser humano, permitindo-lhe permanecer consciente até alcançar a esfera solar.

Cabe a cada um de nós desenvolver essa força interior da consciência de si, para permanecer "desperto" durante todo o périplo do "entre duas vidas" no mundo espiritual.

É da maior importância estabelecer a relação entre o mundo espiritual e o mundo exterior, bem como entre os "vivos" e os "mortos", ou ainda entre você mesmo e as entidades espirituais durante o "entre duas vidas". **Esta é a lei cósmica da fraternidade.**

A meditação

Nosso terceiro meio de acesso ao mundo espiritual é a meditação praticada no contexto de um trabalho iniciático. (Não entrarei em detalhes sobre o longo processo da evolução espiritual.) Considero que há três grandes etapas fundamentais na progressão em um caminho espiritual:

1) A **Interiorização**, que consiste em "soltar" o corpo físico ("desidentificar-se" dele) para entrar no corpo etérico a fim de ter acesso ao mundo etérico. O corpo etérico pode ser visto como um espelho que reflete o mundo espiritual. Ter acesso ao corpo etérico através da interiorização (ver Capítulo 5) sugere aquela capacidade de perceber imagens do mundo espiritual que denomino "Imaginações". O aspirante está então consciente de seus sonhos. É neste estágio que a pessoa pode encontrar seu Anjo-guia (e sua Alma) e também certas entidades espirituais, como o Espírito do Tempo Miguel. Pode-se também encontrar Cristo, sob certas condições (ver Capítulo 11). Esta primeira etapa é a da transformação do pensamento: passar de um pensamento morto ou materialista para um pensamento livre, vivo e espiritual.

2) A **Elevação**, que consiste em "soltar" o corpo etérico para elevar-se até o corpo astral e o mundo astral. O aspirante tem acesso ao verdadeiro mundo espiritual e ouve a "música das esferas" e também o "verbo interior". Por trás das Imaginações, o aspirante percebe o som e recebe as Inspirações. Neste estágio, ele está consciente de seu sono. Esta segunda etapa é a da transformação do sentimento: passar do sentimento egoísta para o amor incondicional, a doação de si mesmo.

3) A **Fusão**, que consiste em "soltar" o corpo astral para unir-se em plena consciência às entidades do mundo espiritual e ao "Eu", por intermédio do corpo mental. O aspirante se funde com a Verdade e com todo o conhecimento. Além das Inspirações, o aspirante alcança a fonte da Verdade e experimenta as Intuições. Ele tem acesso ao zodíaco. Esta terceira etapa é a da transformação da vontade: passar de uma vontade inconsciente e submissa à autoridade, para uma vontade livre, que escolhe o bem com plena consciência.

As Iniciações apresentam estas etapas:

— A primeira iniciação, que eu chamo de "conexão com a Alma" ou "nascimento do Cristo interior", corresponde à Interiorização, à entrada no mundo etérico.
— A segunda iniciação, que chamo de "batismo pelo Espírito Santo", prepara para a entrada no mundo astral; representa um grande período de purificação que os místicos cristãos chamavam de "a noite dos sentidos".
— A terceira iniciação, que denomino "o despertar do Eu Sou", é o primeiro acesso ao verdadeiro mundo espiritual, à esfera solar, quando a fase de purificação já está suficientemente avançada e a Elevação se iniciou.

Em seguida, o aspirante atravessa outro período longo e delicado, que os místicos cristãos chamavam de "a noite escura da alma". Ela consiste em entrar na fase da Inspiração, a do "verbo interior"; o aspirante se encontra então na escuridão e no silêncio. É neste estágio que o aspirante deve aceitar o fardo da cruz do seu karma. E trabalhar para transformá-lo.

Quando ele começa a dominar a Inspiração, as imagens podem surgir e o aspirante está então às portas da etapa seguinte: a Fusão ou o mundo da Intuição (o zodíaco). Ele o alcançará definitivamente graças à quarta iniciação, a que dou o nome de "iluminação crística".

Essa transformação de si mesmo que permite o acesso ao mundo espiritual deve ser uma escolha consciente por parte de cada aspirante. **Esta é a lei cósmica da liberdade.**

Capítulo 9

O Anjo-guia

Neste capítulo eu gostaria de explorar com um pouco mais de detalhes o trabalho do Anjo-guia do ser humano.

Como preâmbulo, quero salientar que o que vou expor a seguir não tem nada a ver com essa "moda dos anjos" desencadeada nos últimos anos. Pode-se ver essa moda positivamente e dizer que ela permitiu ao grande público se sensibilizar aos Anjos e ao mundo espiritual. Mas também já se percebe que essa moda acabou por fazer as pessoas enjoarem dos Anjos e de todo o folclore a eles ligado. Os "vendilhões do templo" foram surrados mais uma vez.

Desde a "encarnação" precedente da Terra, que no esoterismo é chamada de "antiga Lua", a hierarquia angélica está ligada ao ser humano para guiá-lo e protegê-lo.

Na verdade, foi decidido "designar ao homem um Anjo da guarda, a fim de dirigi-lo e inclinar-lo para o bem", segundo as palavras de São Tomás de Aquino (1225-1274), o célebre Iniciado, filósofo e teólogo. Ele acrescenta: "Graças ao livre-arbítrio, o homem é capaz de evitar o mal, mas insuficientemente, porque seu amor pelo bem é enfraquecido por múltiplas paixões" (*Suma Teológica*, vol. I).

Antes de examinarmos mais a fundo o papel do Anjo-guia, vejamos quais são as relações existentes entre os seres humanos e as hierarquias espirituais.

Durante tempos imensamente longos, as hierarquias espirituais moldaram o ser humano, fazendo-o conforme a imagem que o Plano divino previra para ele. Todos os corpos do ser humano, do físico ao mais sutil, foram "fabricados" pelas entidades espirituais e depois polidos e aperfeiçoados ao longo das diferentes épocas da história da humanidade (ver meus livros anteriores sobre a história da humanidade: *Chercheur d'Éternité* e *L'Animal Intérieur*).

Depois da Encarnação de Cristo, os acontecimentos se precipitaram. O ser humano encontrou sua realização no final da Idade Média e tornou-se semelhante à imaginação espiritual divina. As entidades espirituais o ajudaram a alcançar sua meta e depois, nos séculos XV e XVI, pouco a pouco foram se desinteressando do ser humano.

Em que consiste esse desinteresse? Significa que as hierarquias espirituais levaram o ser humano à maturidade:

- Seu corpo físico alcançara uma certa perfeição;
- O homem era capaz de desenvolver um pensamento individual;
- Ele já estava relativamente individualizado e podia tomar consciência de si mesmo.

Resumindo, o ser humano tornara-se apto a tomar conta de si mesmo e, sozinho, prosseguir em sua evolução.

Desde o início de seu longo percurso evolutivo, o ser humano encontrava-se entre as hierarquias espirituais que se ocupavam dele. Mas a partir da Renascença (século XVI), o indivíduo precisou aprender a cuidar de si mesmo, sem contar com as entidades espirituais. Desse ponto de vista, as hierarquias espirituais se desinteressaram do ser humano.

Hoje, cabe ao ser humano cuidar de sua própria evolução e da evolução do planeta. Se ele se recusar a fazê-lo, como parece estar acontecendo agora, correrá rumo à catástrofe e será o único responsável por ela.

A solução: O ser humano deve, por seu livre-arbítrio, religar-se às entidades espirituais a fim de evoluir em harmonia com elas, pelo futuro da Terra e da humanidade.

Em suma, podemos considerar que a evolução da Terra e da humanidade compreende duas partes: uma primeira época, durante a qual as hierarquias se ocupavam totalmente do ser humano, carregando-o "para que seus pés não tropeçassem nas pedras" e o considerando como uma criança; depois, um segundo período, que começou com a primeira vinda de Cristo e se encerrou nos séculos XV e XVI, marcando o advento do ser humano adulto, responsável por sua evolução e pela evolução do planeta. Antes, as hierarquias se ocupavam naturalmente do ser humano; mas agora cabe ao ser humano ir ao encontro delas e colaborar com elas.

É chegada a hora em que o ser humano precisa aceitar cuidar de si mesmo e se ligar, com toda liberdade, ao mundo espiritual e às entidades das hierarquias celestes. Daí depende sua sobrevivência.

Nestes últimos séculos, o ser humano desenvolveu consideravelmente sua inteligência, o que é um bem. Mas essa ferramenta admirável em que se transformou sua inteligência carece de sabedoria. A inteligência humana está desligada da realidade; ela é demasiado abstrata. É fácil ver a proliferação das invenções inúteis criadas pelo homem no século XX, o qual é realmente o século do desperdício. O fato é que dispersamos nossa energia produzindo uma multiplicidade de quinquilharias tecnológicas que não têm o menor interesse para a nossa evolução e nos afundam cada vez mais num materialismo inquietante no qual nos tornamos fracos, preguiçosos, covardes e mentirosos. E então nos tornamos presa fácil das negras forças luciferianas e ahrimanianas.

Chegou a hora de o ser humano sair de seu torpor, despertar e aprender a utilizar sua inteligência, associando-a à sabedoria das entidades espirituais.

O papel do Anjo-guia

Examinemos agora vários aspectos do papel do Anjo em seu trabalho com o ser humano.

Lembre-se de que o Anjo é a entidade espiritual mais próxima da humanidade; logo, ele desempenha o papel de mensageiro entre as entidades espirituais mais elevadas e o ser humano. Em relação a nós, o Anjo também pode ser concebido como um protetor, um guia, um intérprete e alguém que nos inicia nos mistérios. Estudemos esses diferentes aspectos do trabalho do Anjo.

O anjo como protetor

Quando o aspirante entra em contato com seu Anjo pela primeira vez, o que ele percebe é o aspecto "guardião" ou protetor dessa entidade espiritual. Ele sente todo o amor do seu Anjo envolvendo-o como um manto protetor, e essa "percepção" o reconforta. Esse é o aspecto "Espírito Santo", representado especificamente pelo Anjo que oferece essa "percepção" de amor, de proteção e de consolo. Acaso Cristo não disse que o Espírito Santo era o Grande Consolador, sendo exatamente esse o sentido da palavra "paracleto"?

A proteção do Anjo funciona no sentido de que ele tenta proteger o indivíduo contra o mal. Essa proteção é relativa, porque o ser humano dispõe do livre-arbítrio: pode entregar-se aos seus desejos egoístas e às suas paixões, sem que o Anjo consiga impedi-lo. Sua proteção consiste sobretudo em encorajar o indivíduo a fazer o bem.

O Anjo é também o protetor da Alma. Nos dias de hoje, somente o "Eu" está totalmente encarnado no ser humano. Podemos concebê-lo como um embaixador divino da Alma. Agora, a Alma (também chamada de Eu divino ou Eu Espiritual) ainda é como um bebê para o qual o Anjo desempenha o papel de mãe. Somente dentro de muitos séculos, quando o ser humano tiver um corpo físico mais maleável (menos denso), a Alma, ajudada pelo Anjo, poderá começar a se aproximar do indivíduo e pouco a pouco penetrar em seus diferentes corpos: esse será o advento da Era do Espírito Santo.

O Anjo como guia

O principal trabalho do Anjo é certamente aquele que consiste em agir como guia do indivíduo a quem serve. No contexto deste aspecto de seu trabalho, incluo a moldagem do destino do ser humano. Durante o "entre duas vidas", são as entidades mais elevadas da primeira grande hierarquia que moldam o karma do ser humano. Ou seja, elas preparam todo o destino futuro do indivíduo conforme os resultados de sua existência precedente. A elaboração do karma tem uma complexidade que você pode facilmente imaginar. Uma vez encarnado, o indivíduo deve se encontrar diante de seu karma e viver seu próprio destino, não o das outras pessoas. Esta é uma das tarefas do Anjo enquanto guia. Ele prepara esse encontro e sussurra conselhos no nosso ouvido para que tudo se desenrole da melhor maneira possível. Ele propõe esse desafio e encoraja o indivíduo a superá-lo. Conduz para o caminho que levará a uma revelação ou à descoberta do potencial criador.

O Anjo guia o indivíduo para que este tire o melhor partido possível de seu destino e evolua ao máximo de suas capacidades. O Anjo é totalmente solidário com o indivíduo, enquanto este não o rejeitar por um ateísmo irredutível. O Anjo também impele o indivíduo para algumas leituras inspiradoras e tenta, de todas as maneiras, transmitir mensagens ao seu protegido. A famosa "voz interior" que escutamos no coração muitas vezes é a do Anjo (embora também possa ser a da Alma).

Como você poderia imaginar a orientação do Anjo? Tente, por um instante, colocar-se no lugar do seu Anjo. O Anjo é um ser espiritual que nunca encarnou, porque evoluiu de maneira bem diferente do ser humano. Ele está num nível de consciência que o ser humano só alcançará daqui a muitos milhares de anos!

O Anjo dispõe de uma visão global (um olhar eterno) que lhe permite ver, numa grande imagem viva, todo o passado do indivíduo e perceber o desenrolar futuro do seu destino. Ele conhece tudo a respeito do ser humano que está a seu cargo e sabe como melhor orientá-lo. Sua percepção do futuro é infinitamente superior à de todos nós.

O Anjo está totalmente desvinculado do mundo material, que ele concebe sobretudo como um campo de energias múltiplas tecendo diversas tramas. Uma dessa tramas é a do destino do seu protegido. Ele vê a realidade além das aparências do mundo sensível e pode assim aconselhar favoravelmente o ser humano que lhe cabe guiar.

Seu trabalho não pára aí. Na verdade, o Anjo também cumpre uma missão de longo prazo: a preparação das futuras civilizações da humanidade e, como prioridade, a da Era de Aquário.

A Era de Aquário ainda não começou. Ela se iniciará quando tivermos uma civilização espiritual que substitua esta de hoje, materialista, e quando o pólo espiritual se deslocar na Europa Oriental (nos países eslavos). É evidente que isso ainda não ocorre, embora as provações que afligem há muitos anos os países eslavos indiquem com clareza que aquela região do globo é a presa de uma aposta imensa: a espiritualidade da Era de Aquário. Um terceiro aspecto significativo da Era de Aquário é que ela compreenderá dois tipos de civilizações: uma, voltada resolutamente para a espiritualidade; a outra, mergulhada numa busca interminável de desejos instintivos (o "animal inteligente" — ver no Capítulo 10 o parágrafo sobre a nova cultura espiritual).

Os utopistas, portanto, não verão o início da Era de Aquário nesta vida; será preciso esperar um pouco mais. Por outro lado, os Anjos não esperam quando se trata de preparar a humanidade para essa futura civilização espiritual. Para realizar seus desígnios, os Anjos criam imagens no corpo astral dos seres humanos sob inspiração dos Espíritos da Forma, ou Elohim ("os deuses que criaram o céu e a terra", mencionados no início do Livro do Gênesis).

Os Elohim preparam com muito tempo de antecipação a forma das civilizações futuras. Para isso, eles contam com a ajuda dos Anjos. A meta dessas entidades espirituais é impregnar o indivíduo de certas qualidades que permitirão a criação de uma nova civilização.

Os Anjos criam, no corpo astral do ser humano, imagens que são refletidas no corpo etérico. Pode-se ver essas imagens no seu corpo etérico (com maior ou menor nitidez, conforme o estado de pureza do corpo astral e a capacidade de clarividência consciente desenvolvida pelo aspirante).

Essas imagens mostram as metas a ser alcançadas e as qualidades a ser desenvolvidas, as quais são necessárias para assegurar o surgimento, em boas condições, da futura Era de Aquário. O nascimento bem-sucedido dessa Era é de inteira responsabilidade do ser humano.

Podemos destacar três principais qualidades a ser cultivadas, que são as palavras-chave do caminho interior e crístico: amor, luz e liberdade.

1) **Amor**: Trata-se de criar uma grande fraternidade entre os homens, de tal maneira que uma pessoa não possa se sentir feliz se outros estiverem sofrendo à sua volta. Essa fraternidade acabará trazendo o fim do egoísmo. Essa compaixão modificará completamente, como você há de supor, a maneira de viver nesta Terra. É também um trabalho de longo prazo; mas, neste momento, os seres humanos estão recusando essa qualidade de fraternidade-compaixão que os Anjos introduzem no nosso corpo astral.

O que pode estar provocando essa recusa da fraternidade? Essa qualidade corre no sentido oposto ao do egocentrismo, que consiste em usarmos os outros como meios de satisfazer nossos desejos egoístas. O sangue, que é o veículo físico do "Eu", se enfraquece quando o indivíduo manifesta um egoísmo ou egocentrismo exacerbado, como ocorre na sociedade atual. A recusa da fraternidade se transforma numa espécie de "veneno" para o sangue, afetando o instinto sexual e impelindo o indivíduo para uma sexualidade pervertida (no sentido de ser unicamente egocêntrica). Essa recusa da fraternidade gera a terrível doença que é a AIDS.

Lembre-se de que o desenvolvimento de um sentimento pleno de fraternidade e compaixão é a primeira tarefa dos Anjos.

2) **Luz**: Trata-se de fazer o ser humano ver-se como um ser espiritual. Assim, todo encontro se tornará sagrado. Quando um ser humano encontrar outro, ele perceberá, além da aparência física, a centelha de Luz divina que habita no mais profundo daquele ser, sua realidade na Casa de Deus. É o reconhecimento da divindade do ser humano e de sua Luz interior, a segunda meta à qual aspiram os Anjos. Isso levará ao surgimento de uma espiritualidade natural, interior, que não precisará de templos ou igrejas exteriores para perceber o divino.

Cada pessoa conhecerá o divino em si e em todos os seres. Cada encontro será uma comunhão natural com um ser espiritual. A vida espiritual será verdadeiramente interiorizada e os homens se sentirão novamente ligados uns aos outros. Mais uma vez florescerão as escolas dos mistérios, e não mais na face da Terra e sim no mundo etérico. Os dogmas e as crenças religiosas desaparecerão, sendo substituídos pela experiência direta do divino.

O desenvolvimento das técnicas da informática, com seus computadores dotados de *softwares* sofisticados propondo um mundo paralelo e aos quais vem se acrescentar esse último achado que é a "realidade virtual", representa um perigoso desvio desta qualidade. A Luz nos permite discernir e ver a realidade por trás da aparência. A Luz nos dá acesso à imagem verdadeira, à Imaginação espiritual, à realidade, enquanto os *softwares* e a realidade virtual propõem mundos ilusórios e cortam o ser humano da realidade.

Lembre-se de que o desenvolvimento de uma vontade livre, esclarecida pela luz da autoconsciência, é a segunda tarefa dos Anjos.

3) **Liberdade**: Trata-se de dar ao ser humano livre acesso ao mundo espiritual graças a um pensamento vivo, ou seja, um pensamento liberto do mundo exterior e do corpo físico. O indivíduo se ligará ao seu Anjo e ao mundo espiritual, elevando até seu corpo etérico o seu pensamento interiorizado e espiritualizado.

Também as manipulações genéticas e medicamentosas acarretadas pela proliferação de drogas, ilegais ou mesmo autorizadas e prescritas (basta pensar na "pílula da felicidade", no remédio que "resolve todos os problemas e faz esquecer todas as angústias" e sobretudo na "pílula que apaga o interesse pela espiritualidade" — viva os zumbis do mundo moderno!) constituem um perigoso desvio desta qualidade, porque visam aniquilar o livre-arbítrio do ser humano.

Lembre-se de que o desenvolvimento de um pensamento interiorizado e vivo, que oferece livre acesso ao mundo espiritual, é a terceira tarefa dos Anjos.

> Em resumo: O verdadeiro interesse pelos outros (graças à fraternidade), a descoberta de que o impulso crístico permite revelar uma espiritualidade além de toda forma de crença ou dogma, e o pensamento livre que compreende o mundo espiritual são as qualidades que os Anjos, sob inspiração dos Elohim, desejam ver desenvolvidas no seio da humanidade, para construir a futura civilização da Era de Aquário.

O ser humano dispõe do livre-arbítrio de abrir-se ou não a essas qualidades por intermédio de seu Anjo. Mas, como se comportam as entidades negras diante do trabalho dos Anjos?

1) As **entidades luciferianas** têm por objetivo ajudar o ser humano a se espiritualizar o mais rapidamente possível, sem utilizar seu livre-arbítrio. Lúcifer gostaria que o indivíduo fosse espiritualizado e bom, sem qualquer possibilidade de fazer o mal. Mas assim o ser humano perderia seu livre-arbítrio e não teria mais a escolha de fazer o mal. Ele se tornaria automaticamente bom, sem reflexão: teria o "coração nas mãos", como muitos dos autodenominados instrutores espirituais que encontramos nos ambientes da "tradição esotérica" ou do "desenvolvimento pessoal". Ele se sentiria "em simbiose com o Todo" ou num "estado de vazio", para que a inteligência transcendental de Lúcifer pudesse se manifestar através dele!

Sem livre-arbítrio, o ser humano perderia a consciência de si e viveria em simbiose com os outros; seria o retorno a uma condição passada, a do "paraíso", ou seja, uma regressão. Certos pseudo-instrutores espirituais ensinam que esse "retorno ao ponto de partida" é o caminho espiritual; mas isso não passa de um ensinamento inspirado pelas entidades luciferianas.

2) As **entidades ahrimanianas**, ao contrário, desejam que o ser humano esqueça sua natureza espiritual e se veja apenas como um "animal inteligente" ("o homem descende do macaco" — viva a ignorância! Sugiro a leitura de meu livro anterior, *L'Animal Intérieur*, onde explico a evolução do ser humano e dos animais segundo os ensinamentos da ciência iniciática). Ahriman quer nos abarrotar de tecnologias ultra-sofisticadas para podermos satisfazer todos os instintos e paixões da nossa natureza animal, esquecendo nossa vida interior. Assim, o ser humano é prisioneiro da matéria e afunda cada vez mais num universo virtual e ilusório que o desconecta, perigosamente, da realidade.

É a Ahriman que devemos esta sociedade materialista, que funciona segundo dois pólos. De um lado, faz-se o indivíduo viver no medo e na insegurança para enfraquecê-lo, torná-lo covarde e passivo. De outro lado, permite-se que ele experimente todo tipo de desejos egoístas, para compensar seu mal-estar, e dá-se a ele meios para apaziguar esses desejos, graças às diversas tecnologias modernas.

Compete a cada um de nós fazer sua escolha, desde agora, para que a humanidade tenha um futuro.

O Anjo como intérprete

O Anjo, assim como o guia espiritual humano, também desempenha um papel de intérprete das escrituras sagradas. Quando o aspirante lê uma obra espiritual ou um texto sobre as escrituras sagradas (os Evangelhos ou outras), o Anjo está ali, bem ao seu lado, sussurrando a interpretação do texto ao aspirante que sabe pôr-se à escuta.

É importante aprender a ler meditativamente. Isso significa concentrar-se na leitura para penetrar plenamente nela. E implica um mínimo de interiorização, depois de ter conscientemente escolhido consagrar certo tempo à leitura meditativa. A manhã e a noite são bons momentos para você se dedicar a esta atividade. Você precisa viver sua leitura, detendo-se em cada palavra ou frase que lhe desperte alguma coisa, para aprofundá-la. É nesses instantes, quando você está como que suspenso a uma frase que o toca em particular, que o Anjo pode desempenhar seu papel de intérprete, sussurrando-lhe as respostas às questões levantadas pela sua leitura. É nesses momentos de concentração e receptividade que você ouve a voz do seu Anjo.

O Anjo como iniciador aos mistérios

Este último papel do Anjo é complementar ao papel de intérprete. Com efeito, o Anjo tenta levar você, passo a passo, para um caminho no qual você encontrará os mistérios. O que são os mistérios? São os grandes conhecimentos esotéricos que chegamos a merecer através de esforços meditativos intensos; são os segredos do cosmos, do ser humano e das hierarquias espirituais. Vemos um número cada vez maior de livros sobre os mistérios, mas poucos os tratam de maneira justa. Mesmo os Iniciados que abordam o tema dos mistérios nunca chegam a revelar a totalidade. **As grandes verdades só percebemos individualmente e através dos nossos próprios esforços.** Mesmo se um Iniciado lhe revelar um mistério, você não o compreenderá se não tiver feito certo trabalho espiritual anterior que lhe permita integrá-lo.

À medida que você progride no caminho espiritual, seu Anjo poderá guiá-lo até as portas de um mistério, de uma verdade. Se você está suficientemente à escuta, ele lhe revelará esse mistério. Assim, seu Anjo será o seu Iniciador nesse mistério, porque lhe terá transmitido sua Luz (conhecimento).

Em certos casos, o futuro Iniciado não tem um guia encarnado, porque se ligou diretamente ao mundo espiritual por intermédio do seu Anjo ou até mesmo de um Arcanjo, como foi o caso de Mani ou, por exemplo, de João Batista em sua encarnação como Novalis. Nessa situação raríssima, é o Anjo ou o Arcanjo quem se encarrega de transmitir as Iniciações ao futuro Iniciado.

O TERAPEUTA E LÚCIFER

Nestes últimos vinte anos, sob o nome de Nova Era, desenvolveu-se um movimento planetário que inclui as crenças, práticas e terapias chamadas "desenvolvimento pessoal", "crescimento pessoal", "movimento do potencial humano" ou ainda "novos terapeutas".

Embora a maioria das pessoas que fazem parte desse movimento seja sincera (mesmo que outra parte seja constituída de antigos comerciantes que ali vêem uma nova maneira de ganhar dinheiro), é evidente nelas a manifestação de uma grande ignorância dos conhecimentos esotéricos de base. Esses pseudoguias espirituais e esses pseudoterapeutas não conhecem grande coisa do funcionamento do ser humano e do mundo espiritual. O fato é que eles tomam conta do aluno — em vez de lhe dar os meios de ter acesso individual aos conhecimentos e tornar-se responsável por si mesmo uma vez alcançada a maturidade. Eles encorajam os alunos ao infantilismo, através de uma atitude que se manifesta por dois vieses:

— Os alunos são mantidos em eterna dependência do "guia" ou terapeuta, que é o único a ter acesso aos conhecimentos;
— Os alunos seguem cursos de formação para se tornarem eles próprios terapeutas, a fim de tomar conta de outras pessoas.

Essa situação é bastante dramática, porque esses "orientadores" influenciam muitas pessoas cuja busca espiritual é sincera; eles lhes vendem cursos de formação de terapeutas disto ou daquilo, criando a ilusão de certa superioridade.

Com isso, essas pessoas exibem orgulhosamente um fictício diploma de terapeuta e se improvisam em guias espirituais. Você pode estar certo de que elas nunca mais questionarão seu próprio futuro, porque terão certeza absoluta de que alcançaram um alto nível de consciência. Desse modo, estarão presas numa armadilha e serão incapazes de evoluir.

Na maior parte do tempo, essas pessoas são manipuladas, sem saber, pelas forças negras, o que é grave. Já é hora, portanto, de que o indivíduo interessado no domínio espiritual dê prova de discernimento.

Mas meu objetivo, aqui, não é criticar esse movimento nem suas técnicas duvidosas (como a pseudo-abertura dos chakras por um "terapeuta qualificado" — uma bela engabelação!), e sim traçar o retrato típico do terapeuta do movimento de desenvolvimento pessoal.

Eis os seus principais traços:

— Ele se diz envolvido numa busca espiritual (é verdade que se interessa pela espiritualidade, mas com a condição de não precisar vivê-la realmente nem de se questionar);
— Ele acredita que a Era de Aquário já começou. Trata-se de uma utopia luciferiana típica: se a Era de Aquário já começou, ele tem a desculpa de não precisar fazer qualquer esforço. Nada de esforço! Viva a moleza!
— Ele é apaixonado pelo Egito e muitas vezes também pelos essênios e cátaros[1] (sem esquecer a Atlântida, da qual tantas coisas muito esquisitas são contadas);
— Ele se recusa a falar do mal ou das forças negras, porque se diz otimista (viva o pensamento positivo!). Está persuadido de que caminhamos para um mundo melhor (as entidades luciferianas querem retirar o livre-arbítrio do indivíduo fazendo-o "esquecer" o mal; elas só têm a lucrar com isso — o que faria você em seu lugar?);
— Ele mostra uma tendência a "planar", a não se sentir adaptado a este mundo materialista; diz ter um problema com a encarnação (as entidades luciferianas sussurram ao ser humano que ele já é uma entidade espiritual e não tem mais nada a fazer nesta Terra, que ele precisa retornar ao "paraíso" original: não é uma evolução que elas propõem, mas a regressão a um estado passado);
— Ele se interessa por todo o folclore pseudo-esotérico criado por esse movimento: os chakras, os cristais, a canalização (canalizar é o melhor meio de uma pessoa ascender à "oitava esfera", o antimundo espiritual das forças negras!);
— Ele é atraído pelo aspecto afetivo: adora tomar conta dos outros ou deixar que outros tomem conta dele. Sente-se muito atraído pelo aspecto relacional, e até mesmo sexual (tantrismo, massagens e outros conhecimentos desviados do caminho original: como encontrar sua alma-gêmea em dez lições!);
— Ele freqüentemente tem saúde frágil e sente muito interesse pela medicina complementar elaborada por esse movimento (a saúde frágil — especialmente nervosa — é um indício de ateísmo ou de idéias materialistas nutridas em vidas anteriores);
— Ele tem pouquíssimos conhecimentos esotéricos reais, ou o pouco conhecimento de que dispõe é muito vago (espiritualidade luciferiana com um mental abstrato: uma infinidade de grandes idéias, mas nenhuma vivência espiritual concreta);

---

1. Ou "puros" ou ainda albigenses, hereges franceses dos séculos XII e XIII; professavam uma doutrina dualista que rejeitava a carne e a criação material por julgá-las más. (N.T.)

— Ele nunca se envolve num caminho espiritual, salvo para "roubar" algumas técnicas que incorpora aos seus próprios cursos ou estágios (embora não as domine de modo algum);
— Ele tem o "coração nas mãos", mas é demasiado orgulhoso e claramente superestima seu nível de evolução (em geral, não conhece o moderno caminho evolucionário ocidental; só faz referências ao Egito — a "gnose egípcia" — ou, às vezes, ao ensinamento hindu do Vedanta, que não é adequado ao moderno aspirante ocidental);
— Ele não se sente à vontade com o dinheiro: ou proclama que a espiritualidade deveria ser gratuita ou quer enriquecer à custa dela, porque sofre de insegurança nesse assunto;
— Ele adora aconselhar os outros, porque esse é um meio excelente de tornar as pessoas dependentes dele (prender e manipular: cuidado, porque o degrau seguinte é a seita!).

E essa lista ainda está incompleta.

Prosseguindo em meu estudo, perguntei a mim mesmo qual a razão de ser desse tipo de terapeuta do desenvolvimento pessoal. De onde ele vem? O que teria vivenciado em suas existências anteriores para se tornar o que é hoje?

Apresento a seguir uma espécie de esquema geral de suas últimas encarnações, segundo a ciência iniciática. Trata-se, bem entendido, de uma hipótese que não necessariamente se aplica a todos os terapeutas do desenvolvimento pessoal, mas apenas a alguns deles.

É muito freqüente o terapeuta da Nova Era ter conhecido uma encarnação no antigo Egito, quando aquela civilização estava em plena decadência. (Mas nunca lhe diga que o Egito entrou em decadência, porque ele acredita que a civilização egípcia foi sempre fabulosa, que foi a mãe do conhecimento iniciático.) A queda da civilização egípcia caracterizou-se pelas premissas do materialismo. Claro que não se tratava do materialismo que conhecemos hoje, mas pode-se dizer que as raízes do materialismo se fixaram no Egito decadente. Uma indicação disso é o culto às múmias e o desejo de conservar o corpo físico depois da morte.

Nosso terapeuta, portanto, encarnou naquela época da decadência egípcia. Dela conservou uma forma de espiritualidade idólatra, mesclada com materialismo precoce. Ele se deixou enfraquecer por esses desvios, nos quais entrava talvez uma má compreensão da astrologia — utilizada unicamente para a divinação.

Depois daquela vida, nosso terapeuta da Nova Era entra no mundo espiritual. Um pouco enfraquecido pelas ilusões que conservou em sua vida egípcia, ele sente dificuldade em se ligar às entidades espirituais e tirar pleno proveito de seu "entre duas vidas".

A seguir, ele reencarna no período greco-romano. Talvez tenha encarnado durante o período da Grécia decadente, onde havia o culto do corpo físico e do mundo exterior. Ou talvez tenha encarnado durante a decadência do Império Romano, onde fortaleceu seu egoísmo materialista (aquela civilização estabeleceu os primeiros direitos individuais, sementes da nossa possessividade materialista).

Afastando-se cada vez mais da verdade e cultivando sempre uma compreensão materialista da espiritualidade, ele retorna ao mundo espiritual depois da sua morte, depois de ser novamente enfraquecido. Mas, dessa vez, ele não consegue se ligar às entidades espirituais para receber o potencial criador que poderia desenvolver na vida seguinte, e é incapaz de modelar corretamente seus diferentes corpos.

Volta a encarnar no correr dos séculos XVIII ou XIX, quando a civilização materialista está em plena expansão. As sementes antes depositadas nele pelas civilizações egípcia e greco-romana desabrocham totalmente nessa vida. Ele abraça por completo o materialismo e se corta irremediavelmente do mundo espiritual.

Como não acredita mais no mundo espiritual, ele ali penetra de maneira inconsciente depois de sua morte. Vagueia nesse universo, incapaz de se ligar a coisa alguma. Está separado do seu Anjo-guia e falta-lhe a força para recriar seus diferentes corpos a fim de reencarnar e prosseguir sua evolução. É então que um anjo luciferiano vem ajudá-lo e tomar conta dele. Esse anjo lhe dará a força para recriar seus diferentes corpos a fim de prosseguir sua evolução reencarnando. Assim lhe dará novamente o gosto pela espiritualidade: uma espiritualidade luciferiana, claro! Todas as qualidades, todos os dons e todos os conhecimentos de que ele disporá quando reencarnar estarão impregnados de Lúcifer.

Nosso terapeuta da Nova Era reencarna, portanto, depois da Segunda Guerra Mundial (nos anos 40, 50 ou 60), para participar da revelação luciferiana da Nova Era.

Quando o Egito entrou em decadência, alguns Anjos que guiavam seu povo não quiseram aceitar a queda daquela civilização. Em vez de deixá-la desabar como estava previsto no Plano divino, tentaram conservá-la por todos os meios. Aqueles anjos caíram e foram resgatados pelos exércitos de Lúcifer. Trata-se dos mesmos anjos luciferianos que hoje em dia incitam as pessoas do ambiente Nova Era a se interessar excessivamente pela "gnose egípcia", fazendo-as acreditar que toda a nossa sabedoria moderna é de origem egípcia. (Quer se esclarecer sobre a sabedoria? Ora, então utilize os "faraós"!)

Esse indivíduo, de um tipo muito difundido no Ocidente (ele certamente não se reconheceria aqui, mas identificaria seus confrades!), não é má pessoa.

Geralmente é muito simpático, de convívio agradável e está sempre pronto a aconselhar as pessoas ou guardá-las no coração. Tem a palavra fácil e sabe discorrer sobre todos os temas possíveis (principalmente aqueles que desconhece!).

Seu caso não é desesperado (não podemos, sobretudo, confundi-lo com o praticante da magia negra), mas ele precisa fazer muito esforço se quiser sair da situação em que se encontra.

Esse indivíduo, portanto, é guiado por um anjo luciferiano e não por um Anjo-guia a serviço de Cristo. Ele precisa se desembaraçar dessa entidade luciferiana fazendo um trabalho espiritual profundo — baseado na humildade, na fé, na força interior — e se ligando a um Anjo-guia e ao Cristo interior. Ele deve praticar intensamente o perdão em relação a si mesmo e em relação à sua Alma ou Eu Espiritual. Deve abandonar essa idéia ilusória de ser um "guia espiritual ou um eleito que tem como missão salvar a humanidade": que ele comece primeiro salvando a si mesmo!

Ele deve se reconciliar com o mundo espiritual do qual tem tanto medo. Ele prefere acreditar que já é iniciado, ou clariaudiente, ou clarividente, ou que o trabalho espiritual está realizado, em vez de se lançar num caminho espiritual. Está persuadido de quase haver terminado sua jornada, quando ainda lhe falta dar o primeiro passo.

Ele pode ler Rudolf Steiner, Omraam Michaël Aïvanhov ou Sri Aurobindo para adquirir conhecimentos esotéricos de base, mas com a condição de vivê-los plenamente (caso contrário não os compreenderá, só dará a impressão de compreender).

Seria lamentável se esses pseudoterapeutas da Nova Era permanecessem onde estão, porque eles dispõem de certo potencial para evoluir (mesmo precisando de três vidas, em média, para sair das "patas" de Lúcifer) e ajudar os outros. Quero que eles saibam que sempre encontrarão em mim um apoio e um amigo para ajudá-los a sair dessa situação.

Fiz este estudo simplesmente porque conheci um número muito grande de pessoas que funcionam assim; e este capítulo foi escrito num espírito de fraternidade e compaixão. Que me ouça aquele (ou aquela) cujos ouvidos ainda não estão demasiado fechados!

Será que este capítulo fez você perceber a importância da relação entre o ser humano e o Anjo-guia? Esse era o meu objetivo. Na verdade, hoje em dia é essencial que o ser humano se ligue ao mundo espiritual, porque nossa civilização não será viável se permanecer cortada dele.

O ser humano deve aceitar a responsabilidade por seu planeta e por sua evolução, buscando o conselho de seu Anjo-guia, que habita ao seu lado em todas as ocasiões.

Caro leitor, cara leitora, sinta essa entidade espiritual que se sacrifica por você e o acompanha por toda parte, nas maiores alegrias e também nos maiores desesperos. Seu Anjo nunca o abandona, mesmo que todo o mundo lhe vire as costas. Ele é sempre fiel, está sempre disponível. Seu doce olhar pode fazê-lo sentir todo o amor do mundo espiritual por você. Suas asas o convidam a elevar-se acima da sua natureza inferior, para que se revele todo o seu potencial criador.

Sim, o ser humano tem tudo a ganhar ligando-se ao seu Anjo-guia para participar com ele da transformação da Terra e da humanidade. No dia em que a humanidade souber cooperar conscientemente com o Reino dos Anjos, nós viveremos a Era de Aquário, quando Sofia se aproximará da Terra para unir-se a Cristo, seu noivo.

CAPÍTULO *10*

OS ARCANJOS, OS PRINCIPADOS, MIGUEL E SOFIA

Depois de ter apresentado o trabalho do Anjo em relação ao ser humano, eu gostaria de discutir alguns detalhes do trabalho dos Arcanjos e dos Principados.

De início, vamos galgar um degrau nas hierarquias espirituais, lançando nosso olhar aos Arcanjos, ou Espíritos do Fogo.

O PAPEL DO ARCANJO

O Arcanjo como Espírito do povo

O papel de guardião de um povo ou de uma raça, por um Arcanjo, é análogo ao do Anjo em relação a um único indivíduo. O Anjo ocupa-se apenas de uma pessoa, enquanto o Arcanjo é responsável por todo um povo ou raça.

Por exemplo, o mais célebre dos Arcanjos, Miguel, foi o Espírito do povo hebreu até a primeira vinda de Cristo. Quando você encarna no seio de um povo, o Arcanjo — ou Espírito desse povo — impregna seu corpo etérico dos traços de caráter desse povo. Tudo o que faz a cultura de um povo, seus costumes ou suas capacidades específicas, é ativado pelo Espírito desse povo: esse é o trabalho dele.

Outrora, o Arcanjo de um povo estava em contato com seu Rei, que era então clarividente e/ou clariaudiente. O Rei podia entrar em contato com o Espírito de seu povo para dele receber conselhos quanto à maneira de fazer progredir corretamente seu país. Isso exigia certo nível de iniciação, que o Rei devia alcançar para pretender tal função. Em seguida, o Rei tornou-se um chefe de Estado, mas tinha sempre ao seu lado um conselheiro capaz de se relacionar com o Arcanjo do povo. Depois do surgimento da civilização materialista, os reis e rainhas tornaram-se fantoches que só pensam em adquirir o máximo de dinheiro e poder.

É preciso salientar que a conseqüência do fim da realeza e dos líderes políticos capazes de entrar em contato com o Arcanjo do povo foi que este último se afastou cada vez mais do país de que se ocupava. A política moderna está cortada do mundo espiritual e é manipulada pelas forças negras. Em resumo, o Espírito do povo continua a ser o guardião dos valores espirituais de um país, porém não mais se ocupa do aspecto político. Sua influência ainda se manifesta através dos indivíduos que expressam sua criatividade no seio do povo do qual ele está encarregado.

Se você pensar no que pode representar o fato de moldar o destino de uma nação e dos milhões de pessoas que a compõem, fará uma idéia aproximada do poder espiritual de um Arcanjo.

O Arcanjo como Espírito da língua

O outro papel capital dos Arcanjos é o de Espíritos da língua. Os Arcanjos estão ligados ao aspecto "Verbo" ou "Cristo", e daí provém seu impacto sobre a língua. Todas as línguas foram formadas e estrututuradas por um Arcanjo, segundo as qualidades que ele queria desenvolver através de cada povo. Se você estudar as línguas, verá que cada uma delas tem seus pontos fortes; sua ação sobre o ser humano é diferente. Ouça o "canto" de uma língua e deixe-o agir sobre você. Fará assim uma idéia das qualidades que o Arcanjo desejou introduzir nessa língua quando a criou. Você também pode pegar uma palavra e estudá-la numerologicamente em várias línguas; verá que obtém diversos pontos de vista sobre um mesmo conceito. Quando sabemos a importância que pode ter a língua materna, percebemos que o Espírito da língua faz entrar nela vibrações espirituais que nos predispõem ao amadurecimento de certas qualidades ou capacidades.

Contudo, as línguas se empobrecem cada vez mais e as palavras perdem seu significado. Essa é uma das conseqüências da civilização materialista e da ruptura com o mundo espiritual. As línguas começam a ficar iguais umas às outras e parecem cada vez mais vazias.

Observe, porém, que o Espírito de um povo não é o mesmo que o Espírito da língua. Aliás, em certos países, pode haver um Espírito do povo e diversos Espíritos da língua. Num mesmo país, pode-se falar duas ou três línguas, como ocorre na Suíça (os suíços falam francês, alemão e italiano, o que mostra a intervenção de três Espíritos da língua). No Canadá, onde se fala francês e inglês, temos a intervenção de dois Espíritos da língua. Note que no Canadá há também dois Espíritos do povo: um para o Canadá de língua inglesa e outro para a Província de Quebec (que, aliás, foi chamada a tornar-se um país independente e desempenhar um papel equilibrador diante do americanismo).

O Arcanjo como Inspirador de uma família espiritual

O trabalho dos Arcanjos tende a se modificar desde o surgimento da sociedade materialista, porque a humanidade apartou-se do mundo espiritual. Os Arcanjos se mantêm distanciados dos seres humanos e seu trabalho tem bem menos influência que no passado. Nos dias de hoje, mesmo com os Arcanjos sempre presentes, é ao ser humano que compete se esforçar para fazer ligação com eles. Os povos e as raças destinam-se a desaparecer, pouco a pouco. O trabalho dos Arcanjos, portanto, vai se transformar. O futuro verá a criação de famílias espirituais que terão, cada uma delas, um Arcanjo como guia (ou um Anjo capaz de guiar um pequeno grupo). O fim da civilização materialista (provavelmente no decorrer do século XXI) e o surgimento de uma civilização espiritual permitirão que os grupos persigam um mesmo ideal sob a inspiração de um Anjo ou de um Arcanjo.

No futuro, as pessoas não mais serão identificadas segundo o país ou raça a que pertencem; mas sim quanto aos traços característicos da família espiritual de que farão parte. Assim, indivíduos nascidos em diferentes regiões da Terra se parecerão, porque provirão do mesmo grupo espiritual.

Não se trata de construir uma comunidade onde todo mundo viveria num mesmo local; trata-se, sobretudo, de cultivar um espírito de fraternidade entre os membros de uma mesma família espiritual. Um Anjo, ou mesmo um Arcanjo, poderia então se apresentar para guiar esse grupo espiritual. De modo geral, será preciso haver um Iniciado ou um discípulo com alto nível de consciência à frente desse grupo, capaz de entrar em contato com o Espírito do grupo. Este último (Anjo ou Arcanjo) inspirará o guia encarnado e lhe indicará o trabalho a ser feito para o progresso de sua família espiritual, contribuindo para a evolução da humanidade e para a revelação de Cristo no retorno ao mundo etérico. Esses grupos já começam a funcionar desta maneira nos nossos dias.

O Arcanjo como Inspirador de uma época

Há um grupo de sete Arcanjos que têm uma missão especial, cada um deles dispondo de um período de influência espiritual específica sobre a humanidade. A duração total da influência dos sete Arcanjos é de dois mil e quinhentos anos, mais ou menos. Isso significa que cada Arcanjo dispõe, em média, de 350 ou 360 anos para cumprir sua tarefa. Essa duração corresponde, analogicamente, à do ano lunar: 354 dias e $1/3$. Também corresponde a doze ciclos de Saturno (29,457 anos x 12 = 353 anos e $1/2$) e a trinta ciclos de Júpiter (11,86 anos x 30 = 355 anos e $1/2$); enfim, ela está próxima do número "perfeito" 360 (12 x 30, a totalidade dos graus do círculo ou os 360 graus do Zodíaco).

O historiador e esotérico Johannes Trithemus de Sponheim (1462-1516) foi o primeiro a descrever esses períodos de regência dos Arcanjos, principalmente em sua obra *Tratado das Causas Segundas*.

Os sete Arcanjos estão ligados às sete esferas de consciência planetária que encontramos no simbolismo dos dias da semana:

— Domingo: a esfera do Sol e Miguel;
— Segunda-feira: a esfera de Saturno e Oriphiel;
— Terça-feira: a esfera de Vênus e Haniel;
— Quarta-feira: a esfera de Júpiter e Zachariel;
— Quinta-feira: a esfera de Mercúrio e Rafael;
— Sexta-feira: a esfera de Marte e Samael;
— Sábado: a esfera da Lua e Gabriel.

Durante esse período de cerca de três séculos e meio, o Arcanjo dispõe de certa influência sobre a humanidade. Essa influência depende da esfera de consciência à qual ele está ligado, e se situa principalmente nos planos espiritual e cultural (portanto, não é onipotente). Enfim, ela é mais poderosa na região da Terra onde se encontra o pólo espiritual (isto é, a região onde o impacto do mundo espiritual é mais forte) durante sua fase de regência.

- O período anterior de influência de Miguel, que era ainda o Arcanjo do Sol, se estende de 610-600 a.C. até cerca de 220 a.C. Durante sua regência, Miguel viu nascer inúmeros sábios e Iniciados: Buda Gautama (623-543); Pitágoras (582-507) e seu mestre Zaratos (628-551), a reencarnação de Zaratustra; Lao-Tsé (571-480?); Sócrates (469-399); Platão (427-347) e Aristóteles (384-322). Esse período teve uma influência considerável sobre o futuro da humanidade, durante muitos séculos e mesmo até os nossos dias. A era de Miguel é a do cosmopolitismo e da eclosão de um novo pensamento. Essa época está associada à filosofia grega e aos primórdios do pensamento conceitual.
- Em seguida vem o período do Arcanjo Oriphiel — ligado à esfera de Saturno —, que se estende de 220 a.C. até 130-135 d.C. Essa regência de Oriphiel viu a Encarnação de Cristo se produzir para reequilibrar o karma (aspecto saturnino) da humanidade. O período de Oriphiel é sempre um

momento difícil de ser vivido, porque o aspecto saturnino acarreta a manifestação de certas dívidas kármicas. É provável que sua próxima regência (a partir de meados do século XXIII) faça a humanidade "pagar" o karma do materialismo.

- O período do Arcanjo Haniel — ligado à esfera de Vênus — se estende do ano 135 ao ano 490 da Era Cristã. Essa regência se baseia na dualidade amor/ódio: não causa surpresa que ela tenha coincidido com a perseguição aos cristãos. Foi também marcada pela encarnação de Mani (216-277), o grande instrutor espiritual da esfera solar enviado por Cristo como Paracleto ou Consolador. Foi também durante esse período que Maria foi declarada Mãe de Deus (*Théotokos*) pelo Concílio de Éfeso, em 431.

- O período do Arcanjo Zachariel — ligado à esfera de Júpiter — se estende de 490 a 845-850. Essa época está ligada à migração dos povos (fenômeno jupiteriano de expansão e descoberta) e à organização da vida monástica (Júpiter representa também a vida espiritual). Foi durante essa regência que viveu o famoso Rei Artur (501-542) e que a história do Graal foi comunicada pela primeira vez a um monge (no ano de 750). O Percival "histórico" viveu no século IX, no final do período de Zachariel, e sua busca se estendeu do fim da regência deste Arcanjo ao começo da de seu sucessor.

- O período do Arcanjo Rafael — ligado à esfera de Mercúrio — vai de 845-850 a 1180-1190. Esta regência de Rafael começa com a vitória de Percival na busca do Graal (ele tornou-se Rei do Graal provavelmente em 869), permanecendo, ainda nos dias de hoje, um modelo para o aspirante. Suas múltiplas aventuras, que o intelectual vê como uma série de acontecimentos caóticos e bastante monótonos, são o reflexo de suas lutas interiores no caminho da Iniciação. É um percurso normal, pois Rafael é o Arcanjo que mostra o caminho espiritual e para ele convida o aspirante. Ele é também o curador: a lenda do Graal gira em torno do Rei-Pescador que está ferido e não consegue se curar; representa a "criança ferida" pela encarnação de seu "Eu". É Percival quem o cura, quando sua busca chega ao fim, fazendo dele a "criança inocente". Foi no final deste período que Chrétien de Troyes escreveu o primeiro romance do Graal (entre 1185 e 1190).

  Foi no decorrer dessa época que o ser humano começou a adquirir um pensamento individual. Este se manifestou plenamente mais tarde, a partir da regência de Gabriel. A regência de Rafael também viu o desenvolvimento da Escola de Chartres, durante os séculos XI e XII, na qual um ensinamento neoplatônico cristianizado era transmitido por Bernardus Silvestris, John of Salisbury ou Alain de L'Isle (a transmissão de conhecimentos é um aspecto mercuriano).

- O período do Arcanjo Samael — ligado à esfera de Marte — se estende de 1180-1190 a 1510-1520. Esta regência se inicia com as primeiras narrativas do Graal: Chrétien de Troyes (em 1185-1190), Robert de Boron (em 1195-1200), Wolfram von Eschenbach (em 1205-1210) e os "continuadores" de Chrétien de Troyes, Gauthier de Denain e Manessier (em 1220-1225). Este período instaura as Ordens de Cavalaria (aspecto marciano); é marcada pelas Cruzadas e pela Inquisição (contra os cristãos autênticos, detentores do cristianismo esotérico, que seus adversários chamaram de "cátaros" ou "perfeitos", nomes irônicos e insultantes que não são termos "iniciáticos" como supõem muitas pessoas!).

Nesse período o ser humano deve cultivar a coragem (aspecto marciano). Uma excelente representação desse aspecto é o caso de Joana D'Arc (1412-1431), que apareceu durante a Guerra dos Cem Anos (1337-1453) como a primeira mensageira moderna de Miguel (mesmo não sendo seu período de regência). É também o momento em que foi criado o caminho crístico rosa-cruz (em 1416) por Christian Rosenkreutz[1] (1378-1484), reencarnação de São João Evangelista. Foi, enfim, a época do descobrimento da América (1492), anunciando o fim da Idade Média e o início da Renascença.

- O período do Arcanjo Gabriel — ligado à esfera da Lua — cobre os anos de 1510-1520 até 1879. Essa regência fez o ser humano descobrir a importância das raças, dos países e da família (aspecto lunar). Essa época começa com a Renascença, prosseguindo com o nascimento da civilização materialista moderna. De fato, Gabriel tem como tarefa interessar o ser humano em tudo aquilo que se refere à encarnação e aos conhecimentos da natureza terrestre. Deve-se a ele, principalmente, a importância exagerada que os cientistas dão à hereditariedade. A eclosão da ciência materialista mostra que o pensamento do ser humano tornou-se individualizado e se separou totalmente do mundo espiritual; é o início da inteligência propriamente humana, sem intervenção nem orientação por parte das entidades espirituais. Aprendendo a pensar por si mesmo, o ser humano se tornará autoconsciente. Os séculos XVI e XVII marcam o início de uma era de consciência de si. (Com uma duração de oito séculos, ela corresponde ao último terço da Era de Peixes.) Durante este período gabrielino, evidentemente, proclamou-se a Imaculada Conceição de Maria, em 1854. Pois Gabriel está ligado a tudo o que envolve a concepção e o nascimento (aspecto lunar): acaso não foi ele quem anunciou à Virgem, alguns séculos antes, que ela havia concebido do Espírito Santo?

---

1. Cavaleiro que teria fundado em 1420 a Ordem Rosa-Cruz, fraternidade mística cujo emblema era a rosa e a cruz (*rose* e *kreuz*, respectivamente, em alemão). A maioria das fontes sustenta que o personagem é puramente simbólico e legendário, tratando-se de um nome fabricado em função do emblema da Ordem. (N.T.)

- Surge, enfim, o novo período do Arcanjo solar Miguel, elevado a Principado (ver mais adiante) em 1879 e cuja regência deve durar até o ano de 2240, mais ou menos. Estamos agora encerrando o primeiro terço desta época miguelina, que deve ser a do cosmopolitismo. Nesse sentido, ela se opõe ao período precedente, de Gabriel (ou o completa). Depois do interesse manifestado pelos seres humanos a respeito de povos, raças e estudo da matéria, Miguel agora incita os homens a se sentirem parte da humanidade; encoraja-os a novamente levantar os olhos para o mundo espiritual e para as entidades que estão prontas a cooperar com eles para criar uma nova civilização. Miguel, enquanto Principado solar, é o maior inspirador do pensamento humano. Ele convida o indivíduo a se abrir aos pensamentos cósmicos a fim de preencher sua inteligência humana com a sabedoria dos deuses.

A esfera solar é a da sabedoria do coração e também a dos pensamentos cósmicos. Ligando-se a Miguel, o Espírito do nosso tempo, e abrindo seu coração, o ser humano pode fazer descer de seu cérebro para o seu coração etérico os pensamentos rígidos, intelectuais e mortos, a fim de dar-lhes vida e impregná-los de sabedoria. Depois, ele pode oferecê-los às entidades espirituais para colaborar com elas, por amor, na evolução da Terra e da humanidade.

As quatro faces de Cristo

Há quatro Arcanjos que possuem uma posição especial: a de "face de Cristo". São eles: Miguel, Uriel, Rafael e Gabriel. Presume-se que eles vêm das quatro direções que estão em analogia com as quatro estações: à primavera e ao leste corresponde o Arcanjo Rafael (o Curador divino), ligado à festa da Páscoa; ao verão e ao norte corresponde o Arcanjo Uriel (a Luz divina), ligado à festa de São João; ao outono e ao oeste corresponde o Arcanjo Miguel (que é como Deus), ligado à sua própria festa; ao inverno e ao sul corresponde o Arcanjo Gabriel (a Força divina), ligado à festa do Natal.

Esses quatro Arcanjos também estão ligados às virtudes chamadas "cardinais", porque correspondem aos signos cardinais da astrologia: a Miguel ou ao signo de Áries está associada a força interior ou a coragem (carta 11 do Tarô de Marselha, "A Força"); a Gabriel ou ao signo de Câncer está associada a temperança ou moderação (carta 14 do Tarô de Marselha, "A Temperança"); a Rafael ou ao signo de Libra está associada a justiça ou eqüidade ou ainda a vontade do bem (carta 8 do Tarô de Marselha, "A Justiça"); a Uriel ou ao signo de Capricórnio está associada a prudência ou a sabedoria (carta 9 do Tarô de Marselha, "O Eremita").

Cada uma dessas quatro "faces de Cristo" representa um ponto de vista sobre o Verbo ou Logos:

— Miguel é o guia da humanidade, o modelo, o aspecto solar; é o campeão da liberdade; representa o pensamento vivo e espiritual; simboliza o "Eu" individualizado.
— Uriel, o menos conhecido desses quatro Arcanjos, representa o aspecto iniciático, o Iniciador, aquele que transmite a luz do conhecimento; ele também simboliza o aspecto alquímico da transformação do mal em bem.
— Rafael simboliza o poder de cura, no sentido mais amplo, e é quem nos incita a trilhar o caminho espiritual e buscar o conhecimento.
— Gabriel representa o interesse pela encarnação e o fato de podermos encontrar o espiritual no material, bem como na memória.

O papel do Principado

O Principado como Espírito do tempo

A tarefa de um Principado é ainda mais importante que a de um Arcanjo. Enquanto o Anjo se ocupa do destino de um indivíduo (ou, em casos excepcionais, de um pequeno grupo) e o Arcanjo do destino de um povo ou raça, a tarefa do Principado está ligada à evolução global da humanidade, cujo destino ele administra como um todo.

É ele quem molda a História do gênero humano. Ele deve cuidar para que os diversos povos da Terra criem um conjunto que favoreça a humanidade toda.

A força espiritual dos Principados é extraordinária. São eles que regem as diferentes eras zodiacais, cuja duração média é de 2.160 anos. (Vivemos atualmente na Era de Peixes, que começou com a primeira vinda de Cristo e ainda prosseguirá por alguns séculos.) Para cada era que se inicia, os Principados fazem penetrar na humanidade novas qualidades e capacidades, bem como inspirações que geram novos rumos culturais, filosóficos e sociais.

Eles permitem a eclosão de certas civilizações que trazem, em particular, as sementes da era zodiacal em curso; são esses os povos que "puxam" a humanidade na direção da evolução prevista pelo Plano divino.

Os Principados se ocupam da progressão do pensamento humano. São eles que estimulam o ser humano a desenvolver corretamente um pensamento individual voltado ao mundo espiritual. Os Principados não podem, em caso algum, influenciar o indivíduo agindo sobre seu livre-arbítrio; muito pelo contrário, eles lhe dão a vontade de nutrir interiormente um pensamento livre e vivo, podendo dirigir seus impulsos voluntários. Quando estudamos a história das civilizações e penetramos profundamente em sua essência, descobrimos por trás de cada uma delas uma inteligência, uma motivação, um propósito: é o trabalho do Principado, ou Espírito do Tempo, que então estamos percebendo.

Os Principados querem realizar o Plano divino sobre a Terra, porque são os agentes da Vontade divina do Pai. Ligar-se a eles nos permite sentir sua motivação e também a nossa, que é reflexo dela. Devemos "pensar" com sabedoria essa força sentida interiormente, para colaborarmos com os Principados no futuro da humanidade.

MIGUEL: O ESPÍRITO DO TEMPO

Em novembro de 1879, Miguel, que era o Arcanjo do Sol, foi elevado à categoria de Principado e tornou-se o Espírito do Tempo. Isso significa que ele, além de ser o regente do período que vai de 1879 a 2240, também vive como Principado e como "face de Cristo" para participar de Seu retorno no mundo etérico. Enquanto Principado, seu poder espiritual é muito mais amplo do que aquele que detinha quando era Arcanjo. Ele influencia não só os domínios espiritual e cultural, mas todos os setores da vida.

Além disso, ele é o principal representante de Cristo. Para desempenhar esse papel, desceu da esfera solar até a região espiritual mais próxima da humanidade: o mundo etérico.

Miguel é o único dos Principados a se encontrar tão perto da humanidade, já no primeiro limiar, o do mundo etérico.

Miguel representa o princípio da individualização espiritual do "Eu" humano. Isso significa que ele age através do Anjo-guia do ser humano para ajudar este último a se individualizar, a se tornar mais maduro e mais responsável, e exercer seu livre-arbítrio. Assim, Miguel aparece como o "irmão mais velho" do Anjo-guia do indivíduo.

O Espírito do nosso tempo desempenha o papel de guia da humanidade; ele estimula a pessoa a se conhecer, a se perceber como "Eu" individual e livre. Esse estímulo à individualização pode ser percebido através do Anjo-guia ou diretamente, por intermédio de Miguel.

Lembre-se sempre de que Miguel, como campeão da liberdade, nunca obriga o indivíduo a evoluir. Ele permanece sempre presente, próximo da Terra, e sugere a individualização e o autoconhecimento ao ser humano; mas este último é livre para não lhe dar ouvidos. É unicamente por escolha que o indivíduo pode entrar num caminho espiritual para conhecer a si mesmo.

Miguel estimula o ser humano a fazer seus pensamentos descerem para o coração. É chegada a hora em que a inteligência da cabeça deve descer para o coração humano a fim de se transformar em sabedoria, sob o impulso de Miguel. Rudolf Steiner dizia: "Hoje, os pensamentos que aspiram a compreender o espiritual devem provir de corações que batem por Miguel, como príncipe flamejante dos pensamentos cósmicos."

O ser humano da nossa época deve aprender a pensar com o coração e não mais com a cabeça: eis a mensagem miguelina.

A inteligência humana da cabeça deve ser espiritualizada no coração, pois é nele que a sabedoria pode ressuscitar. Essa é a tarefa do indivíduo dos dias de hoje, e a única possibilidade para o nascimento de uma nova cultura espiritual num futuro próximo.

Como acontece um encontro com Miguel? Você pode imaginar Miguel como um jovem cavaleiro, de uns 20 anos, vestindo uma armadura branca e luminosa e brandindo uma espada, que espera no limiar do mundo etérico pela boa vontade do ser humano. Ele às vezes aparece montando um cavalo branco, que simboliza o pensamento interiorizado e espiritualizado. Miguel se apresenta sempre envolto numa imensa aura de luz; esta revela os pensamentos cósmicos que ele oferece à humanidade para que o indivíduo receptivo a eles possa transformar sua inteligência em sabedoria.

A espada de Miguel foi forjada com o ferro cósmico, metal ligado à esfera planetária de Marte, esfera da liberdade, da individualização, do livre-arbítrio, da força interior e do discernimento.

Muitas vezes Miguel é representado com uma balança. Esta simboliza a avaliação justa, ou seja, a capacidade de medir, pesar a importância do bem e do mal (ver meu livro *Chercheur d'Éternité*, Capítulo 7).

Ao encontrar Miguel, não se deve esperar discursos. A mim, ele aparece como uma entidade muito dinâmica e motivadora, que impele para a ação. Mas também observo sua gravidade, sua profundidade, exigindo um esforço de responsabilidade. Miguel quase não fala, ou fala pouco: você lhe apresenta seu trabalho ou suas perguntas, e ele responde em poucas palavras. Ao vê-lo, logo sabemos se estamos certos ou não.

Com Miguel, nenhuma trapaça é possível: ele nos remete a nós mesmos. Um encontro com ele só pode ser vivenciado dentro da maior autenticidade possível e com uma consciência clara.

Miguel é também aquele que vence o dragão. Qual é esse dragão que deve ser vencido?

Na Antigüidade, o dragão simbolizava sobretudo a natureza animal, com seus instintos e suas paixões. Naquela época, o dragão (as forças negras) não conseguia agir sobre o pensamento humano porque este ainda não estava individualizado. Depois da Idade Média, porém, cada ser humano dispõe de um pensamento individual; e depois da Renascença, pode até tomar consciência de si mesmo embora esteja quase totalmente cortado do mundo espiritual. O fato de o ser humano ter um pensamento que lhe pertence exige dele uma responsabilidade que ele nem sempre quer assumir. Ele tem sempre o livre-arbítrio de recusar essa responsabilidade e não aprender a dominar seus pensamentos, permitindo assim que o dragão se infiltre neles e o manipule a partir do âmago do seu ser.

Quais são exatamente os poderes do dragão sobre o ser humano dos dias de hoje? Na verdade, o dragão age sempre sobre a natureza animal do ser humano, mas sua ação também é exercida sobre seu pensamento. O dragão não pode obrigar a pessoa a pensar dessa ou daquela maneira, mas pode, por outro lado, sugerir-lhe todos os pensamentos que quiser. Se a pessoa permanece constantemente centrada no coração, dominando seus pensamentos, o dragão não tem nenhuma influência sobre ela. Só que não é assim que a pessoa "média" se comporta, bem pelo contrário; ela nunca está em seu coração e passa seu tempo na cabeça, sem tomar a menor consciência dos pensamentos que ali penetram. Ela escuta os pensamentos sugeridos pelo dragão, os quais a fazem descer para a sua natureza animal.

Atualmente, portanto, o principal campo de ação do dragão é a cabeça e os pensamentos do ser humano. Influenciando a pessoa, o dragão a faz descer para a sua natureza animal, sempre com a avidez de satisfazer suas necessidades egoístas e materialistas.

Chegou a hora em que a pessoa não deve mais se deixar manipular pelo dragão, como uma marionete; ela precisa começar a trabalhar. Miguel está aqui, muito próximo, no limiar do mundo etérico, para encorajar o ser humano a se libertar do dragão. É colocando a consciência no coração e pedindo ajuda à força de Miguel que o indivíduo consegue enfrentar o dragão e vencê-lo. Isso implica transformar o mal em bem, tornando nossos pensamentos vivos e espirituais, em vez de afundar na nossa natureza animal.

> Cada vez que um ser humano em busca de verdades espirituais eleva seus pensamentos a Miguel, em vez de abaixá-los para satisfazer sua natureza inferior ou animal, ele vence o dragão e escolhe manter sua dignidade de ser humano.

Hoje em dia, trabalhar pelo impulso miguelino significa cultivar um pensamento livre e espiritual a serviço da humanidade como um todo. Isso subentende que nos sintamos responsáveis por nossos atos e que desejamos aprender a dirigir nossa vontade com o pensamento, caminhando no sentido da ação fraternal e compassiva.

Em resumo, é necessário que nossos atos sejam a justa manifestação de um pensamento livre e vivo, elevado para o mundo espiritual, para Miguel: esta é a maneira justa de agir no seio da humanidade.

Também se pode dizer que já é hora de nos abrirmos à força de Miguel, para que essa força desça até nossa vontade; e também é hora de nosso pensamento vivo e livre dirigir nossa vontade para as realizações plenas de sabedorias.

Miguel, Sofia e Cristo

Eu proponho que continuemos nos elevando nas hierarquias espirituais, para considerar as relações existentes entre Miguel, a divina Sofia e Cristo.

Para isso, é necessário que você compreenda que um novo ensinamento é dado no Ocidente, constituindo uma das chaves miguelinas da evolução do homem moderno: o karma.

Sob esse nome sânscrito se esconde a palavra "ação". Mas devemos lhe atribuir um aspecto suplementar para compreender plenamente seu significado: trata-se da noção de uma ação que vai gerar frutos, frutos esses que serão inevitavelmente colhidos por seu autor.

Com efeito, há uma lei espiritual que se aplica tanto à propagação da luz quanto a toda forma de energia. Eis essa lei: **Primeiro, toda energia emitida se distancia da sua fonte, segundo um fenômeno de elasticidade, e num segundo momento ela retorna à fonte, depois de ter alcançado sua máxima extensão.** Quando retorna à fonte, a energia geralmente sofreu algumas modificações, segundo sua natureza original.

Pode-se dizer que o karma repousa sobre essa lei espiritual. A palavra "karma", portanto, nos ensina que para cada ato, cada sentimento ou cada pensamento gerados, nós enviamos uma energia para o futuro, com um elástico. Quando o elástico estiver estendido ao máximo, a energia emitida voltará para nós, recolhendo no caminho certos elementos da mesma natureza.

Assim, nós colheremos aquilo que tivermos plantado: esta é a lei da justiça divina. E é da máxima importância estudá-la nos dias de hoje. Bem sei que é difícil explicar o karma em termos simples e em poucas linhas. Mas está fora de questão torná-lo uma coisa banal ou vulgar, sob o pretexto de que todo mundo precisa compreendê-lo facilmente. O karma é um ensinamento difícil de ser integrado, porque hoje em dia o ser humano mostra a capacidade exata de abordar os conceitos correlacionados. Será necessário, portanto, muito esforço para compreender as leis complexas que determinam o karma.

Atualmente, as forças negras adotam duas tendências diante do surgimento do ensinamento do karma do ponto de vista ocidental (que é diferente de sua divulgação do ponto de vista oriental):

— As entidades luciferianas tentam fazer o indivíduo se interessar pelo karma de uma maneira superficial, sobretudo através da interpretação de textos orientais. Sob a influência delas, o karma se torna um modismo nos ambientes pseudo-esotéricos, nos quais todo mundo fala de karma sem saber o que ele realmente significa. Nos dez últimos anos, foi publicado um número incalculável de livros ruins sobre o assunto. Usa-se o karma como molho para todas as saladas, fazendo as pessoas verem essa doutrina como uma espécie de fatalidade, de punição ou de recompensa (karma positivo! Hum, que delícia!). Tratar o karma com leviandade é extremamente grave, porque priva o indivíduo de um formidável meio para compreender a evolução espiritual; faz que ele perca seu livre-arbítrio e o entrega às manipulações das entidades luciferianas.

— As entidades ahrimanianas se comportam de maneira diferente diante do karma. Para elas, o ideal seria não falar do assunto ou não levá-lo a sério, como se se tratasse de alguma coisa esquisita, reservada aos ignorantes e aos pobres de espírito. Ahriman se opõe às revelações sobre o karma, porque deseja manter o interesse do ser humano restrito ao mundo materialista. Estudar o funcionamento do karma, na verdade, eleva o pensamento, torna-o vivo e livre, criando na pessoa o desejo de encontrar a fonte de suas motivações. O indivíduo que estuda o karma quer conhecer a si mesmo e tornar-se plenamente autoconsciente, e Ahriman não gosta disso.

Assim, todo o estudo do karma representa um excelente trunfo para a pessoa se aproximar de Miguel e para vencer o dragão. A vitória de Miguel sobre o dragão é experimentada toda vez que o aspirante faz uma descoberta sobre seu karma, toda vez que ele toma consciência do seu karma e decide trabalhá-lo.

Já que nos aproxima de Miguel, o trabalho sobre o karma constitui, *a fortiori*,[2] um meio para nos aproximarmos do Cristo que retorna no mundo etérico. Na verdade, Cristo retorna no mundo etérico como Senhor do Karma. E portanto, deseja que o ser humano se interesse pelo karma e trabalhe por sua transformação, dentro de suas capacidades.

Lembre-se de que Miguel espera que o ser humano estude o karma, fazendo dele uma arma para vencer o dragão. Em sua relação com Cristo, de quem é a principal "face", o Miguel que se mantém no limiar do mundo etérico (o mundo espiritual mais próximo da Terra) é aquele que conduz ao Logos, ao "Verbo que se fez carne".

O encontro com Miguel precede o encontro com o Cristo etérico. Miguel se mantém à porta do mundo espiritual, como uma espécie de superguardião do limiar, e é ele que pode guiar o aspirante até este estar pronto para o encon-

---

2. Expressão latina que significa "com tanto mais razão". (N.T.)

tro com Cristo no mundo etérico. Enquanto o aspirante não estiver pronto para ver Cristo, Miguel lhe recusará "a porta de acesso".

No mundo espiritual, Miguel desempenha o mesmo papel que foi outrora outorgado a João Batista: o de precursor ou anunciador de Cristo. É evidente que isso não impede que os Iniciados encarnem para proclamar o retorno de Cristo no mundo etérico: quem tem ouvidos, entenderá! Rudolf Steiner foi um deles.

E qual é a relação entre Miguel, o Espírito do Tempo, e a divina Sofia? Para começar, apresentemos a divina Sofia.

Sofia é uma entidade espiritual que faz parte das Dominações, ou Espíritos da Sabedoria. Ela lidera esse grupo, ou seja, é sua entidade mais evoluída.

Sofia está ligada à esfera estelar de Virgem. É ela a jovem às vezes utilizada para representar o signo astrológico de Virgem.

Para que você compreenda o que vou expor a seguir, eu o convido a examinar o Quadro 5.

Você vê ali os doze signos do zodíaco, descendo de Áries a Peixes. Eles correspondem aos doze níveis de consciência. Se você os colocar em analogia com as esferas de consciência do mundo espiritual (ver Ilustração 14, no Capítulo 8), terá Áries correspondendo à esfera do Filho; Touro, à do Espírito Santo; e assim por diante, até chegar à Terra com o signo de Peixes.

A cada signo corresponde uma hierarquia de entidades espirituais. A Áries corresponde Cristo, porque a esfera do Filho é seu local de origem. A Virgem correspondem as Dominações, ou Espíritos da Sabedoria, com Sofia; e a Peixes corresponde a humanidade. Observe que, no nível de Peixes, você tem a Terra e a humanidade impregnadas do Cristo que aqui desceu há dois mil anos. Assim, Cristo cobre o conjunto dessa escala. Os dois signos que melhor o representam são Áries (também chamado "Cordeiro Místico") e Peixes, que simboliza a humanidade da qual Ele foi, durante três anos, o membro mais eminente, e da qual continua sendo O Modelo: quem pode fazer melhor do que Deus? Ou, como proclama Miguel à porta do mundo etérico: "Quem é como Deus?" Quer dizer, qual qualidade humano-divina você cultivou para pretender entrar no mundo espiritual? O que você revelou de divino em si? Você soube "imitar" Cristo de alguma maneira?

Hoje em dia, o principal lugar onde podemos encontrar Cristo é o mundo etérico, ou seja, aquele mundo que está ligado ao signo de Aquário.

Vamos examinar com mais detalhes o trabalho desses três seres espirituais que são Cristo, Sofia e Miguel.

Em sua origem, Cristo provém da esfera do Filho. Ele desceu até nosso sistema evolucionário entrando no zodíaco pela esfera estelar de Áries, que está em analogia com Seu próprio universo. Prosseguiu Sua descida passando pela esfera estelar de Virgem. Ligou-Se então a Sofia, deusa da Sabedoria (a

Áries	♈	Filho/Cristo
Touro	♉	Espírito Santo
Gêmeos	♊	Serafins
Câncer	♋	Querubins
Leão	♌	Tronos
Virgem	♍	Sabedoria/Sofia
Libra	♎	Espírito do Movimento
Escorpião	♏	Elohim/Espírito da Forma
Sagitário	♐	Principados
Capricórnio	♑	Arcanjos
Aquário	♒	Anjos
Peixes	♓	Seres humanos

Quadro 5: Os signos do zodíaco e as hierarquias espirituais

Ísis dos egípcios), e desceu para a esfera solar que está ligada ao signo de Libra (ver Quadro 6). Quando de Sua Encarnação, há dois mil anos, Ele desceu pelas outras esferas até a Terra.

Assim, Cristo impregnou todo o nosso sistema evolucionário de Sua presença e de Sua energia. Podemos, portanto, encontrar Cristo em toda parte, em todas as esferas de consciência. Ele é verdadeiramente a "Luz do Mundo", entendendo-se "mundo" no sentido mais amplo, ou seja, o conjunto de todas as esferas de consciência do nosso sistema evolucionário.

Vejamos agora o caso da divina Sofia. Ela está diretamente ligada aos Querubins, entidades espirituais que recebem a Sabedoria da Trindade. Cristo é o grande dispensador da Luz ou da Sabedoria.

Quando Cristo começou Sua descida, portanto, ligou-Se a Sofia. Isso significa que, durante certo tempo, Cristo "utilizou" Sofia como "corpo de manifestação".

Assim como a alma humana utiliza um corpo físico para se manifestar na face da Terra, Cristo escolheu Sofia como "vestimenta" para descer até o nosso sistema evolucionário. (Para Ele, tratava-se de um adensamento, de uma descida para esferas menos sutis que aquelas de onde vinha.)

Durante Sua descida, Cristo também escolheu Miguel como "vestimenta" para se aproximar da Terra.

Assim, essas duas entidades espirituais, Sofia e Miguel, se beneficiaram de um laço particular com Cristo.

Quadro 6: Cristo, Sofia, Miguel e as esferas de consciência ou signos do zodíaco

Mas, voltemos a Sofia. Ela não se contentou em ser a "vestimenta" de Cristo durante certo tempo; ela também participou da evolução da humanidade sob uma tripla forma: é o que chamamos de *Trinosofia*.

A TRINOSOFIA

O que é *Trinosofia*? Trata-se de três meios de expressão de Sofia, que estão em analogia com a Trindade, como você pode ver no nosso Quadro. Nos primórdios da cristandade, os Pais da Igreja[3] às vezes confundiam Sofia com o Espírito Santo ou mesmo com Cristo. Ela chegou a ser considerada como a "quarta pessoa" da Santíssima Trindade.

Com Sofia representando a Sabedoria e Cristo sendo a Luz do mundo (daí a Sabedoria), houve uma identificação entre eles. Por isso Orígenes (185-254) ensinava que "Cristo era a mais elevada Sabedoria (*Sophia*) do Deus-Pai". Já Santo Irineu de Lyon (126-200?) escreveu que "o Logos (ou Cristo) e a Sofia" deviam ser identificados respectivamente como "o Filho e o Espírito Santo". Por outro lado, Santo Agostinho (354-430) foi mais longe e distinguiu dois

---

3. Os "construtores" da teologia católica e mestres da cultura cristã, nos séculos II a VIII, período que recebeu o nome de Patrística. (N.T.)

aspectos em Sofia: a Sabedoria incriada, que ele identificava com Cristo-Logos, e a Sabedoria criada, que era a verdadeira *Sophia*. Disse dela: "A *Sophia* criada é um ser espiritual que — através da contemplação da Luz — é Luz. [...] Ela é a mais abençoada, a mais elevada criação, o maior de todos os seres criados."

Assim, Sofia é um ser espiritual que não pertence à Trindade, mas sim uma espécie de "vestimenta de manifestação" para a Trindade. E ela é uma das jóias da Criação divina.

- Sofia está naturalmente ligada a Cristo, para dispensar a Sabedoria do Verbo em todo o mundo espiritual. Portanto, ela serve de intermediária entre Cristo e o resto do mundo espiritual para difundir a Sabedoria. Esta é sua função enquanto Virgem Cósmica. Nesse caso, também é chamada de Filha (sendo Cristo o Filho de Deus) ou ainda de Noiva do Cordeiro (recordemos que Cristo é "O Cordeiro de Deus", como o chama João Batista).
- Depois, Sofia é aquela que permite a manifestação de Deus ou, se você preferir, a criação em seu aspecto material. Nesse sentido, ela é a Mãe divina e, para nós, Gaia (a Terra) ou ainda a deusa Natureza, como a chamavam os cristãos da Idade Média. Deste ponto de vista, Sofia está ligada ao Pai e permite que Ele se manifeste.
- Por fim, Sofia, faz descer sua energia até a humanidade, graças a Maria. Pois a Virgem Maria encarnou a energia da divina Sofia. Assim, a Virgem Maria tornou-se Maria/Sofia, a Santa Alma da humanidade, aquela que permite a todos os seres humanos se sentirem ligados uns aos outros e fazendo parte desta grande família que é a humanidade. Neste caso, Sofia está ligada ao Espírito Santo.

Em resumo, assim se apresenta a *Trinosofia*:

— A Virgem Cósmica, Sofia, a Filha que dispensa a Sabedoria no mundo espiritual e que é a Noiva de Cristo;
— A Mãe do mundo, a deusa Natureza ou Gaia (a Terra), que impregnou nosso planeta de sua Sabedoria, unindo-o ao Pai;
— A Santa Alma, Maria/Sofia ou Alma da humanidade, graças à "vestimenta" física que lhe emprestou a Virgem Maria, e que está ligada ao Espírito Santo.

Há dois mil anos, Cristo encarnou num ser humano, Jesus (reencarnação de Zoroastro), enquanto a divina Sofia fazia descer sua energia até Maria. Jesus é, portanto, o receptáculo de Cristo, enquanto Maria é o de Sofia.

Ao longo desses dois mil anos, Sofia cobre com sua energia os sete níveis que vão de Virgem a Peixes (recordo que a esfera de Sofia é a de Virgem, enquanto a esfera da humanidade é representada por Peixes). Assim, a Virgem Cósmica, englobando esses sete níveis, pode ser vista como a escala cósmica do caminho iniciático humano.

— A primeira Iniciação crística corresponde ao signo de Peixes: "o nascimento do Cristo interior";
— A segunda Iniciação crística, "o batismo pelo Espírito Santo", corresponde ao signo de Aquário; e assim por diante (ver Quadro 7).

7º ♍ Transmutação divina — estado de Manu

6º ♎ Vida solar — estado de Buda

5º ♏ Revelação espiritual — estado de Bodhisattva

4º ♐ Iluminação crística

3º ♑ Despertar do "Eu Sou"

2º ♒ Batismo pelo Espírito Santo

1º ♓ Nascimento do Cristo interior e conexão com a Alma

Quadro 7: Os signos do zodíaco e as Iniciações

Como atravessamos atualmente a Era de Peixes (no seu último terço), o aspirante se encontra no melhor período possível para passar pela primeira Iniciação, "o nascimento do Cristo interior", porque essa Iniciação está energeticamente ligada à Era de Peixes. Do mesmo modo, a partir do início da Era de Aquário (século XXIV ou XXV), o aspirante poderá esperar ter sucesso na segunda Iniciação, "o batismo pelo Espírito Santo". Depois, quando estivermos na Era de Capricórnio (que começará no século XLV), o aspirante será capaz de viver a terceira Iniciação, "o despertar do Eu Sou". E assim por diante nas quatro outras Iniciações ao longo das quatro eras seguintes: Sagitário, Escorpião, Libra e Virgem.

O indivíduo, portanto, encontra-se hoje numa época particularmente propícia para empreender uma evolução espiritual. Poderá fazê-lo à razão de uma Iniciação por era zodiacal (com uma duração média de dois mil e quinhentos anos cada uma), a fim de alcançar a meta de seu percurso iniciático na Era de Virgem, ou seja, daqui a doze ou treze mil anos.

Pode-se compreender que o ser humano seja chamado, desde os confins do cosmos, a sair de sua letargia e decidir tomar as rédeas de sua própria evolução. Chegou a hora de mudarmos nosso estado de espírito e nos voltarmos para o mundo espiritual, porque o Reino dos Céus nos espera.

Mas voltemos a Sofia, a Virgem Cósmica, que representa toda a evolução espiritual do ser humano. Enquanto escala cósmica do caminho iniciático humano, ela é a inspiradora de cada aspirante ao longo de seu trilhar rumo à Sabedoria. Quanto a Miguel, antes de tornar-se o Arcanjo solar, sua influência se estendia de Capricórnio a Libra, ou seja, sobre quatro níveis de consciência. (Libra indica a esfera solar que era o principal teatro de ação de Miguel.)

No século passado, Miguel foi elevado à classe de Principado, o que lhe permite cobrir três níveis a mais (de Virgem para cima, de Aquário e Peixes para baixo). Hoje, Miguel pode alcançar, como Sofia, os planos que se estendem de Virgem a Peixes. Assim, se pode subir mais alto no mundo espiritual, ele pode também descer até o ser humano. Miguel também integra os sete níveis de consciência acessíveis a nós, humanos.

Junto com Sofia, portanto, Miguel é a principal entidade-guia do caminho espiritual do aspirante.

Você talvez esteja se perguntando por que duas entidades espirituais devem velar pelo percurso iniciático do ser humano. Não teriam essas duas entidades uma tarefa semelhante?

No Apocalipse (12:1), São João vê "uma mulher revestida do sol, com a lua debaixo dos pés e na cabeça uma coroa de doze estrelas": trata-se de Sofia na sua qualidade de Virgem Cósmica.

A seqüência do texto apocalíptico nos revela que a Virgem Cósmica, grávida, está na dor do parto e um terrível dragão pára diante dela a fim de lhe devorar o filho quando ela o der à luz. E então surge Miguel, protegendo a Virgem e a criança recém-nascida. Miguel luta contra o dragão, lança-o sobre a Terra e tem a vitória. Isso significa que **Miguel, campeão da liberdade, do pensamento vivo e da força do "Eu", deve proteger Sofia, a sabedoria divina, que faz nascer Cristo no coração de cada ser humano.**

Desse ponto de vista, Sofia é a Mãe da Alma humana (ou o Eu espiritual) e deve permitir que a Alma encarne um dia em cada ser humano: este é o mistério do retorno de Cristo no mundo etérico. Esse mistério deve começar a se cumprir durante a futura Era de Aquário.

Lembre-se de que Miguel e Sofia são os dois auxiliares de Cristo, encarregados de guiar o ser humano no caminho espiritual. Miguel ajuda o aspirante a desenvolver um pensamento vivo, livre e espiritual. E Sofia impregna da Sabedoria dos deuses esse pensamento livre. Assim, a Sabedoria de Sofia ressuscita no coração do aspirante que oferece pensamentos etéricos, ou vivos e livres, ao mundo espiritual.

É esse processo que desencadeia o nascimento do Cristo interior, no mais profundo do coração etérico, e que constitui a primeira etapa que conduz à encarnação da Alma (ou Eu Espiritual).

Se a *sofiologia* (estudo de Sofia) lhe interessa, saiba que o "pai" ocidental dessa ciência é Jacob Boehme (1575-1624). Ele encontrou três vezes a divina Sofia e fala dela em seu livro *Os Três Princípios da Essência Divina*. Boehme chamava Sofia de "espelho de Deus" ou "a glória de Deus". No Oriente, o "pai" da sofiologia é Vladimir Soloviev (1853-1900), que dela falou em seu livro *La Sophia* (publicado pela editora L'Âge d'Homme).[4] Também ele teve direito a três encontros com a luminosa Virgem Cósmica.

Qual é a aparência de Sofia num encontro? Eu a vejo como uma mulher jovem, quase uma mocinha, com longos cabelos dourados. Seu rosto é muito delicado, com uma testa solar e olhos azuis salpicados de ouro. Seu olhar é vibrante e alegre. Quando mergulhamos nesse olhar, sentimos ao mesmo tempo sua doçura, seu dinamismo, sua força e sua profunda sabedoria. Sentimos em Sofia a associação de dois extremos: uma inocência e uma vulnerabilidade infinitas, harmoniosamente mescladas a uma sabedoria grave e ilimitada.

Eu a vejo vestida com uma longa túnica azul, muito fluida, quase um véu. O ouro da sabedoria e o azul da verdade e da liberdade são dominantes na aparição da Virgem Cósmica.

E depois, sobre sua cabeça, um leve véu dourado, caindo sobre seus cabelos. A bela Virgem tirou seus véus...

Sim, nos dias de hoje, é chegada a hora de levantar o véu e é isso que afirma a divina Sofia: **"Eu sou o ser humano. Eu sou o passado, o presente, o futuro. Cada ser humano deverá levantar meu véu."** Eu o levantei. E no fundo de seus olhos azuis salpicados de ouro, eu vi Aquilo Que Sou.

---

[4] Ver também *La Sagesse de Dieu*, de Serge Boulgakov, publicado pela editora L'Âge d'Homme. (Nota do Autor)

Capítulo 11

O RETORNO DE CRISTO

Chegamos enfim ao tema principal deste livro, ao seu ponto culminante: o retorno de Cristo. O tema é vasto e muito complexo, e não pretendo tratá-lo em sua totalidade. Confesso que esperei muitos anos antes de ousar escrever sobre Cristo.

Sinto por Cristo um respeito ilimitado. O que me comove, em especial, é imaginar que Ele, o Filho de Deus, o Logos, tenha descido até nós, seres humanos. Ele, o Verbo, através de quem tudo proveio, abaixou-Se até a Terra para aqui encarnar e viver uma existência humana. Não permaneceu mais de três anos, porém manifestou qual deveria ser a evolução espiritual de um ser humano. O Deus-Filho ter descido até nós para nos mostrar como devemos evoluir — eis o que me deixa num êxtase de admiração, como a criança que vê Papai Noel pela primeira vez.

Espero que a leitura dos dez primeiros capítulos deste livro tenha ajudado você a fazer uma idéia de quem é Cristo. Agora você sabe que Cristo provém da Trindade, da esfera do Filho, a qual está fora do nosso sistema evolucionário. No decorrer das eras, Ele desceu de esfera em esfera, até a do Sol, onde permaneceu durante longo tempo. Depois, desceu ainda mais, chegando à Terra há dois mil anos, para entrar em um corpo de carne: o de Jesus.

Antes de falarmos do Seu retorno, é importante que você perceba alguns outros aspectos da Sua primeira vinda. Quero lhe informar que minha compreensão de Cristo é o resultado de minha própria evolução (durante três setenários nesta vida), de minhas pesquisas meditativas e de meus encontros com Cristo no mundo espiritual. (Meu primeiro encontro com Ele remonta a 1987.)

Claro que também li muitas obras que tratam de Cristo, mas fiquei muito decepcionado com o que encontrei nelas, porque nenhum livro correspondia àquilo que eu estava vivenciando. Mais tarde, em 1993, comecei a ler as obras de Rudolf Steiner sobre Cristo e, pela primeira vez, encontrei um autor que exprimia perfeitamente o que eu sentia e vivenciava. Aquela confirmação das minhas próprias experiências me estimulou a transmitir o que experimentei em relação a Cristo.

Qual é minha concepção de Cristo? Ele é o Filho de Deus, Ele provém da Trindade e tudo advém através Dele. Isso me basta como definição.

E isso está além de toda forma de religião ou de crença. É a fonte de todas as religiões e não pertence a nenhuma delas. Todas as correntes espirituais que existem ou um dia existiram sobre a face da Terra emanam Dele e das entidades espirituais que trabalham ao Seu lado.

Cristo não está ligado, nem de perto nem de longe, a nenhum dos sectarismos de que dão prova aqueles que egoisticamente O reivindicam. Dar prova de sectarismo é macular Seu nome. Estabelecer um poder material em Seu nome é arrastá-Lo na lama.

O Deus-Filho, o Verbo, o Logos, desceu na Terra e Se revestiu de carne humana — isso me basta. Não há lugar aqui para crenças, para religiões sectárias nem para o intelectualismo abstrato.

Cristo encarnou há dois mil anos, e isso é um fato. Nunca antes Deus havia descido na Terra. Nunca antes uma entidade espiritual havia encarnado plenamente em nosso planeta. Nenhuma outra entidade do mundo espiritual conheceu a morte.

Cristo veio, viveu e venceu o dragão e a morte. Com isso, deu um exemplo ao ser humano.

Então, ser humano, responda ao desafio: uma vez que Deus se fez homem, o mínimo que você pode fazer é tentar tornar-se aquilo que você é no âmago do seu ser — um deus.

Eis a homenagem que desejo prestar a Cristo, através desta prece:

> ### *Senhor Cristo,*
>
> *Tu que estás sentado ao lado de Deus,*
> *Tu que desceste até nós, Luz divina encarnada.*
>
> *Que teu Espírito da Verdade*
> *Espalhe-se sobre a humanidade,*
> *Que tua Sabedoria se irradie no coração das pessoas.*
> *Que tua Graça liberte a nossa vontade,*
>
> *Para que teu Retorno entre nós possa se cumprir,*
> *E que tua Glória ilumine*
> *A Terra e todos os Céus.*

Algumas ilusões persistentes

Vejamos os diferentes pontos de vista a respeito da primeira vinda de Cristo.

Certos ensinamentos reconhecem a Encarnação do Filho de Deus. Contudo, pretendem que Ele encarnou normalmente, por intermédio de Maria, e que foi o Menino Jesus. Eu refuto essa hipótese. Se a descida do Filho de Deus nesta Terra durante três anos já representa um milagre, não vejo como o Logos teria podido permanecer aqui trinta e três anos, nascendo como um ser humano.

Na verdade, a Encarnação de Cristo exigiu uma preparação da maior complexidade. Teria sido inútil — ou mesmo impossível — para Cristo encarnar num bebê e esperar trinta anos antes de começar Sua missão. É preciso imaginar a Encarnação de Cristo não como algo que ocorre na manjedoura do Menino Jesus, mas sim quando do batismo no Rio Jordão, batismo realizado por João, o Precursor de Cristo. Como confirmação desse "nascimento" de Cristo, Filho de Deus, no momento do batismo, você pode ler no Evangelho de Lucas (3:22): "... ouvindo-se do céu uma voz: 'Tu és meu Filho bem-amado; eu, hoje, te gerei.'"[1] O cristianismo esotérico sempre ensinou essa versão e vem daí a importância do batismo e da missão de João para aqueles que conhecem a verdade.

Assim, o Menino Jesus encarna por intermédio de Maria e, depois, quando se torna adulto, Cristo encarna nele. Então a entidade humana Jesus, reencarnação de Zoroastro, deixa seu corpo e retorna para o mundo espiritual. Jesus ofereceu seu corpo a Cristo para que Cristo pudesse realizar Sua missão terrestre. Cristo viveu na Terra durante três anos apenas.

As entidades das forças negras tentam influenciar de duas maneiras a compreensão que o ser humano tem de Cristo:

— As **entidades luciferianas** são responsáveis por uma doutrina que poderíamos chamar de "gnose luciferiana", segundo a qual Cristo teria encarnado num corpo aparente mas não realmente físico; essa doutrina ganhou o nome de "docetismo"[2] e foi julgada herética. Uma extrapolação dessa doutrina dá primazia a Jesus, esquecendo Cristo. No ano de 354, a principal festa

---

[1] Versão da Bíblia de Jerusalém. As outras versões geralmente trazem as palavras: "Tu és meu Filho bem-amado, em ti ponho minha afeição" (ou "...de ti eu me agrado", "em ti pus minhas complacências" ou palavras nesse sentido). O mesmo ocorre com a tradicional Versão do Rei James para o inglês, que conserva o sentido da "afeição" de Deus por Cristo ("A voice came from heaven, which said: Thou art my beloved Son, in thee I am well pleased"). (N.T.)

[2] Doutrina gnóstica do século II. Os docetas acreditavam que o corpo de Cristo não era real, mas só aparente; ou negavam que Cristo tivesse realmente nascido de Maria. (N.T.)

cristã tornou-se o Natal (nascimento de Jesus), em detrimento da Epifania ("nascimento" ou Encarnação de Cristo).[3]

A doutrina luciferiana propõe esta versão: Jesus, um homem comum, se eleva a um alto nível de consciência e torna-se um grande profeta. Alcança o nível de consciência de "Cristo". É chamado de Cristo porque é capaz de unir-se à sua alma, ou Eu Espiritual, que também tem o nome de "Cristo". Nesta doutrina luciferiana, Cristo desaparece completamente. Ele é apenas um estado de consciência, ou mesmo um "título" de Iniciado. Encontramos tais doutrinas no ambiente Nova Era, onde Cristo aparece como sinônimo do Eu Espiritual ou de um estado de consciência que consiste na reunião com o Todo, sendo este mesclado com conceitos orientais.

— As **entidades ahrimanianas** produziram uma outra ilusão referente a Cristo. Encontramos, na interpretação materialista e intelectualista do ensinamento dos essênios (muito em moda nos últimos anos), essa idéia de um Cristo que não teria morrido na cruz e que teria sobrevivido graças aos talentos de cura dos essênios (claro está que Cristo teria sido um deles). Encontramos em seguida duas versões: a mais antiga, na qual Cristo ainda viveu quarenta dias depois da crucificação, morrendo normalmente; a ascensão, portanto, seria uma espécie de cerimônia mítica criada pelos essênios e correspondendo à subida de Cristo aos céus. A versão mais recente sustenta que Cristo se isolou depois dos quarenta dias e continuou a ensinar em segredo até sua morte, com mais de 60 anos de idade. Essa versão nos leva abruptamente para o reino da ficção científica quando uma de suas variantes chega mesmo a revelar que Cristo se exilou com Maria na Índia, onde morreu já idoso. Claro que é essa mesma versão rocambolesca que afirma que Cristo teria viajado pela Índia entre os 12 e 13 anos de idade, e que seu ensinamento teria encontrado inspiração na espiritualidade indo-tibetana. Essa teoria nos descreve um Cristo que seria o maior mentiroso do mundo, porque fez todos acreditarem que venceu a morte, ressuscitou e depois subiu aos céus (a Ascensão); quando, de fato, não teria morrido, mas continuado a viver oculto aos olhos de todos aqueles que o acreditavam morto e ressuscitado. Essa versão, que faz Cristo passar por impostor e falsificador, está assinada pela mão de Ahriman, o "príncipe deste mundo", o "rei" da mentira.

Uma outra variante dessa versão afirma que Cristo era um ser humano normal, só que muito evoluído. Ele teria conhecido numerosas encarnações e seria um dos maiores Iniciados desta Terra. Essa versão nega firmemente sua divindade. Cristo não seria mais o Filho de Deus, porém um Iniciado qual-

---

3 No ano litúrgico ocidental, a Epifania (Dia de Reis) celebra a revelação de Jesus aos gentios. Nas Igrejas Ortodoxas, a Epifania comemora o batismo de Jesus. (N.T.)

quer, como Buda ou Krishna. A doutrina de Krishna, que chegou até nós através de um grupo de "iniciados negros" orientais (essencialmente indo-tibetanos) que trabalham a favor das forças das trevas, é particularmente sofisticada. Ela já sobrevive entre nós há cerca de um século, através de médiuns que são manipulados por essas forças anticrísticas.

Essa doutrina é certamente a mais perigosa, porque associa as tendências luciferianas e ahrimanianas. Seus adeptos, é claro, esperam pela reencarnação física de Cristo na pessoa de algum Iniciado qualquer. Chegam a chamá-lo de Cristo Maitréia, ou Cristo da Nova Era, o que é uma aberração. Na verdade, Maitréia, como já mencionei, é um Iniciado que será o próximo Buda. Portanto, é absurdo pretender que Cristo e Maitréia sejam o mesmo ser. Alguns adeptos desse movimento, que possui múltiplas raízes no Ocidente, chegam a pretender que Cristo Maitréia já reencarnou na Inglaterra e logo será visto na televisão!

Quanto ao retorno de Cristo, **a principal ilusão se refere à crença de que Ele deve voltar em um corpo físico.** Essa ilusão vem ao encontro da ilusão ahrimaniana que se exprime por um pensamento materialista.

Cristo não repetirá aquilo que fez há dois mil anos. Pensar que Cristo voltará num corpo físico implica que Ele teria fracassado na Sua primeira vinda e que a humanidade não teria feito nenhum progresso desde então. Eu gostaria de tranqüilizar meus leitores: Cristo alcançou pleno sucesso em Sua missão há dois mil anos e a humanidade progrediu bastante. São essas forças negras do antiprogresso, querendo imobilizar a evolução humana, que tentam nos fazer engolir essa crença.

Por que as pessoas esperam o retorno de Cristo em um corpo físico? É, evidentemente, porque elas esperam um salvador. Vivemos numa sociedade que cultiva a irresponsabilidade e o infantilismo. A principal "virtude" dessa civilização decadente é a chamada previdência social. Quanto mais direitos o Estado concede, mais as pessoas se tornam fracas, covardes e irresponsáveis. Não querem fazer mais nada, a não ser largar-se nas mãos do Estado e reivindicar seus direitos. Essa sociedade de assistidos de todo tipo só pode levar à autodestruição.

E então essas pessoas esperam por aquele que poderá salvá-las, levá-las nas costas, conduzi-las até a "terra prometida". Estarão elas confundindo Cristo com o Estado (ou seja, com Ahriman)? Serão elas ainda humanas? Elas perderam toda dignidade humana. Não, Cristo não voltará em um corpo físico. Ele desceu à Terra para procurar o ser humano. Agora, cabe ao ser humano fazer esforços para reunir-se a Cristo.

Depois de ter encarnado na Terra há dois mil anos, Cristo está agora no mundo etérico, o mundo da Imaginação. Dentro de cerca de dois mil e quinhentos anos, Ele estará no mundo astral das esferas planetárias, mais especificamente na esfera do Sol. Precisaremos então fazer esforços para nos elevar um grau a mais no mundo da Inspiração para encontrá-Lo. Depois, durante a nova Idade de Ouro, Cristo retornará às esferas estelares do zodíaco, o mundo da Intuição, o lugar até onde precisaremos nos elevar novamente para encontrá-Lo.

Cristo se eleva um nível de cada vez, e o ser humano deve fazer esforços para erguer-se até Ele. É assim que Cristo leva a humanidade para o alto.

Quarta intervenção:
Encarnação na Terra, Era de Peixes (em seu início), correspondendo analogicamente à primeira Iniciação: o nascimento do Cristo interior (Cristo enquanto germe no coração etérico);

Quinta intervenção:
Retorno ao mundo etérico, Era de Peixes (em seu último terço) e depois Era de Aquário — ou seja, de 1909 até 4500, aproximadamente —, correspondendo aos primórdios dos tempos apocalípticos e à segunda Iniciação: o batismo pelo Espírito Santo (começo da descida da Alma, ou Eu Espiritual, graças a Sofia);

Sexta intervenção:
Retorno à esfera solar, Era de Capricórnio (em seu início) até o fim da grande época pós-atlante (do ano de 4500 até o ano 7000, aproximadamente), correspondendo à terceira Iniciação: o despertar do "Eu Sou" (prosseguimento da descida da Alma, graças a Cristo);

Sétima intervenção:
Retorno ao nível do zodíaco, Era de Sagitário e restante do tempo terrestre (a partir do ano 7000, aproximadamente), correspondendo à quarta Iniciação: a iluminação crística.

Nota: Essas sete intervenções de Cristo são análogas às sete "encarnações" da Terra. Observa-se então que a única "encarnação" da Terra na qual o corpo físico terá existido é a quarta; além disso, foi somente na Sua quarta intervenção que Cristo apareceu em um corpo físico.

Quadro 8: As quatro últimas intervenções de Cristo
(As três primeiras ocorreram nas épocas da Lemúria e da Atlântida; Sua Encarnação na Terra, portanto, é a quarta)

Agora, a humanidade entrou em sua fase de ascensão ao mundo espiritual. É chegada a hora de determos o efeito de queda na matéria e nos erguermos para o mundo espiritual. É da maior importância que o ser humano se esforce para libertar-se da prisão da matéria.

Cristo, como todas as entidades espirituais, está sempre pronto a Se sacrificar pelo ser humano. Cabe a este, no entanto, a escolha de se esforçar para alcançar conscientemente os benefícios desse sacrifício.

Proponho fazermos agora uma recapitulação (Quadro 8) das intervenções de Cristo junto à humanidade no passado, no presente e no futuro; acrescentam-se a elas Suas três primeiras intervenções, que se situam no mundo espiritual antes de Sua Encarnação há dois mil anos (ver meu livro *L'Animal Intérieur*, Capítulo I, no qual explico as três intervenções de Cristo durante as épocas da Lemúria e da Atlântida).

A salvação é individual. Sem esforço, não há salvação. Esperar pelo Salvador ou contar com outra pessoa para ser salvo é o mesmo que se entregar às forças negras. É continuar a cair, a se tornar "pesado", a se adensar na matéria. É correr o risco de tombar no abismo, no reino de Ahriman.

Em suma, Cristo nunca voltará em um corpo físico. Esperar pelo Salvador é se autocondenar.

Características do retorno de Cristo

Penso ser importante caracterizar a segunda vinda de Cristo em relação à primeira.

- Há dois mil anos, Ele veio à Terra em um corpo físico, o corpo de Jesus. Manifestou-Se num lugar preciso, a Palestina, e poucas pessoas O conheceram. Enquanto Cristo, Ele permaneceu apenas três anos na Terra. As noções de espaço e tempo, portanto, eram muito limitadas.
- Quando de Seu retorno, Cristo virá em um corpo etérico, o corpo de um Anjo. Diferentemente de Sua vinda anterior, Sua ação não estará limitada a um lugar determinado, pois Ele poderá ser contactado a partir de todos os pontos da Terra (por estar no mundo etérico); assim, todo ser humano, esteja onde estiver, poderá encontrá-Lo. Doravante, Cristo está presente no mundo etérico, por todo o período da Era da Luz ou era da autoconsciência; ou seja, os próximos dois mil e quinhentos anos. Mesmo que as condições dessa segunda vinda aparentem ser mais sutis, com mais tênues possibilidades de encontro, as noções de espaço e tempo deixaram de constituir limites.

- Outro aspecto essencial: Há dois mil anos, Cristo veio à Terra em um corpo físico para a glória de Seu Pai. Triunfou sobre a morte e tornou possível a vida eterna para o ser humano, graças à ressurreição do corpo físico. Esotericamente, o Pai está ligado ao corpo físico, e é Ele quem permite a transformação do corpo físico em corpo divino: o corpo de glória (a glória é a associação do calor e da luz, criando um corpo de luz dourada). A primeira vinda de Cristo terminou com a Ascensão, quando Ele retornou ao Pai.
- O retorno de Cristo será diferente. Dessa vez, Cristo virá em um corpo etérico. O corpo físico é masculino (princípio do Pai), enquanto o corpo etérico é feminino. Na encarnação, o corpo etérico complementa o corpo físico: o físico é masculino, o etérico é feminino. O corpo etérico depende de Sofia, que representa o princípio feminino.

No retorno de Cristo, podemos ver a importância particular de Sua relação com Sofia. Não hesitemos em dizer: **O Retorno de Cristo revelará os mistérios de Sofia, o eterno feminino**.

Podemos, portanto, anunciar que o retorno de Cristo se refere ao despertar do aspecto feminino, o qual trará a espiritualização da Terra e da humanidade.

Além disso, o corpo etérico está ligado ao desenvolvimento do pensamento vivo e livre, que permite o fortalecimento do "Eu" e favorece a consciência de si: esses aspectos são, necessariamente, elementos importantes do retorno de Cristo. Aliás, o retorno de Cristo não terá lugar exatamente durante a Era da Luz ou era da autoconsciência?

Enfim, se a primeira vinda termina com a Ascensão, seria lógico vermos a segunda vinda se iniciar com uma "descensão" (uma descida para a Mãe, ou o contrário da Ascensão, que é uma subida para o Pai).

Mas antes precisamos esclarecer um outro ponto: o retorno no mundo etérico. Esse retorno teria sido anunciado?

Sim, basta ler algumas linhas dos Atos dos Apóstolos, onde está escrito que, quando de Sua Ascensão, Cristo desapareceu por trás de uma "nuvem no céu". Depois, duas entidades surgiram e anunciaram que Ele voltará da mesma maneira, ou seja, surgindo de uma "nuvem no céu".

O que significava, naquela época, uma "nuvem no céu"?

A "nuvem no céu" — que um pensamento intelectual traduz simplesmente como "nuvem: conjunto de partículas de água ou gelo em suspensão na atmosfera" — faz referência a uma água espiritual. Ora, no esoterismo, o elemento água está associado ao mundo etérico. Além disso, naquela época as "nuvens" representavam os contornos espirituais da Terra. Cristo voltaria, sim, no mundo etérico e isso foi profetizado desde o início.

Encontramos também indicações proféticas no Evangelho de Mateus (14:15-21), no relato sobre o "milagre" da multiplicação de cinco pães e dois peixes, alimentando cinco mil pessoas. No início daquela passagem, indica-se que é de tarde e que os discípulos se aproximam de Cristo. Na verdade, trata-se de uma meditação e toda a seqüência ali narrada se desenrola no mundo espiritual.

O número 5.000 é uma indicação precisa. Os três zeros representam uma multidão de pessoas, enquanto o 5 corresponde ao quinto período da nossa grande era de civilização, aquela que começou depois da destruição da Atlântida. Após o dilúvio que destruiu a Atlântida, quatro eras se sucederam: a Era de Câncer, que viu o surgimento da civilização hindu; a Era de Gêmeos e a antiga Pérsia de Zaratustra; a Era de Touro e o antigo Egito de Hermes-Thot; depois a Era de Áries, ou seja, a era hebraico-greco-romana de Moisés, Pitágoras, Platão, Aristóteles, etc. Hoje estamos na quinta era, a Era de Peixes: as cinco mil pessoas representam a nossa civilização.

Em seguida, o Evangelho diz que Cristo mandou os discípulos passarem para a outra margem do lago (Mateus 14:22): essa imagem mostra o cruzar do primeiro portal, o do mundo etérico (a água simboliza o plano etérico).

Depois Cristo, caminhando sobre as águas, aproxima-Se da barca na qual estavam os discípulos (Mateus 14:25): eis uma indicação profética de Seu retorno no mundo etérico.

O que acontece então? Os discípulos O vêem chegar em sua direção, mas não O reconhecem. Eles têm medo e O tomam por um fantasma. Segundo Mateus 14:27, Cristo lhes diz: "Coragem, sou eu; não tenhais medo."

Pedro, descendo da barca, tenta caminhar sobre a água. Mas tem medo e começa a afundar. Segundo Mateus 14:31, Cristo lhe estende a mão, segura-o e diz: "Homem de pouca fé, por que duvidaste?"

Qual lição podemos tirar desse episódio profético? Ele descreve muito bem a nossa época: Cristo retorna no mundo etérico e caminha em nossa direção. Mas, saberemos nós reconhecê-Lo?

O testemunho de Mateus parece nos alertar contra a pouca fé da humanidade. É verdade que, se analisarmos o comportamento atual do ser humano, concluiremos que o medo nos domina e que nossa fé é bem fraca. O medo e a insegurança do ambiente humano dos dias de hoje são as conseqüências da nossa falta de fé. Atualmente, a fé é vista como uma fraqueza e confundida com a crença cega.

Compreenda que **quanto mais fraca é a fé, maior é o medo**.

Diferentemente da crença cega, a fé resulta da experiência interior. Quando você vive experiências espirituais e as deixa viver dentro de si, elas se tornam certezas para você, porque são o resultado de "percepções" associadas a conhecimentos.

O conhecimento obtido graças a pensamentos vivos e livres (portanto etéricos) é a base da fé, a qual é uma "percepção" do coração. A fé, na verdade, é filha da sabedoria. Quando o aspirante transforma os pensamentos mortos do seu cérebro em pensamentos vivos e luminosos do seu coração etérico, ele faz reviver a sabedoria dentro de si; faz desabrochar a fé. Ora, no episódio narrado por Mateus, vimos que a Pedro e aos outros discípulos faltava fé, porque não tinham reconhecido Cristo no etérico. A falta de fé acarreta uma falta de consciência, porque o medo obscurece a consciência.

Associando os dois aspectos dessa profecia, compreendemos que é a fé que nos permite ver o etérico, enquanto a falta de fé acarreta o medo e a cegueira no plano etérico.

O sábio conhecimento do coração estabelece os alicerces de uma fé que nos eleva até a visão do Cristo etérico.

Resumindo: na nossa época, cultivar a fé é um excelente remédio contra o medo, e conduz à visão do Cristo etérico.

A SEGUNDA CRUCIFICAÇÃO: O MISTÉRIO DO CRISTO ETÉRICO

O retorno de Cristo é às vezes denominado "Parúsia", palavra que vem do grego *parousia* e significa "estar presente em essência". Trata-se de um retorno glorioso de Cristo, de uma aparição espiritual. Não há lugar aqui, portanto, para um corpo físico.

O retorno de Cristo coincide com a época da vinda de falsos messias, como foi profetizado pelo próprio Cristo. O século XX é uma época na qual falsos mestres se fazem adorar, passando-se por *avatares* (reencarnações divinas). Outros anunciam o retorno de Cristo num corpo físico ou a vinda de um grupo de grandes Iniciados eleitos por Cristo. Tudo isso não passa de ilusão e tem por objetivo obscurecer o verdadeiro retorno de Cristo.

Cristo retorna no mundo etérico para todos os seres humanos, sem exceção. Cada um de nós pode fazer os esforços necessários para encontrá-Lo no mundo etérico. Todo o resto (grupos de eleitos, seitas, falsos messias, avatares, etc.) é obra das forças negras, tanto no Oriente quanto no Ocidente.

É chegada a hora de mudarmos nosso estado de espírito e interiorizarmos nossos pensamentos em nosso coração, porque não podemos perder o Encontro.

Chegamos agora à "segunda crucificação" de Cristo, que se desenrolou no século XIX. Depois de ter vivido uma breve vida humana (três anos) há dois mil anos, Cristo vive no corpo de um Anjo e habita o mundo espiritual próximo da Terra. Hoje, pode-se dizer que Cristo está "encarnado" no corpo de um

Anjo, no sentido de que Ele é um ser semelhante a um Anjo, o qual Lhe serve de "vestimenta de manifestação" no mundo etérico.

Depois do surgimento da sociedade materialista no século XVI, a civilização produziu crescentemente pensamentos mortos, ligados apenas à matéria. Depois da morte, os seres humanos levavam seus pensamentos mortos consigo para o mundo etérico, fazendo este encher-se de pensamentos duros e imobilizados. O plano etérico, que é o mundo da vida, viu-se invadido pelo pensamento materialista, cuja principal característica é uma tendência a imobilizar, congelar todas as coisas: ele é um pensamento ahrimaniano. Você pode imaginar o plano etérico como um mundo de vida, movimento, circulação de energia, como um universo fluido no qual penetraram, durante dezenas e dezenas de anos, pensamentos mortos, imobilizados e duros. Depois de três séculos desse regime, o mundo etérico estava "congelado", como que aprisionado no gelo.

Trata-se, claro, de uma imagem, mas compreenda que naquela época (século XIX) a grande maioria das pessoas não mais acreditava na existência do mundo espiritual; rejeitavam-no por completo. Isso levou, por um lado, à criação de uma "esfera negra" de inconsciência, na qual se encontravam, depois da morte, aqueles que tinham sido violentamente ateus: essas pessoas excluíam a si mesmas do mundo espiritual, impedindo-se de aprender as lições da vida que tinham acabado de viver e de se regenerar para a próxima vida. E, por outro lado, daí resultou uma diminuição da consciência do Anjo "portador" de Cristo.

Imagine que você subitamente se encontra envolto em denso nevoeiro, sem poder ver nada à sua frente; você teria então uma vaga idéia do que representa essa extinção da consciência do Anjo que é a "vestimenta" de Cristo.

Assim, Cristo viu o obscurecimento da Sua consciência, representada pelo Anjo no qual Ele "encarnara" no mundo etérico. Imagine ainda que esses pensamentos materialistas ou mortos, que congelam todas as coisas, por assim dizer "imobilizaram" Cristo sobre uma cruz pela segunda vez. Esses pensamentos, que rejeitaram tanto o mundo espiritual quanto o próprio Cristo, se congelaram no mundo etérico. O Anjo "vestimenta" de Cristo foi bloqueado, imobilizado, pregado numa cruz. Cristo viu-Se crucificado pela segunda vez, com seu Anjo, em meados do século XIX.

Naquela época, desencadeou-se uma batalha no mundo espiritual: de um lado, estavam os exércitos de Miguel (que começava sua regência e iria elevar-se ao posto de Principado) e, de outro, um grupo de Anjos que tinham sido cooptados por Ahriman. Essa batalha, travada na esfera lunar durante trinta anos, terminou com a vitória de Miguel, em 1879. Os anjos ahrimanianos foram lançados na Terra, ou melhor, no mundo etérico próximo da humanidade.

Ao mesmo tempo, Cristo passava por uma "segunda morte", ou mais exatamente, por uma transformação, já que a morte não existe no mundo espiritual. E um segundo processo de ressurreição começou. Cristo absorveu a "esfera negra" do materialismo que estava no mundo etérico-astral — ou seja, na entrada do mundo espiritual — e que recolhia todas as almas dos indivíduos com pensamentos materialistas. Esse processo de purificação do mundo etérico-astral, onde os seres se encontram imediatamente depois da morte, facilitou o surgimento da Era da Luz desde o fim do Kali-Yuga, em 1899. E esse novo sacrifício de Cristo desencadeou o processo de Seu retorno no mundo etérico.

> Depois de ter passado por uma morte e uma ressurreição físicas, foi uma morte e uma ressurreição de Sua consciência que Cristo experimentou na esfera etérica, o mundo espiritual mais próximo da Terra.

No final do ano de 1899, portanto, terminava o Kali-Yuga ou Era Sombria. Em 1900 tinha início a Era da Luz, ou era da autoconsciência. Estavam dadas as condições para o retorno de Cristo, as quais repousam principalmente sobre a ressurreição da consciência. Desenvolvendo pensamentos mortos ou materialistas, o ser humano obscurece sua consciência e cai num entorpecimento que o torna extremamente manipulável pelas forças das trevas. O retorno de Cristo tem o objetivo de estimular o ser humano a cultivar pensamentos vivos e livres, pois é graças a eles que reencontrará a consciência esclarecida que lhe permitirá viver livre e consciente de si mesmo. Essas são as bases do mistério do Cristo etérico e de Seu retorno, a Parúsia.

O trabalho do ser humano consiste, portanto, em ressuscitar seus pensamentos. Ele deve passar de um pensamento materialista (morto) para um pensamento vivo e livre; de uma consciência diminuída (o entorpecimento) para sua ressurreição sob a forma de uma consciência clara e receptiva a Cristo.

Devemos tomar os pensamentos mortos ou materialistas que surgem na nossa mente e fazê-los descer para o nosso coração (interiorizá-los no nosso corpo etérico), a fim de dar-lhes vida ("Eu sou a ressurreição e a vida") graças ao Cristo (existente em nosso coração). Essa ressurreição dos pensamentos no coração etérico é um processo baseado no amor e na sabedoria, permitindo que Sofia se aproxime do ser humano. A pessoa, desse modo, passa do medo à fé.

Façamos então esta pergunta: **Quando Cristo ressuscita na minha consciência?** Eis a resposta: **Toda vez que eu tenho um pensamento vivo e livre em meu coração, e ajo de acordo com esse pensamento, imbuído de compaixão pela humanidade.**

O ser humano deve fazer esse trabalho durante sua vida para que, na morte, possa entrar no mundo espiritual com uma consciência clara que se manifestará através de pensamentos vivos e livres.

Ao longo de sua vida, toda vez que o indivíduo transforma um pensamento morto ou físico (cerebral) num pensamento vivo ou etérico (do coração), ele participa da ressurreição da consciência de Cristo no mundo etérico. Contribui assim para o retorno de Cristo no mundo etérico.

É justamente esse trabalho de transformação do pensamento, levando por fim a uma maior autoconsciência, que vai permitir a eclosão de uma nova faculdade no ser humano: a clarividência consciente, ou pensamento imaginativo. É essa nova faculdade que levará o aspirante ao encontro com o Cristo etérico.

De Ísis a Sofia:
A ressurreição da sabedoria

No antigo Egito, era bem conhecido o mito de Ísis e Osíris. Osíris, o deus solar que simboliza Cristo, foi assassinado por Seth/Typhon (uma representação de Ahriman/Satã) e cortado em quatorze pedaços (o número das províncias do Império Egípcio). Ísis, sua esposa e irmã, tentou reconstituir o corpo de Osíris para fazê-lo ressuscitar. Teve êxito e Osíris tornou-se o deus do reino dos mortos.

Há dois mil anos, esse mito egípcio tornou-se realidade. O Deus solar Cristo/Osíris encarnou, e Sua noiva celeste, Sofia/Ísis, desceu em Maria. O Deus solar morreu, mas ressuscitou; Cristo venceu a morte e tornou-Se o Deus dos vivos. O outro acontecimento diferente é Maria/Sofia ter sido assassinada por Lúcifer/Diabo, no sentido de que a sabedoria foi lançada da Terra para o cosmos.

O fato é que temos, na primeira vinda de Cristo há dois mil anos, um espelho do mito egípcio:

— Osíris morre e ressuscita, Cristo também; porém, enquanto Osíris se "perde" no mundo dos mortos, Cristo é um Deus vivo no mundo etérico (o mundo da vida);
— Ísis vive e reina com seu filho Hórus; por outro lado, Maria/Sofia foi assassinada por Lúcifer (enquanto Osíris foi morto por Ahriman) e lançada no cosmos.

Não há mais sabedoria sobre a Terra e, se olharmos o cosmos como o faz o astrônomo (ou seja, vendo o cosmos como um conjunto de planetas e estrelas sem vida), continuaremos a assassinar Maria/Sofia, a imobilizá-la.

Portanto, é essencial ressuscitarmos Maria/Sofia cultivando um pensamento vivo e espiritual. Se virmos o cosmos como a "vestimenta" de um mundo espiritual pleno de vida e de seres, faremos ressuscitar Maria/Sofia. E se ela ressuscitar em nosso coração, poderemos fazê-la descer à Terra e espiritualizar nosso planeta.

É importante compreendermos esse novo mito moderno: Maria/Sofia, a Ísis moderna, foi assassinada por Lúcifer (e seu pensamento abstrato) e por ele lançada no espaço cósmico; e a Luz espiritual da sabedoria (*sophia*) tornou-se a nossa pálida luz elétrica luciferiana. Entre a luz elétrica e a Luz espiritual, existe a mesma diferença que entre os pensamentos mortos, abstratos, e os pensamentos vivos plenos de sabedoria.

Não devemos utilizar a força de Ísis procurando os pedaços do corpo de Osíris para ressuscitá-lo, como fazia o antigo egípcio; pelo contrário, devemos procurar a Sofia perdida no cosmos, a Ísis moderna, graças à força do Cristo dentro do nosso coração, para fazê-la ressuscitar através de um pensamento vivo e espiritual.

Esse mito moderno pode servir como tema de meditação, para você associar Cristo e Sofia no seu coração. Esse aspecto é essencial, pois Sofia pode ajudar o ser humano em seu caminho evolucionário (como vimos no capítulo anterior).

Podemos agora retornar à *Trinosofia* para verificar a ação de Sofia em relação à humanidade.

— Sofia é um agente do Pai enquanto Gaia/Terra ou deusa Natureza; ou seja, ela impregna a Natureza de sua sabedoria.
— Sofia é também um agente do Filho — Cristo — enquanto Virgem Cósmica, porque ela difunde a sabedoria de Cristo em todo o mundo espiritual.
— Sofia, por fim, é um agente do Espírito Santo, enquanto Santa Alma ou Alma do Mundo, quando desce até Maria de Nazaré.

É no momento de Pentecostes, em 24 de maio do ano 33, quando Maria está reunida com os discípulos de Cristo e o Espírito Santo desce sobre eles como "línguas de fogo", que ela recebe Sofia. Também há um paralelo entre o episódio da Santa Ceia (quando Cristo se encontra com os discípulos, na véspera de Sua crucificação) e o fenômeno de Pentecostes; dessa vez é Maria que está com os discípulos, no mesmo lugar da Ceia, para receber Sofia: sempre Cristo e Sofia.

A ESCOLHA, NA VIRADA DO SÉCULO

Proponho agora examinar com precisão em que ponto está a humanidade na aurora do terceiro milênio.

O maior acontecimento espiritual do século XX, o retorno de Cristo no mundo etérico, passou quase despercebido até o presente. No entanto, foi anunciado em janeiro de 1910 por Rudolf Steiner, Iniciado crístico. Segundo Steiner, Cristo estava de volta desde 1909 e já seria possível encontrá-Lo na década de 30 do nosso século. Para encontrá-Lo, era necessário que a humanidade pudesse fazer algum progresso.

De que ordem seria esse progresso? Era preciso que o corpo etérico se "descolasse" do corpo físico, pouco a pouco e de maneira natural (esse processo pode ser acelerado no contexto de um trabalho espiritual). O resultado dessa descolagem progressiva do corpo etérico, em relação ao corpo físico, acarretaria as bases de uma clarividência da cabeça (em oposição à antiga clarividência, que era uma clarividência do ventre), permitindo a visão do Cristo etérico. Não falaremos aqui sobre a diferença entre a antiga e a nova clarividência (reveja o tema no Capítulo 5).

A nova clarividência deveria aparecer nos anos 30, 40 e 50 do século XX. Mas o processo de descolagem do corpo etérico não ocorreu. Por quê? Simplesmente porque as forças negras agiram de maneira a perturbar esse progresso natural da humanidade.

O que elas tiveram de fazer para impedir a descolagem do corpo etérico? Elas precisaram produzir o medo. Na verdade, o medo imobiliza, paralisa, contrai; seus efeitos aprisionam cada vez mais o corpo etérico no corpo físico. Isso explica por que, desde que Cristo está no mundo etérico, as forças negras fazem todo o possível para conservar o ser humano num estado de medo. E isso elas fazem muito bem. Em contrapartida à aparição de Cristo no mundo etérico, o plano terrestre viu o surgimento do nazismo, gerado pelas forças negras.

Nossa civilização cultiva o medo de todas as maneiras, porque é essencial manter as pessoas aprisionadas no medo, impedindo que seu corpo etérico se descole e tornando-as facilmente manipuláveis. Como vimos acima, isso afasta os indivíduos da fé e da visão etérica.

A palavra de ordem das forças ahrimanianas, que são os mais poderosos seres anticrísticos, é "destruição" — porque a destruição perpetua o medo. Esses seres anticrísticos a serviço de Ahriman também impelem o indivíduo para outro "atributo" demoníaco: a mentira, que provém do intelectualismo abstrato.

Quando as pessoas são cortadas da realidade por força de raciocínios e julgamentos baseados apenas em elementos abstratos, seu discernimento é deturpado e elas perdem a autenticidade. Elas não sabem mais o que é verdadeiro e o que é falso. Como esse intelectualismo abstrato só lhes mostra a aparência das coisas, e nunca a realidade espiritual, elas começam a pensar "ao inverso" e a mentir. Não tendo mais acesso à verdade e à realidade, o ser humano tem um único recurso: usar a mentira para parecer que conhece a verdade. Daí resulta todo tipo de incompreensão, desembocando na agressividade desta sociedade cujas tecnologias de comunicação são tão sofisticadas e onde, contudo, as pessoas deixaram de compreender umas às outras. Surge então a destruição, como solução desejada pelas forças ahrimanianas.

A verdadeira solução é a transformação do mal em bem e o desenvolvimento da fé.

É preciso combater o medo e a mentira. Para consegui-lo, é preciso cultivar a coragem, porque o medo das forças negras só as fortalece. É preciso perceber que elas fazem seu trabalho, o qual consiste em nos enfrentar para criar-nos obstáculos. Respondendo aos desafios que elas nos impõem, esforçamo-nos e nos tornamos, a cada dia, mais conscientes de nós mesmos.

Foi a partir de 1933 que Cristo chegou muito próximo da humanidade, no mundo etérico. E então a "besta que subia da terra" (Apocalipse 13:11) se opôs à humanidade, para que ela não pudesse encontrá-Lo. Depois Cristo prosseguiu Sua descida em direção à Terra. O que chamo de "descida" é o fato de que Cristo não Se contenta em Se aproximar da Terra e da humanidade, mas deve descer na Terra e impregnar todas as suas camadas. Ele começará assim um processo de transformação que acabará levando à *terra lucida*, a Terra de Luz (a transformação da Terra em um novo Sol).

Quando da Sua primeira vinda, Cristo "desceu" aos infernos, depois de Sua morte na cruz do Gólgota. Trata-se do mesmo fenômeno? Não. Há dois mil anos, o Verbo entrou no mundo espiritual depois da Sua morte na cruz, para levar uma Luz que faltava às almas dos mortos que se encontravam no mundo lunar. Aquelas almas se sentiam perdidas na esfera lunar. O estado de espírito em relação à morte e ao mundo espiritual tornara-se negativo naquela época em que os gregos cultuavam o corpo físico e a beleza exterior. Ora, a idéia negativa que faziam da morte, eles a levavam consigo para o outro lado.

Era da maior importância, portanto, que o mundo da morte — essencialmente a esfera lunar — fosse investido da Luz do mundo para dar esperança às almas dos mortos. Foi isso que fez Cristo entre Sua morte e Sua ressurreição. Quando da Sua segunda vinda, ele chegou do mundo astral ao mundo etérico e prosseguirá Sua descida até as camadas interiores da Terra (há oito delas, mais a crosta terrestre). A "descida" representa a travessia dessas esferas intraterrestres por Cristo. É também a abertura da "porta dos infernos" ahrimanianos, que ocorreu em 1945 e produziu, na Terra, a explosão atômica sobre Hiroshima.

Em Sua "descida", Cristo não só impregna cada camada da Terra com Sua energia, fazendo que ela se torne progressivamente uma terra de luz ou um novo sol; Ele também abre a porta a todos os demônios intraterrestres.

Diferentemente do que poderíamos crer, essa segunda parte da Sua ação é tão positiva quanto a primeira, porque permitirá que o ser humano enfrente o mal de uma maneira mais consciente do que antes.

Até o presente, o ser humano não via o mal. Suspeitava da sua existência, mas não conseguia enfrentá-lo conscientemente. O fato é que bem e mal estavam até agora misturados, confundidos. Por exemplo, uma pessoa bonita, inteligente e com os benefícios de uma boa educação podia se revelar extremamente cruel em seus atos. De agora em diante, o mal começará a se separar do bem, e esse movimento se acentuará cada vez mais. Hoje, chegou a hora de o indivíduo aceitar o confronto com o mal para crescer espiritualmente.

Resumindo, **a descensão de Cristo (Sua descida nas diferentes camadas da Terra) permite que se ponha em movimento um processo de espiritualização do nosso planeta e de separação entre o bem e o mal, para que o ser humano possa mais facilmente distinguir o mal e enfrentá-lo através de uma descida profunda em si mesmo**. Essa descensão de Cristo será feita em colaboração com o aspecto "Mãe" de Sofia (ou Gaia/Terra).

Vamos tentar discernir aquilo que constitui, nos nossos dias, a ação do mal. Compreenda que você, aceitando realizar esse trabalho, colaborará para o retorno de Cristo no mundo etérico.

Podemos agrupar a ação das forças negras segundo três eixos:

— A sexualidade e os laços de sangue;
— O poder e a posse;
— A destruição.

A sexualidade e os laços de sangue

Foi Lúcifer quem deu a sexualidade aos seres humanos, provocando a separação dos sexos. Depois se desenvolveram os laços de sangue (consangüíneos ou familiares), que foram outorgados à humanidade pelo Arcanjo Gabriel e representam o aspecto complementar da sexualidade. Essas duas primeiras formas devem, hoje, ser ultrapassadas porque representam uma visão ensombrecida do amor. Isso não significa que devemos rejeitar a sexualidade e os laços consangüíneos (como poderia interpretar um pensamento ahrimaniano), mas que hoje o ser humano deve se elevar até o "compartilhar".

Compartilhar é reconhecer a divindade no nosso próximo e amar os outros, mesmo que eles não pertençam à nossa família, à nossa raça ou ao nosso sistema de crenças. Precisamos aprender a amar o outro assim como ele é, e compartilhar com ele aquilo que nós somos. Esse é o ensinamento do Principado Miguel para a nossa época. Daí resulta a abertura à fraternidade, à compaixão pela humanidade inteira.

Doar sem nada esperar em troca, ultrapassar o estágio do compartilhar simplesmente doando todo o nosso amor, é o que Cristo nos ensina diretamente e se refere a uma etapa mais avançada para a humanidade. Quando a humanidade funcionar sobre as bases do amor incondicional, Lúcifer será "redimido" e se unirá às forças da Luz.

O poder e a posse

O desejo egoísta é uma bela arma para as forças negras. A todo momento, o ser humano quer alguma coisa nova para se realizar. Sentindo-se vazio, porque sua energia está sempre fora de si mesmo (ele se esvazia, portanto, da sua própria substância), ele quer se saciar: de comida, de sexo, de roupas, de aparelhos os mais diversos, de férias, de imagens, de *softwares* que o levem para mundos ilusórios, etc.

O desejo de possuir é uma corrida interminável que fortalece o egoísmo do indivíduo e o torna agressivo. A corrida pelo poder é uma variante do desejo de posse. Depois de se apropriar dos objetos mais diversos, o indivíduo bem que gostaria de se apropriar das pessoas, manipulando-as de todas as maneiras possíveis para saciar sua sede de poder.

Como bem afirmou o sábio hindu Sri Chinmoy: "Quando o poder do amor tiver substituído o amor pelo poder, o homem terá um novo nome: deus."

A destruição

As forças negras ensinaram o homem a se autodestruir, levando-o a fabricar a bomba atômica. Desde a primeira explosão, em 1945, as pessoas têm vivido com medo.

Depois, outras armas bem mais sofisticadas viram a luz do dia — tão sofisticadas que em breve talvez os países já nem se dêem ao trabalho de fabricar bombas atômicas. Os cientistas são mestres consumados na arte da destruição e estão sempre fornecendo novas armas aos militares. Tudo isso produz muito medo.

Quando vemos como a nossa sociedade funciona, percebemos que há mais efeitos destruidores que construtores. É verdade que é bem mais fácil destruir do que criar.

O ser humano destrói os animais. Centenas de milhões de animais foram massacrados neste último século! O ser humano destrói as florestas, embora elas lhe forneçam o oxigênio de que ele precisa para viver. Você acredita que todo esse ilogismo seja humano? Não, é a necessidade de destruir, proveniente das forças negras, que está por trás disso tudo.

Já é hora de o ser humano utilizar sua energia para criar, em vez de usá-la para destruir.

Sejamos claros: começamos a viver a era apocalíptica de que fala São João Evangelista nas suas revelações.

> É preciso considerar o século XX como o início do Julgamento Final (a carta nº 20 do Tarô de Marselha se intitula justamente "O Julgamento"). Esse Julgamento Final prosseguirá até o fim da Terra.

Em que consiste esse Julgamento Final?

O Julgamento Final representa uma apuração do karma da humanidade, de hoje até o fim da Terra. É um trabalho colossal. E foi por essa razão que Cristo retornou no mundo etérico como Senhor do Karma. Ele gradualmente realizará um trabalho de reequilíbrio em relação ao karma da Terra e da humanidade; esse trabalho durará milhares de anos. Seu desejo é que cada ser humano sinta que essa "apuração do karma" da humanidade lhe diz respeito.

Como já expliquei em meu livro *Chercheur d'Éternité*, o fato de Cristo se encarregar do karma da Terra e da humanidade como um todo não dispensa cada indivíduo de regularizar seu próprio karma.

Quando o indivíduo cria karma por causa de seu egoísmo, isso acarreta duas conseqüências:

— Primeiro, ele desacelera — ou até mesmo bloqueia — sua evolução, devido ao mal que causou à sua Alma;
— Em segundo lugar, ele torna mais pesado o karma da humanidade, produzindo uma energia negativa.

Cristo se encarrega do karma dessa segunda categoria, mas o indivíduo é totalmente responsável pelo karma da primeira; ele deve, portanto, restabelecer a ordem em seu karma através de seus próprios meios a fim de prosseguir em sua evolução.

Assim, o retorno de Cristo no mundo etérico implica que cada indivíduo se sinta plenamente responsável por todos os seus atos passados,

que os assuma inteiramente e se esforce para compensar seu karma criando o bem.

   Cristo deseja também que cada ser humano que quer restabelecer a ordem em seu karma motive os outros a fazerem o mesmo. Na verdade, o Verbo espera que uma "fraternidade kármica" possa ser construída, significando que as pessoas devem se ajudar mutuamente diante do karma. Assim, Cristo pede que as pessoas, em vez de fingirem não saber o que é o karma para não sentir sua responsabilidade, trabalhem para superá-lo e ajudem os outros a compreender seu significado. Pode-se ir ainda mais longe: **no dia em que o homem se voltar para seu irmão e o ajudar a carregar seu karma, a humanidade terá um novo nome: Sofia.**

   Quero esclarecer que não se trata de uma pessoa tomar conta de outra, mas de uma manifestação de fraternidade. Não se trata de carregar nos ombros os irresponsáveis, mas de demonstrar uma compaixão autêntica, sem nada esperar em troca. Essa atitude só poderá se manifestar com o surgimento de uma nova civilização de natureza espiritual durante a Era de Aquário. A humanidade poderá então ser chamada de Sofia, porque o ser humano terá se tornado mais sábio, sua Alma terá começado a descer para dentro dele.

   É provável que o início da descida da Alma (ou Eu Espiritual) ocorra por volta do ano 3200 ou 3300, ou seja, dentro de doze ou treze séculos. Mas é desde agora que cada um de nós deve trabalhar nesse sentido, para preparar corretamente o futuro da humanidade.

   No Livro do Apocalipse (Capítulo 13), São João fala de duas "bestas": uma que sobe do mar e a outra, da terra. A primeira é Lúcifer (o mar representa o mundo espiritual etérico-astral onde o arcanjo caído exerce sua devastação); a segunda besta é Ahriman (a Terra é o mundo exterior, a sociedade materialista que ele utiliza para seus fins).

   A mais poderosa hoje em dia é a "besta que sobe da terra". Vejamos em que sentido agem seus poderes, nesta virada de século.

- A "besta da terra" age sobre o pensamento do ser humano, acarretando múltiplas ilusões. A mídia deforma constantemente a realidade. Tudo é feito para que o indivíduo nunca se interesse pelos verdadeiros valores, nem veja mais longe do que a aparência que lhe é fornecida.
   O indivíduo médio praticamente não utiliza seu pensamento: ele pensa aquilo que todo mundo pensa, conforme a moda, conforme o que diz a mídia, etc.
   As pessoas não fazem mais qualquer esforço para conhecer a verdade. Elas se contentam com acordos ou mesmo mentiras, porque não querem perturbar seu pequenino conforto. Logo, seu pensamento é empobrecido, inculto e sem discernimento.

- A "besta da terra" age sobre os sentimentos das pessoas, tornando-as cada vez mais egoístas, despertando nelas todo tipo de desejos e cobiças, e produzindo sem cessar o medo de perder alguma coisa ou tê-la em quantidade insuficiente, a fim de fortalecer nelas a agressividade. O indivíduo, sem clareza em seu pensamento, é persuadido de que precisa possuir uma infinidade de coisas totalmente inúteis a fim de ser amado e reconhecido, a fim de ser o primeiro. Ele se torna cada vez mais egocêntrico e disposto a tudo para ter sucesso.
- A "besta da terra" age sobre a vontade humana, a fim de privá-la de toda liberdade e de todo tipo de motivação justa e fraternal — quer o indivíduo seja inerte e funcione no modo desacelerado, como um autômato, sem qualquer iniciativa pessoal; quer ele seja hiperativo e reaja sempre em função de seus condicionamentos. Nos dois casos, a vontade deixou de ser humana e se tornou robótica, estando à mercê de instintos que afundam a pessoa na sua natureza animal e a submetem à manipulação das forças negras.

Assim, a "besta da terra" tem o ser humano escravizado nos três planos da sua personalidade, não lhe deixando qualquer chance de se expressar segundo sua verdadeira natureza. Essa ação sobre o psiquismo humano provoca uma grande defasagem entre os pensamentos do indivíduo e seus atos.

Quantas pessoas nunca agem de acordo com o que realmente pensam, de acordo com os seus ideais! Funcionando dessa maneira, elas estão se negando enquanto seres humanos. Não causa surpresa que sejam manipuladas pelas forças negras.

Quando se recusam — geralmente por covardia — a agir de acordo com seu coração, com suas "percepções", elas agem como seres infra-humanos e entregam seu poder pessoal de decisão, seu livre-arbítrio, àqueles que tanto desejam tomá-los. No entanto, agora está em jogo o destino da humanidade. **Se a humanidade cruzar esta virada de século sem tomar consciência do retorno de Cristo, poderemos nos encontrar à beira do abismo, sem possibilidade de voltar atrás.** Seria uma catástrofe sem precedentes para a Terra e para a humanidade. Precisaríamos de milhares de anos para consertar os estragos... se é que os estragos poderiam ser consertados.

Está fazendo um século que o Kali-Yuga terminou (em 1899) e Rudolf Steiner alertou a humanidade: "Quando tiver decorrido o primeiro século depois do fim do Kali-Yuga, a humanidade se encontrará diante do túmulo de toda a civilização ou, senão, no início da época em que, na alma dos homens que unem no coração a inteligência à espiritualidade, esse 'combate de Miguel' terminará a favor do impulso de Miguel."

É hora, portanto, de cada um de nós fazer uma escolha: seja Cristo e Miguel (ou o mundo espiritual); seja a "besta da terra" e as forças do mal.

Esta encarnação é decisiva e muitas pessoas já fizeram sua escolha. Talvez não tenhamos outra chance (isto é, outra encarnação), porque a escolha deve ser feita entre o dia de hoje e o início da Era de Aquário.

Saiba que todo ser humano poderá conscientemente fazer sua escolha antes do início da Era de Aquário.

Não se trata simplesmente de dizer a si mesmo que você não quer fazer o mal; é preciso pôr em prática esse princípio. O bem ou o mal são vistos na ação. É somente depois do ato realizado que podemos dizer se foi o bem ou o mal que dele resultou. É por isso que as forças negras tentam criar uma defasagem entre aquilo que você pensa e a maneira pela qual você age. Para elas, pouco importa se você nutre pensamentos muito espirituais — o que lhes importa é que você pratique atos egoístas.

Você conhece alguém que nunca pratica ações egoístas? O mal não se manifesta apenas através de atos terríveis; ele começa com o egoísmo e prossegue com o comportamento do ser humano médio, tal como o descrevi acima.

Não é possível fazer uma escolha verdadeira sem realizar muito esforço; isso implica deixar de ser egoísta e deixar de pensar somente em si mesmo, procurando dar em vez de tomar. Exige o cultivo de um estado de espírito crístico, escutando seu coração e não sua cabeça: **O coração precisa se tornar um órgão de conhecimento, pois no futuro ele substituirá o cérebro.** E o futuro está em jogo hoje.

O acontecimento espiritual mais importante do século XX — o retorno de Cristo no mundo etérico — pode passar despercebido, assim condenando a humanidade.

Ser humano, é chegada a hora de você fazer sua escolha:

— Escolher a fraternidade, e não o egoísmo;
— Escolher a liberdade, e não a submissão;
— Escolher a coragem, e não a covardia;
— Escolher a consciência de si, e não o entorpecimento;
— Escolher o bem, e não o mal;
— Escolher o esforço, e não a facilidade;
— Escolher sua Alma, e não sua natureza animal;
— Escolher a responsabilidade, e não a entrega aos outros;
— Escolher assumir seu karma, e não esperar por um Salvador;
— Escolher o confronto com o mal, e não ignorar o mal;
— Escolher dar, e não tomar para si;
— Escolher criar, e não destruir;
— Escolher a força interior, e não a fraqueza;

— Escolher a abertura do coração, e não o julgamento;
— Escolher a verdade, e não a mentira;
— Escolher a vida em Cristo, e não a morte em Ahriman (ou as forças negras como um todo).

O ser humano está maduro, nos dias de hoje, para fazer essa escolha e para assumi-la. No Apocalipse de São João (7:4), faz-se menção de 144.000 pessoas (marcadas com o selo divino) que escolheram o impulso crístico. Esse número é simbólico. Os três zeros indicam uma multidão de pessoas, como sempre nesse caso; mas, o que significa então o número 144?

Foi observando o círculo que a solução certo dia me ocorreu. Um círculo tem 360 graus. O número 144 representa um ângulo desse círculo ou, se você preferir, uma parte da humanidade; o círculo inteiro representa toda a humanidade. Um ângulo de 144 graus representaria, portanto, 40% de toda a humanidade. São aqueles que escolheram o bem, o impulso crístico; os 60% restantes escolheram o mal. Essa porcentagem corresponde a um ângulo de 216 graus (360° − 144° = 216°). Ora, se multiplicarmos os três seis do "número da besta" (também indicado no Apocalipse, 13:18), teremos 6 x 6 x 6 = 216.

Os 40% que escolheram o impulso crístico, qualquer que seja o nome dado ao bem (não é uma questão de religião ou de crença), não serão os eleitos, mas as pessoas que decidiram fazer o esforço implícito nessa escolha, com toda liberdade e por amor ao divino.

Teremos então dois grupos de seres humanos, que constituirão, no início da Era de Aquário, duas sociedades completamente diferentes: uma delas será uma civilização espiritual; a outra, uma sociedade baseada nas necessidades egoístas e animais.

Esses dois grupos de indivíduos já começaram a se separar, mesmo que isso ainda não seja visível exteriormente.

Durante a Era de Aquário, haverá duas formas de civilizações. Encarnaremos naquela que corresponder à escolha que tivermos feito na nossa vida atual: ou na civilização espiritual, ou na sociedade humano-animal conduzida pelas forças negras. Hoje, a escolha deve ser feita conscientemente e com um pensamento livre.

Durante a Era de Aquário, essa escolha descerá para o corpo astral e o sentimento, para descer depois até o corpo etérico e a vontade, no decorrer da Era de Capricórnio. Por fim, ela se manifestará no corpo físico, ao longo da Era de Sagitário.

As pessoas pertencentes a essas duas formas de sociedade terão corpos físicos bem diferentes umas das outras — deixo a você a tarefa de adivinhar essas formas. Aqueles que tiverem escolhido a civilização espiritual terão vencido sua natureza animal; os outros terão se tornado sua natureza animal.

Se você fez a escolha de desenvolver sua natureza espiritual em vez de nutrir sua natureza animal, é chegada a hora de trabalhar para preparar o nascimento de uma nova cultura espiritual. Uma nova corrente de pensamento está nascendo neste fim de século e se espalhará pela Terra durante o primeiro terço do século XXI. Você pode fazer a escolha de participar dela, a fim de ressuscitar a sabedoria em seu coração.

O objetivo dessa nova cultura espiritual é o de preparar a vinda da Era de Aquário, a era de Sofia associada a Cristo, para iniciar a espiritualização da Terra e da humanidade. Responder a esse desafio exige muita coragem e fé em Cristo, para que Seu retorno entre nós possa se cumprir e Sua glória iluminar tanto a Terra como os céus.

Primeira Vinda	*Segunda Vinda*
Corpo físico: Jesus	Corpo etérico: Anjo
Local: Palestina	Local: Mundo etérico
Duração: 3 anos	Duração: 2.500 anos aproximadamente
Princípio do Pai	Princípio da Mãe/Sofia
Precursor: João Batista	Precursor: Miguel (mais três Iniciados humanos)
Crucificação física (no fim)	Crucificação etérica (no início)
Ressurreição física (no fim)	Ressurreição do pensamento e da consciência (no início)
Ascensão (no fim)	Descensão (no início)

Quadro 9: Uma comparação entre a primeira e a segunda vindas de Cristo

CAPÍTULO 12

A VISÃO DO CRISTO ETÉRICO

Ao longo deste último capítulo, eu lhe indicarei alguns métodos que, quando praticados com regularidade e mestria, podem conduzir à visão do Cristo etérico.

Esse retorno de Cristo no mundo etérico é o maior desafio do nosso tempo. Vimos que a humanidade se encontra numa encruzilhada da sua evolução, numa etapa em que tudo é possível, tanto o pior como o melhor. O pior é oscilar à beira do abismo ou a interrupção da evolução da humanidade e sua queda nas mãos das forças negras. O melhor é o nascimento de uma nova cultura espiritual que prefigurará a futura civilização da Era de Aquário, época na qual a Alma humana (o Eu Espiritual) descerá pouco a pouco sobre a humanidade, graças à associação entre Cristo e Sofia.

Se o melhor vier, a humanidade terá um novo nome no final da Era de Aquário: Sofia. Isso significa que os seres humanos terão claramente começado um processo de eterificação, graças ao desenvolvimento do germe crístico no coração etérico. É ele que desencadeia o processo de eterificação no ser humano, tornando-o suficientemente maleável para se ligar à sua Alma, a qual terá descido, até certo grau, em seu corpo astral. Essa humanidade terá cultivado a fraternidade e cada indivíduo se sentirá parte desse grande conjunto que será a "teo-humanidade" (*théo* significa "deus") da *Sophia*. Para esse fim, eu lhe proponho uma prece a Maria/Sofia em seu aspecto Santa Alma.

A Maria (a Santa Alma)

Ó Maria,
Encarnação da Sabedoria,
Filha do Espírito Santo.
Ajuda-me a abrir meu coração
À humanidade

Para que, de teu envoltório virginal,
Possas difundir sobre a Terra
A fraternidade.

Compete a cada um de nós fazer, desde hoje, a escolha de preparar o pior ou o melhor para a humanidade. Esta é a responsabilidade de cada ser humano. Cada um deve escolher entre permanecer prisioneiro de um pensamento morto, materialista, e ressuscitar esse pensamento sob uma forma viva e livre. E isso é possível a partir de agora.

Por que seria isso possível, particularmente na nossa época? A evolução do pensamento humano segue ciclos, como aliás tudo o que existe.

O pensamento científico-materialista, nascido no final do século XVI, é a contrapartida da filosofia grega que se produziu principalmente durante os quatro séculos e meio que precederam a primeira vinda de Cristo. Conseqüentemente, o pensamento materialista não deveria subsistir além de quatro séculos e meio. Se imaginarmos que nasceu na segunda metade do século XVI, ele deveria desaparecer mais ou menos no início do século XXI. Estaria assim confirmado o fim da sociedade materialista no decorrer do século XXI. Um novo pensamento deveria então surgir durante a primeira metade do século XXI.

Outro ponto de vista, complementando o anterior, é o seguinte: o pensamento humano evolui de acordo com um ciclo que dura oito séculos.

- Tomando como ponto de partida o período grego, aproximadamente quatro séculos antes de Jesus Cristo (Sócrates, Platão, Aristóteles), e avançando oito séculos no tempo, encontramo-nos no ano 400 (época dos Pais da Igreja, em especial de Santo Agostinho). É nessa época que, no mundo espiritual, o grande instrutor da humanidade, Mani, prepara, com outros Iniciados, os futuros mistérios crísticos modernos.
- Avançando ainda oito séculos, chegamos ao ano de 1200, época em que o Graal deixa de ser um segredo e se torna conhecido da humanidade européia (uma reviravolta na história espiritual da humanidade). Os principais textos referentes ao Graal foram escritos entre 1185-1190 e 1225-1230. Nessa mesma época, a primeira semente do futuro caminho cristão rosa-cruz foi semeada (em 1223). Os mistérios evocados no Graal, assim como o caminho rosa-cruz, prefiguram a futura Iniciação crística, preparada oito séculos antes.
- Essa corrente cultural esotérica do Graal constitui a semente da futura cultura espiritual que só poderia se revelar depois do período do pensamento materialista. Assim, quatro séculos depois do Graal (na metade do período subseqüente de oito séculos, indo do ano de 1200 ao ano 2000), o

pensamento materialista surge e se expande ao mesmo tempo que o caminho rosa-cruz se dá a conhecer no mundo (início do século XVII). Na verdade, foram necessários quatro séculos para permitir, de um lado, que o pensamento materialista se revelasse, e, de outro lado, que o caminho rosa-cruz alcançasse certa maturidade.

- Prosseguindo nosso percurso temporal, chegamos à nossa época. Ela surge oito séculos depois dos romances que tornaram conhecido o Graal e quatro séculos depois do surgimento da sociedade materialista e da saída do anonimato do caminho crístico rosa-cruz.

Retomando as datas do aparecimento do Graal e acrescentando-lhes oito séculos, encontramo-nos no período que vai de 1985-1990 a 2025-2030; isso nos permite situar a época na qual deve se revelar a nova cultura espiritual de inspiração crística, "graaliana" e rosa-cruz. É também nesse período que a humanidade deve descobrir Cristo no mundo etérico, graças ao impulso de Miguel, o Espírito do Tempo.

Qual é o princípio básico dessa nova cultura espiritual? Ela deve ser "miguelina", pois Miguel é seu inspirador. Isso significa que ela é solar e sintética: reúne a ciência, a arte e a religião num todo harmonioso.

Essa cultura é possível para cada um de nós se o pensamento for utilizado de maneira livre e viva. Ela não está reservada a uma elite nem a um grupo específico de pessoas, pois cada um de nós pode fazer a escolha de esforçar-se para participar de sua revelação.

A reunião sintética de ciência, arte e religião pode se realizar em três fases.

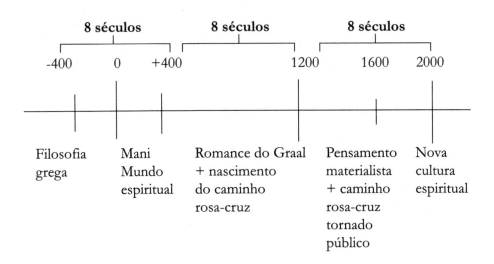

Quadro 10: O ciclo do pensamento

Primeira fase: A ciência, ou conhecimento

Nesta fase, estudamos o tema que nos interessa. Recolhemos todo tipo de elementos de informação, utilizando todos os meios disponíveis. Pode tratar-se de informação de ordem científica, teológica ou esotérica. Depois fazemos um resumo sintético e construtivo dos conhecimentos que reunimos. Este trabalho exige um mental estruturado e flexível, ou seja, aberto aos diversos pontos de vista possíveis sobre um mesmo tema (ver o Capítulo 9 do meu livro *Chercheur d'Éternité*, sobre o pensamento espiritual).

Segunda fase: A arte, o aspecto criador

Precisamos agora interiorizar o pensamento no nosso corpo etérico; em outras palavras, fazer os pensamentos descerem da cabeça (do cérebro físico) para o coração etérico. O trabalho de estudo realizado na primeira fase será agora meditado, interiorizado e espiritualizado, graças a um pensamento etérico vivo e livre. O objetivo desta segunda fase, a arte, é o de criar uma espécie de quadro vivo do conjunto do estudo. Os conhecimentos adquiridos nesta fase devem chegar vivos até nós. Graças à meditação, esse trabalho se transforma numa obra de arte madura em nosso coração. Esse resultado torna-se possível através de certa mestria da meditação no corpo etérico e através do desenvolvimento de uma rica vida interior.

No final desta segunda fase, chegamos à formação de uma "pergunta". A lenda do Graal conta que Percival não sabia formular as perguntas certas; aprendê-lo foi fundamental em sua busca. Chamo de "saber fazer boas perguntas" ao processo que acabo de descrever: associar a ciência (ou conhecimento) à arte, ou ainda o exterior ao interior. Assim, você elabora uma "pergunta" e a apresenta ao mundo espiritual.

Terceira fase: A religião, ou como ligar-se às entidades espirituais

Esta fase consiste em apresentar sua "pergunta" ao mundo espiritual, ligando-se a ele: é o que podemos chamar de aspecto religioso (do latim *religare*, "ligar-se"). Abrindo-nos às entidades espirituais e desejando colaborar com elas, nós lhes apresentamos o resultado do nosso trabalho. O mundo espiritual nos oferece então uma resposta que está à altura (ou mesmo além) da pergunta apresentada.

Na prática, essas três fases podem ser vivenciadas simultaneamente.

A síntese de ciência (ou conhecimento), aspecto artístico (ou criador) e faculdade de ligar-se às entidades do mundo espiritual representa a base da nova cultura espiritual. Essa cultura deve também instaurar um novo culto à Virgem Maria.

- Vimos, no capítulo anterior, que o retorno de Cristo estava ligado a Sofia. Seus testemunhos são, de um lado, a descensão de Cristo (durante algumas dezenas de anos) até a esfera terrestre (Sofia/Natureza) — marcando o início da transformação/espiritualização do nosso planeta, chamado a tornar-se uma estrela — e, de outro lado, o processo de descida da Alma humana no decorrer da Era de Aquário.
- O retorno de Cristo no mundo etérico, por sua ação de espiritualização da Terra, desencadeia o processo de redenção da natureza (Sofia/Gaia) e dos reinos a ela ligados (animal, vegetal e mineral; note que o ser humano é co-responsável pela redenção da natureza), bem como o processo de redenção das forças negras luciferianas.
- Através do aspecto "ressurreição" da consciência e do pensamento, do qual o ser humano está convidado a participar, a sabedoria (Sofia/Virgem Cósmica) retorna ao nosso meio.
- Por fim, através de sua ligação com a esfera dos Anjos (Cristo retorna no corpo de um Anjo), eles próprios ligados ao Espírito Santo, Cristo permite que a Santa Alma, ou Alma da humanidade (Maria/Sofia), se fortaleça e inicie sua descida até a humanidade.

Isso significa que a Virgem Maria terá uma importância crescente à medida que nos aproximarmos da Era de Aquário, porque ela é o modelo da encarnação da *sophia*, porque ela recebeu Sofia no Pentecostes, no 33º ano da Era Cristã.

Proponho agora uma prece a Sofia enquanto Virgem Cósmica.

A Sofia, Virgem Cósmica

Ó Sofia,
Receptáculo da Luz divina,
Noiva celeste do Cordeiro,
Ajuda-me a fazer meus pensamentos
Descerem até o calor do meu coração,
Para que ressuscitem em tua Sabedoria,
Para que nasça em mim a Criança Crística.

O cristianismo esotérico sempre considerou Maria como a encarnação da Virgem Sofia. Isso significa que, graças a Sofia, Maria vivenciou a descida de sua Alma, o que se realizou em três etapas:

— Primeiro, quando Jesus recebeu Cristo em si no momento do batismo no Jordão, pelas mãos de João Batista. Naquele dia, Maria recebeu Sofia, ganhando uma energia que purificou totalmente seu corpo astral, de algum modo a virginalizando;
— Depois, durante o episódio das núpcias de Caná (cerca de dois meses mais tarde), Maria vivenciou as "núpcias místicas", ou seja, a união do "Eu" e da Alma, graças à Iniciação que lhe outorgara Cristo;
— E por fim, no Pentecostes, em 24 de maio de 33 (o mês de maio é consagrado a Maria), ela recebeu Sofia em si e tornou-se seu receptáculo vivo, a nova "arca da aliança" entre o céu e a terra.

Maria tornava-se assim a primeira grande Iniciada da *sophia*, um modelo que se manifestará plenamente no decorrer da Era de Aquário. Isso faz de Maria o guia da humanidade futura. Na verdade, durante a Era de Aquário, cada indivíduo deverá tornar-se igual a Maria: recebendo em si a *sophia* de Cristo.

Durante a Era de Aquário, três Iniciados terão um importante papel a desempenhar: Christian Rosenkreutz (São João Evangelista), enquanto representante humano do Logos/Cristo; a Virgem Maria, como representante de Sofia; e João Batista, que soube unir-se simultaneamente a Lázaro/João (quando de sua Iniciação) e a Maria. João Batista forma, com Maria, uma espécie de "casal ideal": o princípio que unifica Cristo a Sofia.

Em que consiste o processo de descida da Alma em nós, que deve ocorrer durante a Era de Aquário? Trata-se de fazer ressuscitar a Virgem Sofia dentro de nós (reveja o novo mito moderno de Sofia/Maria/Ísis, no capítulo anterior). Esse trabalho necessita de interiorização e da espiritualização do mental, que costuma estar voltado para o exterior no ser humano dos dias de hoje. O "Eu" deve ter condições de se expressar através de um mental claro, num corpo astral purificado e em paz. Na verdade, devemos imaginar que o "Eu" se expressa por intermédio de pensamentos que correm o risco de se poluir caso o corpo astral não esteja purificado. Ora, é o mental "mantido na coleira" que pode contribuir para purificar o corpo astral. Um indivíduo que controla seu mental e o mantém interiorizado pode purificar seu corpo astral e tornar-se consciente de si mesmo.

> O mental espiritualizado representa uma matriz, um cálice do Graal (no seio do corpo astral) em que a Alma do aspirante pode descer. Esta imagem simboliza a Virgem Sofia, pronta a fazer nascer em si a criança crística.

Resumindo, se associamos o mental interiorizado e dominado no corpo astral, puro e em paz, e a clara autoconsciência, obtemos a Virgem Sofia, ressuscitada no coração etérico, que pode receber a criança crística. É a associação Cristo/Sofia que será vivenciada na Era de Aquário. Podemos experimentá-la, desde hoje, no caminho crístico, no estágio da quarta Iniciação, a da iluminação crística.

A nova cultura espiritual, portanto, baseia-se em um novo culto mariano. Este repousa sobre o conhecimento do impulso da *sophia* (cujos elementos essenciais foram apresentados neste capítulo e no anterior), o desenvolvimento do coração etérico (órgão de ressurreição da sabedoria e, portanto, do pensamento) e a concretização de um novo ritual sagrado associando Cristo e Sofia.

Nada mais direi por ora, mas me proponho a fazer outras revelações sobre o assunto em meu próximo livro.

PAULO E A EXPERIÊNCIA DE DAMASCO

Depois de Sua ressurreição, no amanhecer de 5 de abril do ano 33, Cristo ensina a seus discípulos durante quarenta dias em Seu corpo de glória (corpo físico transmutado em um corpo imperecível). Depois vem a quinta-feira da Ascensão, 14 de maio. Naquela manhã, Cristo retorna ao mundo espiritual. Seu corpo etérico funde-se então com o corpo da Terra.

Dez dias mais tarde, ao amanhecer, os discípulos reunidos em volta de Maria, no Cenáculo, recebem o Espírito Santo sob a forma de línguas de fogo (o Espírito Santo está ligado ao aspecto calor/amor, o que explica essa imagem; pode-se dizer que o Espírito Santo é o fogo de Cristo). Maria recebe Sofia.

Depois, os discípulos partem para evangelizar os povos, como lhes ordenara Cristo. E as perseguições começam.

Em 26 de dezembro de 33, morre o primeiro mártir cristão: Estêvão. Entre os espectadores de seu apedrejamento está um jovem, Saulo, que se tornará um dos principais perseguidores de cristãos.

Saulo, o futuro São Paulo, é um Iniciado dos antigos mistérios; mas, não sendo clarividente, não reconheceu Jesus como "aquele que recebeu Cristo em si". Para Saulo, tratava-se de uma mistificação e ele queria combater aqueles que pretendiam propagar a nova crença. Mas, em 25 de janeiro de 33, sua vida toma novo rumo depois do encontro conhecido como "a experiência de Damasco".

Saulo chegava às portas de Damasco. Tinha decidido unir-se a alguns companheiros para prender cristãos e levá-los a Jerusalém. Naquela época, Damasco era um esplêndido oásis no coração de uma paisagem desértica, com montanhas delineando-se no horizonte.

Por volta do meio-dia, sob sol quente, Saulo chegou às primeiras folhagens do oásis em busca de água e frescor. Foi então que a experiência ocorreu. Uma luz explodiu subitamente em sua cabeça. Saulo caiu de joelhos e ouviu uma voz: "Saulo, Saulo, por que me persegues?" E ele perguntou: "Quem és tu, Senhor?" A voz respondeu: "Eu sou Jesus, a quem tu persegues." (Atos dos Apóstolos, 9:3-5.)

Abriu-se o olho espiritual de Saulo; ele se tornou clarividente e, numa luz intensa, percebeu Cristo em Seu corpo de glória. Teve então a prova admirável de que aquele que se chamava Jesus de Nazaré era o Cristo ressuscitado, o Verbo, o Filho de Deus.

Paulo pergunta: "Que devo fazer, Senhor?" E Cristo lhe responde: "Levanta-te e fica de pé. Eu apareci a ti para fazer de ti meu servidor. Tu serás meu testemunho para anunciar como me viste hoje e proclamar o que ainda te revelarei. Eu te protegerei do povo judeu e dos outros povos para os quais te enviarei. Eu te envio a eles para que lhes abras os olhos, para que os conduzas da obscuridade à luz e do poder de Satã [Ahriman] a Deus. Se eles têm fé em mim, compreenderão seus pecados [seu karma] e tomarão lugar, conscientemente, no Reino de Deus [o mundo espiritual]."

Paulo então entrou em Damasco, permanecendo cego para o mundo exterior durante três dias, e jejuou a fim de integrar essa experiência. Operou-se nele uma transformação total. Ele tinha então 33 anos e seu ensinamento durou esse mesmo tempo (do ano 35 ao ano 67 ou 68).

Paulo transmitiu o caminho crístico, repousando principalmente sobre a liberdade, a fé e a ressurreição (graças a um amor sacrificial). Ele foi o primeiro a encontrar Cristo no mundo espiritual depois da Sua ressurreição. Foi também o primeiro a transmitir por escrito um ensinamento sobre Cristo (nos anos 50). E criou a primeira escola esotérica crística, em Atenas, com dois de seus principais discípulos: o evangelista Lucas e Dioniso Areopagita.

Paulo, que proclamou: "Não eu, mas Cristo em mim", foi o precursor de todos aqueles que podem hoje encontrar Cristo no mundo espiritual.

Em sua Primeira Epístola aos Tessalonicenses (4:16-17), Paulo anuncia a Parúsia (a segunda vinda de Cristo) nestes termos: "Quando for dado o sinal, à voz do arcanjo e ao som da trombeta de Deus, o próprio Senhor descerá do céu e os que morreram em Cristo ressuscitarão primeiro. Depois nós, os vivos, que estamos ainda na Terra, seremos arrebatados juntamente com eles para as nuvens, ao encontro do Senhor nos ares. Assim estaremos sempre com o Senhor."

Há muitas revelações nessas poucas linhas. De início, o Arcanjo mencionado não é outro senão a principal "face" de Cristo: Miguel. Essas palavras nos indicam também o período em que Cristo deve voltar: durante a regência de Miguel (iniciada em novembro de 1879 e terminando por volta do ano 2240). As indicações relativas às vozes e às trombetas fazem referência ao Verbo (o som divino) e à Inspiração, que corresponde à esfera solar. Cristo descendo do céu me faz pensar em Sua descensão, que marca o início — o primeiro século — da Parúsia.

A passagem "seremos arrebatados juntamente com eles para as nuvens, ao encontro do Senhor" faz referência ao encontro de Deus no mundo etérico (ver, no capítulo anterior, o trecho sobre o retorno de Cristo numa nuvem).

A última frase é a confirmação da promessa feita por Cristo: "E eis que estou convosco todos os dias até o fim do mundo." (Mateus 28:20)

NOVALIS E A EXPERIÊNCIA DE DAMASCO

O poeta alemão Friedrich von Hardenburg (1772-1801), conhecido como Novalis, não é outro senão a reencarnação do grande pintor renascentista Rafael (1483-1520) e do personagem que batizou Cristo: João Batista.

Logo depois da morte de sua jovem noiva Sophie, por quem sentia um amor tão raro e inspirado que beirava a devoção ("O que sinto por Sophie não é amor, mas uma religião", escreveu ele), Novalis passou por uma experiência espiritual, ao lado do túmulo dela, em 13 de abril de 1797, na época da Páscoa. Então com 25 anos de idade, ele viveu uma Iniciação que lhe foi oferecida pela graça do mundo espiritual e cruzou seus portais.

Abriu-se seu olho espiritual e, durante diversas outras experiências no mundo espiritual, ele encontrou sucessivamente seu Anjo-guia, sua Alma (o Eu Espiritual), Cristo e Maria/Sofia.

Novalis narrou essa "experiência de Damasco" principalmente nos poemas intitulados *Hymnes à la Nuit* e *Cantiques*. Apresento aqui alguns trechos dos *Cantiques*, nos quais Novalis (ele adotou esse nome, entendendo-o como "o novo homem", depois da sua Iniciação) menciona os encontros com seu Anjo, com Cristo e com Maria/Sofia.

Sobre seu encontro com o Anjo-guia

- "Vai até a árvore da Graça, cede a teu voto secreto. O fogo que dela se escapa consumirá teus receios. São e salvo, à praia o Anjo te levará; verás despontar ao longe a Terra Prometida."

Sobre seus encontros com Cristo

- "Agora que Cristo a mim se revelou, que estou seguro de sua presença, uma chama de vida consumiu num lampejo as trevas do abismo profundo. Foi ele que de mim fez um homem, que transfigurou meu destino."
- "Foi então que apareceu um Salvador, um Libertador, um Filho do homem pleno de amor e força, que veio acender em nossos corações uma chama vivificante. Vimos abrir-se enfim o Céu, nossa antiga pátria, enfim pudemos crer, esperar e nos sentir filhos de Deus."
- "Deixa seu olhar de ternura penetrar até o fundo de teu coração. A beatitude eterna invadirá todo teu ser."
- "Para nós é um Deus; ele, sente-se criança. Ele nos ama a todos, do fundo do coração. Ele, que será para nós o Pão e o Vinho. Nada mais quer em troca do que nosso amor fiel."

Sobre o mistério da carne e do sangue de Cristo

- "Aquele, cujos olhos enfim abertos mediram as insondáveis profundezas do céu, come a carne do Senhor e bebe seu sangue para sempre. Quem terá adivinhado o sentido sublime do corpo terrestre? Quem poderá dizer que compreendeu o mistério do sangue? Um dia tudo será corpo, um único corpo. Um Casal único e bem-aventurado viverá na plenitude do sangue divino."

Sobre o sangue e o coração

- "Ele trará um sangue novo, uma vida nova a teus ossos ressecados; no dia em que lhe deres teu coração, este será teu para sempre."

Um testemunho salientando que a fé conduz à visão de Cristo

- "Em nós, o Céu está sobre a Terra, nós o percebemos através da fé; aqueles que compartilham essa fé verão o Céu aberto."

Ainda sobre a fé

- "Na hora em que todos te traírem, eu te ficarei fiel; assim se saberá na Terra que a fé não perece jamais. Por mim sofreste teu suplício, por mim morreste de dor, também eu consagro a ti, com alegria e por toda a eternidade, meu coração."

Sobre a Parúsia

- "Eu disse a todos que Ele está vivo, que Ele ressuscitou, que seu espírito nos rodeia e que Ele está presente dentre nós. Quero dizê-lo a todos. Cada um a seus amigos o repetirá, de toda parte se verá despontar o reino dos céus. [...] Ele vive. Ele está perto de nós na hora em que tudo nos abandona. Festejemos este dia em que, com Ele, o universo inteiro ressuscita."

Sobre seus encontros com Maria/Sofia

- "Quando tu em sonhos me apareceste, tão bela, tão tocante ao coração, a Criança divina que carregavas estendeu os braços para me acolher. Mas, levantando teu olhar sublime, tu desapareceste nas nuvens. Que fiz eu, infeliz de mim? Eu te venero com fervor, e tuas capelas consagradas são para mim o bendito repouso. Rainha muito santa e muito amada, eis aqui meu coração, eis aqui minha vida! [...] Mil vezes tu me apareceste; eu te adorei com um coração de criança; teu Filho me estendeu as mãos para melhor me reconhecer um dia. Tu me sorriste com ternura, tu me beijaste; instantes divinos! [...] Se somente a criança pode ver tua face e contar com teu apoio, liberta-me dos laços da idade, faz de mim tua criancinha. O amor e a fé da infância, a partir desta idade de ouro, permanecem vivos em mim."

Esses poemas de Novalis são verdadeiros temas de meditação: revelam conhecimentos esotéricos aos quais ele teve acesso logo depois de sua Iniciação e também são proféticos quanto à Parúsia. Eu aconselho você a meditar sobre eles, porque o ajudarão a abrir seu coração e sentir a fé.

Os textos acima foram extraídos de *Novalis: Hymnes à la Nuit — Cantiques* (publicados pelas editoras Aubier e Différence).

Também seria interessante ler *Novalis: Maximes e Pensées* (Éditions André Silvaire), bem como *Novalis: Fragments* (José Corti).

Segundo Rudolf Steiner, Novalis encarnaria como instrutor espiritual, de maneira a ser adulto na virada do século XXI. Ele deve continuar seu trabalho de precursor de Cristo (começado como João Batista, na primeira vinda do Verbo) para anunciar, dessa vez, Seu retorno no mundo etérico.

O trabalho sobre si mesmo e a Graça

Para encontrar Cristo no mundo etérico, levando em conta que a clarividência consciente ainda não surge de maneira natural (pois o descolamento dos corpos físico e etérico, na nossa época, ainda se produz lentamente), o trabalho espiritual não é suficiente. Aos esforços deve associar-se a Graça.

O aspirante, portanto, deve fazer todos os esforços possíveis preparando-se para encontrar o Cristo etérico, mas, em última instância, é Cristo quem decide se o encontro terá lugar ou não.

Com isso, estou dizendo que não conheço nenhuma "varinha mágica" que nos permita encontrar Cristo infalivelmente. E mesmo que O tenhamos encontrado muitas vezes, nunca podemos ter certeza de encontrá-Lo cada vez que desejamos. Compreenda que você deve perceber essa possibilidade de encontro como uma graça do céu, como uma bênção do Filho de Deus.

Outrora, as pessoas se dirigiam a um templo ou igreja para entrar em contato com o divino. Nos dias de hoje, é em nosso coração etérico — o nosso templo "portátil" — que encontramos "o Santuário": somente ali pode ocorrer o encontro com o Senhor. Você precisa sentir a mesma devoção sincera, a mesma atenção discreta e o mesmo "calor na alma" que quando penetra num templo ou numa igreja.

Seu corpo etérico deve se tornar um templo, uma igreja, até mesmo uma catedral, e é nesse lugar — santificado por seu trabalho espiritual e por sua incessante e renovada comunhão com as entidades espirituais — que você poderá receber Cristo.

Encontrar o Cristo etérico é o ápice da religião; é viver o estado religioso por excelência.

Se você deseja sinceramente encontrar o Cristo etérico, deve cultivar esse sentimento espiritual/religioso de comunhão interior com as entidades do mundo espiritual.

No meu entender, há quatro condições necessárias para o encontro com o Cristo etérico:

— A primeira condição (explicada mais detalhadamente acima) é **o estado de espírito crístico ou o voto de acolher Cristo em si**, sentidos graças à abertura do nosso coração.
— A segunda condição (amplamente comentada neste livro) é **a faculdade de nos interiorizarmos em nosso coração etérico e ali meditarmos** confortavelmente. Meditar no corpo etérico é o mesmo que **criar para si uma rica vida interior**, graças a um pensamento livre nutrido pelas próprias "percepções" espirituais.

— A terceira condição é o **trabalho espiritual específico** que pode ser feito para facilitar o encontro com o Cristo etérico (ver mais adiante).
— A quarta condição é a **Graça de Cristo**, concedida com o fim de encontrá-Lo e que depende do karma de cada pessoa.

Você já viu as duas primeiras condições, bem como a quarta. Vamos agora examinar alguns métodos relativos à terceira condição: o trabalho específico que pode levar ao encontro com o Cristo etérico.

A fé

Vimos, no capítulo anterior, que a fé conduzia à visão do Cristo etérico, como foi profeticamente descrito no Capítulo 14 do Evangelho de Mateus.

Precisamos cultivar uma fé baseada no conhecimento, a qual nada tem a ver com a crença cega de certos devotos. A verdadeira fé, virtude cristã essencial, desenvolve-se através de um mental interiorizado e espiritualizado.

É criando para nós mesmos uma rica vida interior em nosso corpo etérico que nos libertamos da dúvida e sentimos a fé.

As pessoas que se queixam de ter dúvidas deveriam aprender a cultivar a fé. Duvidamos enquanto não vivemos o ensinamento pelo qual nos interessamos. A partir do momento em que interiorizamos no nosso coração etérico os ensinamentos estudados e os deixamos viver dentro de nós, o resultado é uma substância gerada no corpo etérico. Assim construímos, pouco a pouco, uma certeza baseada nos conhecimentos experimentados em nosso interior. Essa certeza se chama fé. Quanto mais você adquire conhecimentos e mais os experimenta, ou os vive em seu corpo etérico, mais a fé cresce dentro de você: a dúvida desaparece para sempre, porque ela não passa do reflexo de uma ausência de vida interior. A fé também contribui para eliminar a sensação de vazio interior. Quando a fé é suficientemente desenvolvida, o seu olho espiritual se abre e você vê o mundo etérico.

A síntese ciência-arte-religião

Como vimos neste capítulo, a nova cultura espiritual (ou o novo método de estudo, de origem crística/rosa-cruz) repousa sobre uma síntese (vivida interiormente) destes três aspectos fundamentais: a ciência, ou conhecimento; a arte, ou criatividade; e a religião, ou comunhão com as entidades do mundo espiritual.

A vontade sincera de conhecer e a intenção de participar da obra de redenção da Terra e da humanidade permitem que o aspirante pratique o pensamento imaginativo que, pouco a pouco, torna-se clarividente no mundo etérico.

A concentração

Se há uma faculdade da qual o aspirante deve dispor, ela é a concentração. Trata-se precisamente de ser capaz de permanecer focalizado num pensamento específico. Por exemplo, você escolhe um objeto e pensa apenas nele. Você deve concentrar toda a energia da sua vontade sobre o objeto escolhido, para fixar seu pensamento sobre ele. Desse modo, você impede seu pensamento de se dispersar, como costuma ocorrer. Esta qualidade deve ser dominada para que você tenha chance de desenvolver a visão etérica. Agora você compreende por que, na nossa época, tudo é feito para que as pessoas tenham o pensamento disperso. Ora, se não houver concentração, não haverá a visão espiritual que eu chamo de Imaginação.

A televisão ou o computador são os aparelhos mais engenhosos que possam existir para matar no ser humano toda possibilidade de Imaginação espiritual ou visão etérica.

Outro exercício de concentração, ou de controle da sua visão, também deve ser praticado. Quando você entrar numa sala ou num lugar qualquer, escolha imediatamente aquilo que é essencial naquele ambiente e não olhe para nada mais; feche-se para todo o resto. Em geral, quando entramos num ambiente, nosso olhar costuma "varrer" todo aquele espaço e toda uma multidão de elementos de informação entram em nós sem que estejamos conscientes deles. Isso diminui nossa capacidade de concentração, dispersa nossa energia, enfraquece nossa receptividade e atenção, reduz nossa faculdade de observação. Portanto, é da maior importância que você aprenda a olhar, com atenção e com toda a sua energia, aquilo que decidiu observar.

Desse modo, você entra num ambiente e escolhe o objeto que merece sua atenção. Diz a si mesmo, interiormente, que rejeita todo o resto, que exclui aquilo que não escolheu, que está impermeável a toda influência exterior. Pratique esse exercício somente durante alguns segundos (ou talvez um minuto) para começar. Esse exercício é muito difícil (tente, para perceber o grau de dificuldade), mas permite desenvolver o discernimento e contribui para a abertura do olho espiritual, que lhe possibilita ver o mundo etérico.

Você pode completar esse trabalho com os cinco exercícios sugeridos para o chakra solar, os quais são um treinamento para gerar a clarividência consciente ou visão etérica (ver Capítulo 5).

Você também pode praticar a visão do corpo etérico. Se já fez o trabalho descrito abaixo, você será capaz de ver o corpo etérico de outra pessoa. Eis como fazê-lo:

— Você tem diante de si uma pessoa que está relaxada e com os olhos fechados;

— Você a olha fixamente, sem pestanejar, durante alguns minutos, esquecendo todo o resto;
— Você fecha os olhos e se interioriza em seu corpo etérico. Relembre, dentro de si, a imagem da pessoa que está à sua frente; concentre-se nessa imagem por alguns minutos;
— Depois, procure "apagar" da sua mente o corpo físico da pessoa que você está para contemplar (você pode imaginar uma esponja para fazer esse trabalho);
— Quando todo o corpo físico dessa pessoa tiver sido "apagado", seu corpo etérico aparecerá como um corpo de luz. Às vezes, você só percebe uma parte dele; se começar a falar ou pensar a respeito daquilo que vê, a visão desaparecerá instantaneamente, e você precisará recomeçar o exercício desde o início.

Isso lhe dá uma vaga idéia do treinamento necessário para poder se concentrar e dominar os pensamentos. Mas funciona, e várias dezenas de alunos meus viram o corpo etérico de outra pessoa praticando este método, que não se trata de uma panacéia e é apenas um dentre muitos treinamentos. Contentar-se com este método para tentar ver o Cristo etérico seria uma ilusão.

As "percepções" essenciais

Há três "percepções" essenciais que devemos cultivar para nos aproximar do Cristo etérico:

1) Cultive o sentimento da futilidade do mundo exterior, onde tudo não passa de aparência, onde tudo é perecível. O essencial da vida não está no exterior e nunca poderá ser encontrado na vida material. O essencial só é encontrado dentro de nós. Se você ficar demasiado "preso" ao mundo exterior (ou seja, demasiado apegado à realização das suas expectativas exteriores ou dos seus desejos egoístas), nem é preciso lhe dizer que você não tem a menor chance de algo acontecer em seu interior e menos chances ainda de encontrar o Cristo etérico. Também nesse caso, é uma questão de escolha individual.

2) Dedique-se a uma busca sincera da verdade, como se quisesses fazer dela sua fonte interior de nutrição. Nunca se satisfaça com as explicações materialistas e abstratas, em todas as áreas, que os cientistas, a mídia, as diversas formas de autoridade, etc., querem fazer você "engolir". Nunca se deixe comprar ou seduzir por palavras e pensamentos mortos e imobilizados, que são "as

pedras e não o pão da vida". Faça suas próprias pesquisas; procure ver a diferença entre a verdade e a aparência, entre o bem e o mal.

3) Cultive uma "percepção" de dualidade interior em relação ao que você faz atualmente e ao que você poderia realizar se expressasse plenamente a sua Alma. Entre nesse sentimento, colocando de um lado todos os seus desejos egoístas e, do outro, o seu ideal espiritual mais elevado: unir-se à sua Alma, participar da redenção da Natureza ou da espiritualização desta Terra que se tornará uma estrela. Compare os dois pratos da balança. Sinta a diferença entre a pequena personalidade egoísta e o ideal elevado da sua Alma. Se for até o fim desta experiência interior, você se sentirá ligado a Cristo, porque terá a "percepção" de ser crucificado pela matéria, seu pensamento materialista que impede sua Alma de se expressar. Você sentirá então o desespero da humanidade — prisioneira da sociedade materialista — que aspira à ressurreição. O sofrimento dessa crucificação o elevará, o transcenderá. Você sentirá a ressurreição que o conduzirá ao Cristo etérico, com um coração pleno de compaixão pela humanidade.

Não pretendo que essa lista seja exaustiva, mas estes métodos, que podem conduzi-lo ao Cristo etérico, são os que conheço atualmente. Você pode, é claro, acrescentar a eles um trabalho sobre a compreensão e compensação do seu karma — como já sublinhei — e também sobre o perdão (a virtude crística por excelência).

O ENCONTRO COM O CRISTO ETÉRICO

Você pode ver (na página 233) uma Imaginação do Cristo etérico (uma imagem espiritual vista no mundo etérico). Essa Imaginação tornou-se um quadro realizado por Janine Rimet, a quem agradeço pelo trabalho. É difícil, nos dias de hoje, transmitir uma nova imagem de Cristo. Foi a partir do século IV que a Igreja impôs um "retrato" de Cristo, tal como o conhecemos ainda em nossos dias, mas que em nada corresponde ao Seu verdadeiro rosto. Também se encontram indicações do rosto de Cristo, o qual foi qualificado de apolíneo ou de solar.

Quando vemos Cristo no mundo etérico hoje em dia, Ele tem um rosto que se assemelha muito àquele de dois mil anos atrás; a diferença essencial está no fato de ser um rosto etérico e não físico. Além disso, Cristo apresenta um rosto que não podemos encontrar na Terra. É um rosto que expressa certa perfeição em relação a estas qualidades:

Imaginação do Cristo etérico

- A testa é ampla, solar, e revela um pensamento capaz de maravilhar;
- Os olhos são claros (azul-esverdeados), irradiando compaixão pela humanidade;
- A boca é feita apenas para exprimir o Verbo (não para comer, mas para falar; o que vale é o que dela sai, não o que nela entra) ou a consciência moral.

Maravilhamento, compaixão e expressão do Verbo (ou consciência moral); eis as qualidades que precisamos representar para nos aproximar do rosto crístico. É tarefa extremamente delicada, porque o desenhista ou pintor é tolhido por seus próprios limites e imperfeições.

Janine pintou esse retrato do Cristo etérico segundo minhas indicações, o que não foi fácil. Precisei buscar a ajuda de uma amiga morfopsicóloga, Christine Portoleau, para descrever aquilo que via.

O mesmo problema surgiu com o desenho da página 236, realizado por Marc Frénillot, a quem também agradeço por seus esforços.

Parece-me importante que o ser humano do nosso tempo possa fazer uma idéia do rosto do Cristo etérico. Foi por isso que tentei fazer representar seu "retrato", por Janine e Marc, depois dos meus encontros com Ele no mundo etérico.

Vejamos agora o significado da "Imaginação do Cristo Etérico" (reprodução do quadro pintado por Janine Rimet) que apresento na página 233. Trata-se de um Cristo que se apresenta como Senhor do Karma.

Ele nos oferece soluções para vencermos as forças negras luciferianas e ahrimanianas:

- A espada erguida para o céu representa a vontade livre, a coragem ou força interior que nos permitem a individualização a fim de vencermos as forças negras luciferianas (aquelas que fazem o ser humano "planar"); essas forças luciferianas fazem o indivíduo cair na inércia e na covardia;
- O cálice do Graal representa a abertura do coração, a receptividade ao mundo espiritual, permitindo-nos reencontrar a vida em nós mesmos e cultivar um pensamento puro e interiorizado a fim de vencermos as forças negras ahrimanianas (aquelas que fazem o ser humano "rastejar"); essas forças ahrimanianas tornam o indivíduo prisioneiro do materialismo e o cortam do mundo espiritual, de sua fonte, da vida e o levam à "espiritofobia".

Cristo nos estimula a desenvolver essas qualidades que nos ajudarão a triunfar sobre esses dois males terríveis, gangrenas da nossa sociedade: a inércia ou fraqueza da vontade, e a "espiritofobia".

Meditar sobre essa Imaginação pode ajudar você a se sentir no lugar de Cristo, brandindo a espada do livre-arbítrio com um coração aberto e receptivo.

Nos dias de hoje, é possível encontrar Cristo no mundo etérico. Isso ainda não é fácil, porque o corpo etérico do ser humano não se descola naturalmente. Apesar de tudo, o processo foi posto em movimento e pode ser acelerado através de um trabalho espiritual do tipo que apresentei acima.

O encontro com o Cristo etérico depende ao mesmo tempo do trabalho espiritual realizado pelo aspirante e da Graça de Cristo (ou do karma do aspirante). Um aspirante não será penalizado por ser menos evoluído que outro, porque poderá ter os benefícios de uma graça devido ao seu karma.

Como ocorre um encontro com o Cristo etérico? Se o seu trabalho espiritual lhe permitiu encontrar Miguel (indicando que você sabe se controlar, fazer esforços de concentração, etc.), Miguel saberá conduzi-lo, chegado o momento, ao encontro com o Cristo etérico. Se você desenvolveu coragem e força interiores, torna-se bastante fácil encontrar Miguel, que está na fronteira entre o nosso mundo terrestre e o mundo etérico.

No entanto, o acesso a Cristo parece ser mais difícil, como se Ele estivesse mais nas profundezas do mundo etérico. Encontrá-Lo exige uma grande abertura do coração e muito, muito esforço de concentração, de fé e de paciência. Você não encontra Cristo por simples curiosidade ou para verificar se Ele está mesmo ali no mundo etérico.

É num estado de recolhimento que entramos no nosso próprio templo interior (o corpo etérico) para tentar convidar Cristo. Com o coração plenamente aberto, abandonando nossa "pequena pessoa", abrimo-nos à Sua Graça.

De início, é possível que você não veja Cristo, mesmo que Ele esteja presente ao seu lado. Mas você sente, no nível do coração, um grande calor que pode até se espalhar por todo o seu corpo etérico. Depois, é sobretudo o aspecto "Luz" que marca o encontro, quando você vê Cristo.

Cristo aparece na "vestimenta" de um Anjo. Ele emerge de uma intensa aura luminosa; Seu rosto se assemelha ao rosto que Ele tinha há dois mil anos, salvo que não se trata de um rosto físico, mas etérico. Um rosto etérico não é fixo, ele pode "se mexer". Para você fazer uma idéia mais precisa desse rosto, apresento um desenho realizado por Marc, um dos meus alunos, segundo minhas indicações.

Quando tenho um encontro com Cristo, o que percebo antes de mais nada é essa Luz/Sabedoria que Dele emana. Depois Seu Verbo ressoa em mim, para me instruir ou consolar — por vir no corpo de um Anjo e por estarem os Anjos ligados ao aspecto Espírito Santo, Cristo torna-se então o Paracleto, o Grande Consolador.

Eu sinto Cristo como Senhor do Karma e não como juiz, pois é Seu amor divino que nos coloca diante do karma. Quando cruzamos Seu olhar, sentimo-

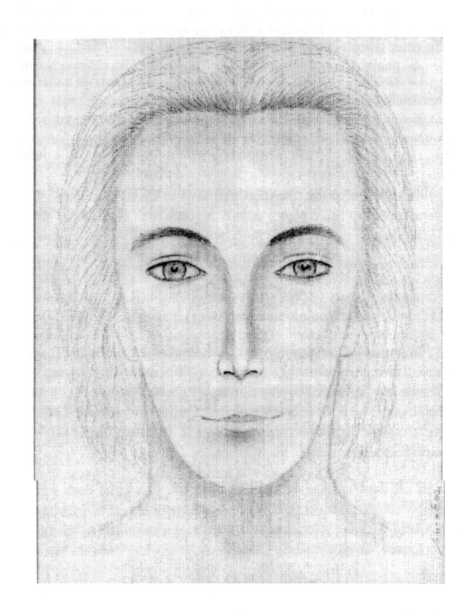

Retrato do Cristo etérico

nos desnudados e traspassados de amor e de Luz. É o olhar de Deus que está sobre nós; "Deus Filho me contempla. Quem sou eu diante Dele, o Criador de todas as coisas? Sim, mas Ele foi também um ser humano como eu, que sofreu e triunfou sobre a morte."

Para mim, Cristo é aquele que revela, que traz a Luz para dentro das trevas. O encontro com Cristo faz jorrar a tomada de consciência, desvela a verdade e nos permite encontrar a força para transformar o mal em bem.

Senhor Cristo,

Eu aceito receber-Te em mim
Para que Teu Verbo se expresse através de mim.
Unicamente Tu em mim.

Eu aceito transformar o mal em bem
Para que a *terra lucida* nasça no bem.
Tu és o Bem.

Eu aceito ressuscitar meus pensamentos
Para que Sofia nos ofereça seu recém-nascido.
Tu és a Liberdade.

Com todo o amor de
PIERRE-URIEL

O Evangelho Essênio da Paz

EDMOND BORDEAUX SZEKELY

O dr. Edmond Bordeaux Szekely fez doutorado em filosofia na Universidade de Paris e obteve outros diplomas nas Universidades de Viena e Leipzig. Também foi professor de filosofia e psicologia experimental na Universidade de Cluj, uma das principais cidades da Transilvânia. Conhecido filólogo especializado em sânscrito, aramaico, grego e latim, o dr. Bordeaux falava dez línguas modernas. Suas obras mais recentes sobre o Estilo de Vida Biogênico dos Essênios atraíram o interesse do mundo todo. Escreveu mais de oitenta livros, publicados em muitos países, sobre filosofia e culturas antigas. Seu trabalho está sendo levado adiante pela Sociedade Biogênica Internacional sob a direção de sua sucessora, Norma Nilsson Bordeaux Szekely.

EDITORA PENSAMENTO

O EVANGELHO ESOTÉRICO DE SÃO JOÃO

Paul Le Cour

Segundo Paul Le Cour, a humanidade, colocada entre a Universidade agnóstica e a autoridade da Igreja, chegou a um momento de sua história em que, se não conseguir conciliar a ciência e a religião, estará perdida qualquer esperança de vida espiritual e o homem não terá mais nenhuma luz para guiar-lhe os passos.

Descobertos os segredos da matéria, com todos os perigos que isso comporta, torna-se necessário agora descobrir os segredos do espírito. Daí a necessidade urgente de encontrar uma doutrina capaz de satisfazer ao mesmo tempo a razão, que tem necessidade de compreender, e o coração, que tem necessidade de amar.

Para o autor, essa doutrina deve ser buscada nas fontes do Cristianismo, mais especificamente no Evangelho de São João — "o evangelho da nova era que se aproxima".

Embora apresente interpretações ousadas, no que toca à ortodoxia, o autor acerca-se de seu trabalho com o mesmo ânimo dos antigos cristãos, que, sem rejeitar a doutrina tradicional, aspiram a uma compreensão mais perfeita de suas verdades.

EDITORA PENSAMENTO

JESUS
ENSINAMENTOS ESSENCIAIS

Anthony Duncan

Uma forma diferente de apresentar
os ensinamentos de Jesus,
tirados do Novo Testamento
e de alguns livros apócrifos
contemporâneos dos Evangelhos.

Anthony Duncan — vigário de Warkworth e cônego
honorário da catedral anglicana de
Newcastle, Inglaterra — apresenta
esses ensinamentos
na forma em que provavelmente
foram transmitidos pela primeira vez,
isto é: como poesia ou como narrativas
alegóricas.

Precedido por uma introdução
— que descreve em linhas gerais
o modo como foram escritos os quatro Evangelhos
e as fontes de onde foram compilados —
os ensinamentos de Jesus foram agrupados
de acordo com seus respectivos temas,
cada um precedido de um estudo introdutório.

A antologia conclui com um
"Hino de Jesus",
que se supõe tenha sido cantado
na Última Ceia.

EDITORA CULTRIX